苏满满 / 著

企业常遇法律实务解析

苏州大学出版社
Soochow University Press

图书在版编目(CIP)数据

企业常遇法律实务解析 / 苏满满著. -- 苏州:苏州大学出版社,2023.5
ISBN 978-7-5672-4363-7

Ⅰ.①企… Ⅱ.①苏… Ⅲ.①企业法-研究-中国 Ⅳ.①D922.291.914

中国国家版本馆 CIP 数据核字(2023)第 071564 号

书　　名	企业常遇法律实务解析 QIYE CHANGYU FALÜ SHIWU JIEXI
著　　者	苏满满
责任编辑	薛华强
出版发行	苏州大学出版社 (苏州市十梓街1号　215006)
印　　刷	苏州工业园区美柯乐制版印务有限责任公司
开　　本	710 mm×1 000 mm　1/16
印　　张	24.25
字　　数	303 千
版　　次	2023 年 5 月第 1 版 2023 年 5 月第 1 次印刷
书　　号	ISBN 978-7-5672-4363-7
定　　价	65.00 元

图书若有印装错误,本社负责调换
苏州大学出版社营销部　电话:0512-67481020
苏州大学出版社网址　http://www.sudapress.com
苏州大学出版社邮箱　sdcbs@suda.edu.cn

写 在 前 面

一直以来,我希望自己能在传播法律知识,推动形成办事依法、遇事找法、解决问题用法、化解矛盾靠法的良好法治环境方面尽绵薄之力。卸任扬州市司法局主要负责人职务后,我有了较为充裕的时间可以去做自己想做、能做,且有意义的事。企业的生存、发展始终都与法律紧密相联,法律知识在企业投资和运营管理中发挥着风险避免和利益争取的作用。在过往与企业的接触中,我感受到企业决策者、管理者对与企业生产经营相关的法律知识有着迫切的需求。学习和掌握基本的法律知识,养成以法律为判断是非和处理事务准绳的法治思维,可以增强履职尽责的科学性、预见性、主动性。帮助企业管理人员掌握法律知识,增强运用法治思维和法治方式解决问题的能力,我认为意义重大,值得努力去做。

《企业常遇法律实务解析》一书是针对企业全生命周期的集普法与法律实务指导为一体的"通识性"实务用书,当然必须体现实务用书的特质。为了写好本书,我曾到多家企业实地调研了解企业生产经营中常遇的法律问题,走访多位民营企业主,听取他们在创业及企业营运中遇到的法律风险及他们对法律知识的需求,在实地调研和企业负责人"点题"基础上,对企业全生命周期中不同时期出现的法律问题及相关法律知识进行了梳理,确定了本书的框架结构和具体内容,努力使本书内容"接地气""能有用"。写作中始终以临深履薄的心态坚守"准确"这一底线,对书中所涉法律、行政法规、司法解释、政府规章反复校核，确保现行有效；用于举例说明的典型案例，采用人民法院公开发布的经过终审、再审的生效裁判，体现主流司法理念、司法实践；在撰写体例上采取了"一题一议，就事论事"方式，从"法律是怎么规定的""依法应当如何办理"两个维度，用直白的语言叙述法律、法规依据，提出可资参照的法律解决方案，以保证其可参照性，希望对企业管理人员能有实实在在的帮助。

　　写作犹如十月怀胎。从开始动笔到交出书稿的半年多时间里，我几乎没有了休闲娱乐，整天日思夜想满脑子都是写书的事，每天花在资料研究和书稿撰写上的时间要有十来个小时。有时为了某个法律知识点的资料查找核对，甚至要花上整天时间。书稿初成后，又反复推敲，进行了多轮修改完善，直至书稿交给出版社，才如释重负。虽然辛苦，但也收获很多。在书稿撰写的同时，通过对与企业相关的数十部法律、行政法规、司法解释和大量案例的学习研究，我对这一领域的法律知识有了进一步的理解和掌握。

　　在本书即将付印面世之际，我深切感谢那些给予我鼓励、支持的领导、同事和家人，正是他们的鼓励、支持，才使我有了充足的干劲和热情，完成了书稿的撰写。苏州大学出版社的领导、编辑为本书的出版给予了帮助，付出了辛勤劳动。还有不少同志为本书的撰写提供了宝贵意见。在研究、撰写过程中，我参阅了大量司法裁判案例和著作，在此一并向原作者深致谢意。

　　信仰是内心深处的认同和自觉自愿的依归。法律只有被信仰，才能有尊严和权威。建设法治国家、法治政府、法治社会既是宏大的社会实践，也是一个伟大的社会理想，需要我们不断为之而奋斗。我愿为此而努力！

苏满满
2023年春于扬州瘦西湖畔

目录
CONTENTS

第一编　企业形态选择与投资人的权利义务

一、有限责任公司具有股东责任有限、设立程序简单、内部机构设置灵活的特点，但筹资规模有限、股权流动性差　　/1

二、股份有限公司具有股东责任有限、容易集聚较大规模资金、股份可自由转让的优势，但因其开放性和股份的可自由转让，也易引发控股股东更迭、治理团队更换、公司秘密不易保守等问题　　/8

三、合伙企业没有独立的法人资格，无需缴纳企业所得税，与企业法人相比具有一定的税赋优势；合伙企业的普通合伙人对外承担无限责任　　/13

四、一人有限责任公司的资产所有权、控制权、经营权、收益权高度统一，但也存在着投资者可能因不能证明公司财产独立于个人财产而对公司债务承担连带责任的风险　　/20

五、有限责任公司股东滥用公司法人独立地位和股东有限责任，逃避债务，严重损害公司债权人利益的，对公司债务承担连带责任　　/24

六、有限责任公司股东抽逃出资，需承担民事、行政及刑事法律责任　　/29

七、在注册资本认缴制下，股东应当按期足额缴纳公司章程规定的认缴出资额，股东对出资享有期限利益，在出资期限届满前无实际出资的义务，但当出现法定情形时，股东出资应当加速到期　　/32

八、资本认缴不等于不缴，股东以其"认缴"的出资额为限对公司承担责任；股东认缴出资额越高，承担的责任越大，风险越大 /36

九、法定代表人即使是"挂名"，其法律责任也不免除；法定代表人与企业解除劳动关系，不等于不再承担法定代表人职责；法定代表人非经法定程序并变更登记，则变更无效 /41

十、股权可以代持，但对实际出资人和名义股东而言均有较大风险 /46

十一、有限责任公司的股权在公司内部可以自由转让，向股东以外的人转让须受《公司法》和公司章程的规制；股份有限公司股份可自由转让，但董事、监事、高级管理人员股份转让须受《公司法》的规制；公司不得为股东间股权转让提供担保 /54

十二、公司有可分配利润时，应通过股东会有效决议向股东分红；公司有利润可分配而不分配的，股东可通过司法救济途径，强制公司分配盈余或退出股权 /59

第二编　用工管理与工伤保险

十三、签订劳动合同是法律的强制性规定，用人单位应当确立先签合同再用工的理念；不签劳动合同，最终吃亏的是用人单位 /65

十四、用人单位可与劳动者约定竞业限制条款，以更好地保护本单位的商业秘密和知识产权 /77

十五、用人单位解除或终止劳动合同应依法向劳动者支付经济补偿；用人单位与劳动者就经济补偿达成的协议不得违反法律、行政法规的强制性规定 /82

十六、职工连续工作一年以上即依法享有带薪休假福利；单位组织的公费旅游，不能抵扣年度带薪休假期；逾期未使用年休假，不能当然视为职工自动放弃；申请未休年假工资，仲裁时效为一年 /88

十七、职工医疗期工资不得低于当地最低工资的80%，且用工单位须缴纳本应由劳动者个人缴纳的社会保险费和住房公积金；因工伤停工留薪期最长为24个月，停工留薪期间工资福利待遇不变，由所在单位按月支付 /93

十八、用人单位不得强迫劳动者加班，单位只要安排加班，就应支付加班费；劳动者自行加班的，单位可不支付加班费 /95

十九、因劳动者具有过错，用人单位可单方解除劳动合同且无须支付经济补偿金，但用人单位对劳动者具有过错应承担举证责任 /98

二十、劳动合同期满后，用人单位应及时处理与劳动者的劳动关系；续签劳动合同的，不得约定试用期；续签劳动合同，不得降低劳动者待遇 /104

二十一、劳动者有权行使劳动合同的解除权；劳动者对用人单位拖欠劳动报酬等行为，可在解除劳动合同时"秋后算账" /108

二十二、出具离职证明是用人单位的法定义务，用人单位拒不出具离职证明、办理离职手续，给劳动者造成损害的，须承担对劳动者的赔偿责任 /114

二十三、试用期应当签订劳动合同，试用期应在劳动合同内约定；试用期工资不得低于约定工资的80%，且不得低于当地最低工资；用工单位应为试用期劳动者办理劳动保险；用人单位非法定事由，不得辞退试用期内的员工 /117

二十四、劳动关系不以是否签订劳动合同为唯一的判断依据，不签劳动合同也可构成劳动关系；劳动关系的认定遵循事实优先原则，以事实为依据进行法律关系的定性；法律虽未禁止双重劳动关系，但与已有劳动关系的劳动者建立新的劳动关系存在着较大的法律风险 /121

二十五、新就业形态劳动者与雇用企业间存在着法律关系的多样性；依据双方间权利义务的事实，定性其法律关系 /128

二十六、用人单位可根据需要对员工进行岗位调整，但须具有必要性、
　　　　合法性、合理性　　　　　　　　　　　　　　　　　　　　／131

二十七、用人单位与劳动者间的劳动争议可通过调解、仲裁和诉讼等方
　　　　式解决　　　　　　　　　　　　　　　　　　　　　　　　／135

二十八、用人单位依法制定并已向劳动者公示的规章制度可以作为处理
　　　　劳动关系的依据；未按规章制度设定的程序处理的，用人单位
　　　　需承担程序违法的责任　　　　　　　　　　　　　　　　　／141

二十九、非因劳动者的原因变更用人单位，工作年限应当合并计算；原
　　　　用人单位未向劳动者支付经济补偿的，新用人单位在依法解
　　　　除、终止劳动合同，计算支付经济补偿的工作年限时，应与原
　　　　单位工作年限累计计算　　　　　　　　　　　　　　　　　／146

三十、参加工伤保险、及时为劳动者缴纳工伤保险费用是用人单位的法
　　　定义务；不参加工伤保险的，工伤待遇由用人单位支付　　　　／149

三十一、应当认定或可以认定为工伤的情形；用人单位不认为是工伤
　　　　的，由用人单位承担举证责任　　　　　　　　　　　　　　／154

三十二、用人单位给职工购买商业保险，并不能替代其工伤保险责任；
　　　　劳动者因第三人侵权构成工伤的，可获双重赔偿　　　　　　／158

第三编　合同风险防控

三十三、订立合同应当主体合格、条款完备、内容明确，符合合同有效
　　　　性规定　　　　　　　　　　　　　　　　　　　　　　　　／162

三十四、签订合同要通过前期调研、资格审核、诚信磋商、留存证据、
　　　　加强印章和授权文书管理等措施，做好风险防控　　　　　　／168

三十五、签订合同时，可通过设置定金条款及违约金条款，防范风险、
　　　　控制损失　　　　　　　　　　　　　　　　　　　　　　　／174

三十六、签订合同中有格式条款的，应履行主动提示、被动说明的义务，且格式条款不得违反法律规定，否则该条款将不能成为合同的内容；格式条款应表述确切，否则发生解释争议，按不利于提供方解释 /178

三十七、合同被确定为无效或被撤销，因合同取得的财产，负有返还义务的，应当返还；不能返还或者没有必要返还的，应当折价给予金钱补偿；如果造成损失，过错方应当赔偿对方因合同无效所受到的损失；双方都存在过错的，各自承担相应的责任 /182

三十八、依法成立的合同，可以通过双方协商或依双方的约定解除；因法定事由的出现，可单方解除；合同解除的，合同权利义务关系终止 /190

三十九、当事人在合同履行中，应当秉持"及时"理念，以此防控合同风险 /198

四十、合同履行过程中当事人可通过变更或解除合同，行使合同履行抗辩权、行使债权人的代位权和债权人的撤销权等，防控合同履行风险 /203

四十一、发生合同纠纷可以通过协商、调解、仲裁、诉讼等方式解决 /212

第四编 债权的保障与实现

四十二、保证人（合同外的第三人）以其信用向合同关系中的债权方保证合同关系中的债务方会履行债务，当债务人无力履行合同债务时，债权人可要求保证人履行，保证人应当履行债务人的债务；保证合同（保证条款）无效，担保人并不必然免责 /216

四十三、向债权人承诺和债务人一起偿还其债务的合同外的第三人是债务加入人，债权人无须先向债务人请求清偿，也不论债务人是否有清偿能力，可直接要求债务加入人清偿债务 /233

四十四、物权担保人（债务人或合同外第三人）以其特定财产向债权人
保证履行债务，若逾期不能履行则应当以该特定财产折价、拍
卖、变卖所得清偿债务；物权担保人也可在约定的最高债权限额
内对不特定债权提供担保　　　　　　　　　　　　　　　　/240

四十五、抵押人（债务人或合同外第三人）与债权人书面约定，虽不转
移某一特定财产的占有，但以该特定财产担保债务履行，当债
务人不履行债务时，债权人有权以该特定财产折价、拍卖、变
卖所得价款优先受偿　　　　　　　　　　　　　　　　　/246

四十六、建设用地使用权和地上建筑物可以分别抵押，但须一并处分；
以违法建筑物设定抵押的，抵押合同无效，但当事人在一审法
庭辩论终结前补正的抵押合同有效；以划拨建设用地使用权实
现抵押权的，在缴纳土地出让金后才可优先受偿　　　　　/264

四十七、债务人或第三人可将动产或者权利转移给债权人占有，以此作
为债权的担保，当债务人不能清偿到期债务时，债权人以其占
有的动产或者权利优先清偿；在债务履行期限届满前，约定债
务人不履行到期债务时，质押财产归债权人所有的条款无效　/270

四十八、债务人不履行到期债务，债权人可以留置已经合法占有的债务
人的动产，并有权就该动产优先受偿　　　　　　　　　　/277

四十九、债务人或者第三人可将担保物所有权转移至债权人，债务清偿
后，担保物返还债务人或者第三人；债务人不能清偿债务时，
债权人以该担保物优先受偿　　　　　　　　　　　　　　/280

五十、买卖合同中，在买受人未付清货款情况下，出卖人可以保留货物
所有权，以此担保债权实现　　　　　　　　　　　　　　/282

五十一、资金不足，但有良好成长性和市场前景的生产、加工型中小企
业，需要购买设备扩大生产规模时，可选择集融资与融物、贸
易与技术更新于一体的融资租赁　　　　　　　　　　　　/286

第五编　企业法律责任

五十二、生产经营单位是安全生产的责任主体，主要负责人是本单位安全生产第一责任人；单位和主要负责人未履行安全生产职责的，给予行政处罚或行政处分；因生产安全事故造成人员、财产损失的，责任单位、责任人员承担民事赔偿责任；违反安全生产法规造成严重后果的，直接负责的主管人员和其他直接责任人承担刑事责任　　　　　　　　　　　　　　　　/295

五十三、企业单位和其他生产经营者应当防止、减少环境污染和生态破坏，因污染环境、破坏生态造成他人损害的，即使没有过错，也需承担侵权责任；违反环境保护法规定，构成犯罪的，承担刑事责任　　　　　　　　　　　　　　　　　　　　　　　　/302

五十四、生产者对所生产产品造成他人权益损害的，无论有无过错都应承担赔偿责任；销售者在不能证明自己不存在过错情况下，需对销售产品承担质量责任；明知产品存在缺陷，仍生产、销售给他人造成损害的，需承担惩罚性赔偿责任；生产、销售伪劣产品构成犯罪的，需承担刑事责任　　　　　　　　　　　　/310

五十五、商业秘密的所有人和经商业秘密所有人许可的使用人，对商业秘密享有专有的权利；泄露或不正当使用他人商业秘密，造成他人损害的，需承担侵权责任；侵犯他人商业秘密，构成犯罪的，单位和责任人需承担刑事责任　　　　　　　　　　　　　　　/318

五十六、侵犯商标专用权的，侵权人需承担民事赔偿责任；行政机关可对侵权人采取行政处罚，并将其列入失信惩戒名单、实施重点监管等措施；构成犯罪的单位和个人依法承担刑事责任　　/325

五十七、未经专利权人许可,他人不得实施;侵犯他人专利权的,需承担侵权责任;行政机关可对其进行行政处罚、失信惩戒;假冒专利构成犯罪的,单位和个人需承担刑事责任 /332

五十八、经营者在生产经营活动中的不正当竞争行为,损害其他经营者或者消费者合法权益的,应当依法承担民事责任;构成行政违法的,依法给予行政处罚;构成犯罪的,依法追究刑事责任 /335

第六编 企业终止

五十九、因法定或约定原因合伙企业解散的,未经清算不得注销;合伙企业解散后,债权人仍可向普通合伙人追偿合伙企业存续期间的债务 /343

六十、合伙企业破产,并不豁免普通合伙人对合伙企业债务承担的无限连带责任 /347

六十一、公司除因合并、分立而解散外,只有经过清算程序,其法人资格才能消灭 /350

六十二、公司不能清偿到期债务,且资产不足以清偿全部债务或者明显缺乏清偿能力的,依法进行破产清算;未经登记的代持股权归入名义股东的破产财产;债务人的保证人和其他连带债务人并不因债务人破产而免除其连带责任;违反破产法规构成犯罪的,需承担刑事责任 /362

第一编
企业形态选择与投资人的权利义务

创业者创业遇到的第一个问题就是选择合适的企业形态。根据法律规定，我国现行企业组织形式包括有限责任公司、股份有限公司、合伙企业、个人独资企业。创业者设立企业，要根据自己的投资能力、企业经营范围、企业运营的潜在风险综合考虑，根据自身实际选择企业的组织形态，依法进行登记，开展经营活动。

一、有限责任公司具有股东责任有限、设立程序简单、内部机构设置灵活的特点，但筹资规模有限、股权流动性差

有限责任公司，是指由 50 个以下的股东出资设立，每个股东以其所认缴的出资额为限对公司承担有限责任，公司法人以其全部资产对公司债务承担全部责任的企业法人。其法律特征为：（1）公司须依法成立，并须依照公司法规定的设立条件和设立程序才能取得法人资格。（2）公司具有法人资格，公司财产独立于股东个人财产；公司责任独立于股东个人责任。公司以其全部财产对公司的债务承担责任，股东以其认缴的出资或认购的股份为限对公司承担责任。（3）公司以

营利为目的，公司设立的最终目的是获得利益并且将所得利益分配于股东。

（一）有限责任公司的基本特点

1. 有限责任公司设立条件、内部机构和设立程序相对简单、灵活。股东会是公司的权力机构，由全体股东组成。董事会是股东会的执行机构，对股东会负责。监事会或监事（股东人数较少或者规模较小的有限责任公司可不设监事会）是公司的监督机构，对公司运营行使监督权。

2. 股东责任有限。有限责任公司各股东对公司所负责任，仅以其认缴的出资额为限承担有限责任，除此之外对公司债权人不负直接责任。如果公司的财产不足以清偿全部债务，股东也没有以自己出资以外的个人财产为公司清偿债务的义务。但公司对于其债务则要以公司的全部财产承担责任。

3. 具有较强的人合因素。有限责任公司的人合性主要表现在各股东之间的相互关系具有人身因素，股东人数不多；股东向股东以外的其他人转让出资额，应当经其他股东过半数同意；全体股东可以约定不按照出资比例分取红利；公司章程可以规定股东不按照出资比例行使表决权。因有限责任公司具有较强的人合性，有利于股东将个人利益与公司利益紧密结合，更可能使每位股东为公司的利益、公司的发展而出力。

4. 公司资本的封闭性。有限责任公司的资本只能由全体股东认缴，不能向社会公开募集股份，不能发行股票。依《公司法》规定，除非公司章程对股权转让另有规定，有限责任公司的股东向股东以外的其他人转让股权，必须经其他股东过半数同意；其他股东半数以上不同意转让的，不同意的股东应当购买该转让的股权；不购买的，视为同意转让；经股东同意转让的股权，在同等条件下，其他股东有优先购买权。公司资本的封闭性，导致公司股权流动性差，不利于股东通过转让股权规避风险。但公司资本的封闭性，也使公司会计账簿、经营状况等无须公开，有利于公司商业秘密的保护。

（二）有限责任公司的设立条件

1. 股东符合法定人数。有限责任公司由 50 个以下股东出资设立。除国有独资公司外，自然人和法人都可以成为有限责任公司的股东。

2. 有符合公司章程的全体股东认缴的出资额。有限责任公司的注册资本为在公司登记机关登记的全体股东认缴的出资额。

3. 股东共同制定公司章程。

4. 有公司名称，建立符合有限责任公司要求的组织机构。有限责任公司的组织机构由股东大会、董事会、监事会和经理组成。股东大会是最高权力机构，由全体股东组成，股东会议由股东按照出资比例行使表决权。董事会是公司股东会的执行机构，经理负责日常经营管理，监事会行使监督权。

5. 有公司住所。

（三）有限责任公司的设立程序

1. 签订发起人协议。发起人之间就设立公司事项彼此之间权利义务关系达成一致并签订书面协议。《最高人民法院关于适用〈中华人民共和国公司法〉若干问题的规定（三）》（法释〔2020〕18 号第二次修正）第一条规定："为设立公司而签署公司章程、向公司认购出资或者股份并履行公司设立职责的人，应当认定为公司的发起人，包括有限责任公司设立时的股东。"发起人协议在法律上被视为合伙协议,具有法律效力。

2. 订立公司章程。有限责任公司章程应当载明下列事项：公司名称和住所；公司经营范围；公司注册资本；股东的姓名或者名称；股东的出资方式、出资额和出资时间；公司的机构及其产生办法、职权、议事规则；公司法定代表人；股东会会议认为需要规定的其他事项。股东应在公司章程上签名、盖章。

3. 特殊情形下的行政审批。公司设立一般实行准则主义,即只要符合公司法规定的设立条件,无须行政机关审批,就可以在工商行政管理机关注册登记而成立。

4. 股东缴纳出资。股东应当按期足额缴纳公司章程中规定的各自所认缴的出资额。

5. 申请设立登记。股东认足公司章程规定的出资后,由全体股东指定的代表或者共同委托的代理人向公司登记机关报送公司登记申请书、公司章程等文件,申请设立登记。

6. 领取营业执照。依法设立的公司,由公司登记机关发给公司营业执照。公司在没有取得营业执照以前不具有法人资格,不能作为合同主体,以公司名义签订的合同属于无效合同。

7. 有限责任公司成立后,应当向股东签发出资证明书。出资证明书是证明股东已经履行了出资义务的法律文件。《公司法》第三十二条第三款规定,出资证明书应当由公司盖章。这是对出资证明书形式要件的规定。出资证明书只有经过公司盖章后,才能产生法律效力。没有公司盖章的出资证明书,因不具备法定的形式要件,不能发生效力。

（四）股东义务

1. 股东应当履行全面出资义务。《公司法》规定,有限责任公司的注册资本为在公司登记机关登记的全体股东认缴的出资额；股东应当按期足额缴纳公司章程中规定的各自所认缴的出资额；公司成立后，股东不得抽逃出资。

2. 股东可以货币资产或非货币资产缴纳出资。《公司法》第二十七条第一款明确，股东可以用货币出资，也可以用实物、知识产权、土地使用权等可以用货币估价并可以依法转让的非货币财产作价出资；但是，法律、行政法规规定不得作为出资的财产除外。《公司法》第二十八条第一款规定，股东以货币出资的，应当将货币出资足额存入有限责任公司在银行开设的账户；以非货币财产出资的，应当依法办理其财产权的转移手续。

3. 股东以非货币财产出资的应当"货真价实"。《公司法》规定，对作为出资的非货币财产应当评估作价，核实财产，不得高估或者低估作价。法律、行政法规对评估作价有规定的，从其规定。《最高人民法院关于适用〈中华人民共和国公司法〉若干问题的规定（三）》（法释〔2020〕18号第二次修正）第九条、第十三条规定，出资人以非货币财产出资，未依法评估作价，公司、其他股东或者公司债权人请求认定出资人未履行出资义务的，人民法院应当委托具有合法资格的评估机构对该财产评估作价。非货币财产出资未经评估手续，公司、其他股东或债权人要求评估，评估价值显著低于约定金额的，须补缴差额，创始股东需承担无过错连带责任。有限责任公司成立后，发现作为设立公司出资的非货币财产的实际价额显著低于公司章程所定价额的，应当由交付该出资的股东补足其差额；公司设立时的其他股东承担连带责任。

4. 股东之间有互相督促出资的义务。《最高人民法院关于适用〈中华人民共和国公司法〉若干问题的规定（三）》（法释〔2020〕

18号第二次修正）第十三条第一款规定："股东未履行或者未全面履行出资义务，公司或者其他股东请求其向公司依法全面履行出资义务的，人民法院应予支持。"《最高人民法院关于适用〈中华人民共和国公司法〉若干问题的规定（二）》（法释〔2020〕18号第二次修正）第二十二条第二款规定："公司财产不足以清偿债务时，债权人主张未缴出资股东，以及公司设立时的其他股东或者发起人在未缴出资范围内对公司债务承担连带清偿责任的，人民法院应依法予以支持。"根据上述规定，如果有限责任公司的某一股东未缴出资，在公司资产不足以清偿债务时，公司设立时的其他股东需要在其未足额出资范围内对公司债务承担连带责任。例如，钱某与孙某共同出资100万元成立大华商贸有限责任公司，钱某认缴出资60万元，占股60%；孙某认缴出资40万元，占股40%。按照公司章程规定，认缴出资人应在一个月内完成出资。孙某在章程规定期限内完成了出资，但钱某一直未完成实际出资。公司因资金缺乏，加之经营不善，运营不久负债即已超过100万元注册资本，公司破产清算。债权人诉请法院要求孙某对钱某出资不到位的60万元承担连带责任。法院审理后依法支持了债权人的诉求，判决孙某对公司债务承担连带责任。（简言之，就是孙某要对公司100万元的注册资本承担责任，即在已实际出资40万元的情况下，还要拿出60万元来填补钱某未实际出资的空缺。）因此，如果有限责任公司某一股东未履行出资义务，其他股东应及时督促其履行出资义务，否则将可能给自身带来不必要的损失。

（五）股东违反出资义务的责任

1. 对公司债权人承担补充赔偿责任。《最高人民法院关于适用〈中华人民共和国公司法〉若干问题的规定（三）》（法释〔2020〕18号第二次修正）第十三条第二款规定："公司债权人请求未履行或者未全面履行出资义务的股东在未出资本息范围内对公司债务不能清偿的部分承担补充赔偿责任的，人民法院应予支持；未履行或者未全面履行出资义务的股东已经承担上述责任，其他债权人提出相同请求的，人民法院不予支持。"

2. 对按期足额缴纳出资的股东承担违约责任。《公司法》第二十八条第二款规定："股东不按照前款规定缴纳出资的，除应当向公司足额缴纳外，还应当向已按期足额缴纳出资的股东承担违约责任。"

3. 股东权利受到合理限制。《最高人民法院关于适用〈中华人民共和国公司法〉若干问题的规定（三）》（法释〔2020〕18号第二次修正）第十六条规定："股东未履行或者未全面履行出资义务或者抽逃出资，公司根据公司章程或者股东会决议对其利润分配请求权、新股优先认购权、剩余财产分配请求权等股东权利作出相应的合理限制，该股东请求认定该限制无效的，人民法院不予支持。"根据本条规定，通过公司章程或股东会决议可以对未完全履行出资义务的股东在"利润分配请求权、新股优先认购权、剩余财产分配请求权"等股东权利方面作出合理限制。

（六）有限责任公司增加注册资本的方式

1. 原股东增加投资。增加公司注册资本，增加部分由原股东认购，以实现增资扩股的目的。根据《公司法》第三十四条规定，公司增加资本时，原股东有权优先按照实缴的出资比例认缴出资。原股东增资的缺点是，在公司资金实力增强的同时，原股东因为需要增加投资，资金压力增大。原股东增资的好处是，公司增资时，如果原股东均按实缴出资比例认缴出资，则公司原股东的出资比例不变。

2. 引入新股东认缴出资。增加公司注册资本，增加部分由新股东认购，实现增资扩股的目的。这种方法的前提是原股东放弃对新增资本的优先出资权。引入新股东的好处是公司资金实力增强，原股东不需要为此增加投资。引入新股东的弊端也很明显：公司原有股东的股份被稀释。

3. 未分配利润、法定公积金和任意公积金转增注册资本。根据《公司法》第一百六十六条、第一百六十八条规定，公司在分配当年税后利润前，应当提取法定公积金或任意公积金。公司公积金用于扩大公司生产经营或者转为增加公司资本。公司决定增加注册资本时，可以将未分配利润、法定公积金或任何公积金转增注册资本。法定公积金转为资本时，所留存的该项公积金不得少于注册资本的25%。以未分配利润、法定公积金和任意公积金增加注册资本的优点是：公司注册资本增加的同时，原股东无需追加出资，不增加原股东的资金压力；不需要引入新股东，避免稀释原有股东股权。以未分配利润、法定公积金、任意公积金增加注册资本的弊端，尤其是以未分配利润增加注册资本的弊端，在于股东收益的减少。

二、股份有限公司具有股东责任有限、容易集聚较大规模资金、股份可自由转让的优势，但因其开放性和股份的可自由转让，也易引发控股股东更迭、治理团队更换、公司秘密不易保守等问题

股份有限公司，是指由2人以上200人以下为发起人设立的，公司全部资本分为等额股份，股东以其认购的股份为限对公司承担责任，公司以其全部资产对公司的债务承担责任的企业法人。其法律特征为：（1）股份有限公司是典型的资合公司，公司的信用完全建立在资本的基础上。（2）股份有限公司设立条件比有限责任公司更为严格。（3）股份有限公司具有严密的内部组织机构。（4）股份有限公司的股份是等额的。（5）股份有限公司的股份体现为股票形式。股票是一种有价证券，可以在证券市场流通，任何人购买股票都可以成为公司的股东，股票持有者可以在市场上自由转让股票。（6）股份有限公司是企业法人，依法独立承担民事责任。

（一）股份有限公司的主要特点

股份有限公司最大的优势在于资本募集的公开性和股东的有限责任，公司可以募集到较大规模的资本，公司股东对公司债务仅以其认购的股份为限承担责任。同时，股份有限公司还具有以下特点：

1. 股东人数具有广泛性。公司法仅对股份有限公司设立发起人作了2人以上200人以下的限制，对股份有限公司的股东人数则没有设限。股份有限公司通过向社会公众广泛地发行股票来筹集资本，任何投资者只要认购股票和支付股款，都可成为股份公司的股东，这使得股份有限公司的股东人数具有广泛性的特点。

2. 股份发行和转让的公开性、自由性。股份有限公司向社会公众发行股票或由社会上的不特定投资人认购股份；股东持有的股票可依法自由转让，公司股东向他人转让自己所持有的股权无需其他股东同意，其他股东没有优先购买权，股票具有流通性。

3. 公司经营状况的公开性。由于公司股份发行和转让的公开性、自由性，使得股份有限公司的经营状况不仅要向股东公开，还要向社会公开。例如，公司应当将经注册会计师审查验证过的会计报告公开。

4. 公司治理上具有开放性。公司股票可依法自由转让，会出现新老股东更替，影响公司治理、决策；如公司经营不顺或团队出现不稳定情况，可能导致第三方的进入，致使控股股东易位，公司领导层出现更迭。

（二）股份有限公司的设立条件

1. 发起人符合法定的人数。设立股份有限公司，应有2人以上200人以下的发起人。发起人可以是自然人，也可以是法人，但发起人中须有过半数的人在中国境内有住所。

2. 有符合公司章程规定的全体发起人认购的股本总额或者募集的实收股本总额。股份有限公司采取发起设立方式的，注册资本应为在公司登记机关登记的全体发起人认购的股本总额。股份有限公司采取募集方式设立的，注册资本为在公司登记机关登记的实收股本总额。

3. 股份发行、筹办事项符合法律规定。公司法规定，以发起方式设立股份有限公司的，在发起人认购的股份缴足前，不得向他人募集股份。以募集方式设立股份有限公司的，除了法律、行政法规另有规定外，发起人认购的股份不得少于公司股份总数的35%。发起人可以用货币出资，也可以用实物、工业产权、非专利技术、土地使用权等作价出资。对作为出资的非货币财产应当评估作价，核实财产，不得高估或者低估作价。

4. 有发起人制定或创立大会通过的公司章程。

5. 有公司名称和符合股份有限公司要求的组织机构。股份有限公司的组织机构由股东大会、董事会、监事会和经理组成。股东大会是最高权力机构，股东出席股东大会实行"一股一票"。董事会是公司股东会的执行机构，经理负责日常经营管理，监事会是公司监督机构。

6. 有公司住所。

（三）股份有限公司的设立程序

1. 以发起设立方式设立股份公司的程序：（1）签订发起人协议，就各发起人在公司筹建过程中的权利义务及对公司设立成功后一些关键事项、公司设立过程中产生的债权债务关系的解决等进行约定。（2）发起人制订公司章程。股份有限公司章程应当载明下列事项：公司名称和住所；公司经营范围；公司设立方式；公司股份总数、每股金额和注册资本；发起人的姓名或者名称、认购的股份数、出资方式和出资时间；董事会的组成、职权和议事规则；公司法定代表人；监事会的组成、职权和议事规则；公司利润分配办法；公司的解散事由与清算办法；公司的通知和公告办法；股东大会会议认为需要规定的其他事项。（3）发起人认购公司章程规定其认购的公司股份，缴纳股款出资。（4）组建公司机关。（5）办理设立登记。经公司登记机关登记，取得公司营业执照，股份有限公司即告成立。

2. 以募集设立方式设立股份公司的程序：（1）签订发起人协议，明确各发起人在公司设立过程中的权利和义务。（2）发起人制订公司章程。（3）发起人向社会公开募集股份。发起人向社会公开募集股份，必须公告招股说明书，招股说明书应当附发起人制订的公司章程。招股说明书应载明：发起人认购的股份数；每股的票面金额和发行价格；无记名股票的发行总数；募集资金的用途；认股人的权利、义务；本次募股的起止期限及逾期未募足时，认股人可以撤回所认股份的说明。（4）由依法设立的验资机构对发行股份的股款进行验资并出具证明。（5）召开创立大会，通过公司章程，选举董事会成员、监事会成员。（6）办理设立登记。

（四）股份有限公司股东的出资责任

股份有限公司的发起人应当书面认足公司章程规定其认购的股

份，并按照公司章程规定缴纳出资。以非货币财产出资的，应当依法办理其财产权的转移手续。发起人不能按章程规定其认购股份出资的，需按照发起人协议承担违约责任。股份有限公司成立后，发起人未按照公司章程的规定缴足出资的，应当补缴；其他发起人承担连带责任。股份有限公司成立后，发现作为设立公司出资的非货币财产的实际价额显著低于公司章程所定价额的，应当由交付该出资的发起人补足其差额；其他发起人承担连带责任。公司法规定，股份有限公司发行的股票，可以为记名股票，也可以为无记名股票。向发起人、法人发行的股票，应当为记名股票，并应当记载该发起人、法人的名称或者姓名，不得另立户名或者以代表人姓名记名。发起人的股票，应当标明"发起人股票"字样。公司发行的记名股票，应当记载于公司置备的股东名册。发起人、认股人缴纳股款或者交付抵作股款的出资后，除未按期募足股份、发起人未按期召开创立大会或者创立大会决议不设立公司的情形外，不得抽回其股本。

（五）股份有限公司设立过程中的发起人责任

《最高人民法院关于适用〈中华人民共和国公司法〉若干问题的规定（三）》（法释〔2020〕18号第二次修正）第一条规定：为设立公司而签署公司章程、向公司认购出资或者股份并履行公司设立职责的人，应当认定为公司的发起人。股份有限公司的发起人，在公司设立中承担下列责任：（1）召开公司创立大会。发起人应当自股款缴足之日起30日内主持召开公司创立大会，发起人在30日内未召开创立大会的，认股人可以按照所缴股款并加算银行同期存款利息，要求发起人返还。（2）公司不能成立时，对设立行为所产生的债务和费用负连带责任。（3）公司不能成立时，对认股人已缴纳的股款，负返还股款并加算银行同期存款利息的连带责任。（4）在公司设立过程中，由于发起人的过失致使公司利益受到损害的，应当对公司承担赔偿责任。

（六）股份有限公司可通过发行新股、将公积金转增资本等方式增加公司注册资本

股份有限公司为增加注册资本发行新股时，股东认购新股，依照公司法设立股份有限公司缴纳股款的规定执行。股份有限公司经股东大会决议将公积金转为资本时，按股东原有股份比例派送新股或增加每股面值。但法定公积金转为资本时，所留存的该项公积金不得少于注册资本的25%。股份有限公司还可以通过将可转换公司债券转换为公司股票来增加股份。

三、合伙企业没有独立的法人资格，无需缴纳企业所得税，与企业法人相比具有一定的税赋优势；合伙企业的普通合伙人对外承担无限责任

合伙企业，是指由各合伙人订立合伙协议，共同出资、共同经营、共享收益、共担风险的非法人营利性组织。合伙企业具有以下法律特征：（1）合伙企业不具有法人资格；（2）合伙企业以合伙协议为成立的法律基础；（3）合伙企业须由全体合伙人共同出资、合伙经营；（4）合伙人共负盈亏，共担风险，对外承担无限连带责任。

（一）合伙企业的种类

合伙企业包括普通合伙企业和有限合伙企业两类。

1. 普通合伙企业。普通合伙企业由2人以上的普通合伙人（没有上限规定）组成。普通合伙企业名称中应当标明"普通合伙"字样。普通合伙企业中，合伙人对执行合伙事务享有同等的权利，合伙人对合伙企业债务承担无限连带责任。"合伙人对合伙企业债务承担无限连带责任"：一是所有的合伙人对合伙企业的债务都有责任偿还，不管自己在合伙协议中所承担的比例如何，一个合伙人不能清偿对外债务的，其他合伙人都有清偿的责任。对内而言，合伙人偿还债务超过自己所应当承担的数额时，有权向其他合伙人追偿。二是无限责任。当普通合伙企业财产不足以清偿合伙债务时，各合伙人还需要以其他个人财产来清偿债务，即承担无限责任，而且任何一个合伙人都有义务清偿全部合伙债务，即承担连带责任。正因如此，国有独资公司、国有企业、上市公司以及公益性的事业单位、社会团体不得成为普通合伙人。

2. 有限合伙企业。有限合伙企业由普通合伙人和有限合伙人组成，普通合伙人对合伙企业债务承担无限连带责任，有限合伙人以其认缴的出资额为限对合伙企业债务承担责任。有限合伙企业名称中应当标明"有限合伙"字样。有限合伙企业除法律另有规定外，由2个以上50个以下合伙人设立，合伙人中至少应当有一个普通合伙人。有限合伙企业由普通合伙人执行合伙事务。有限合伙人不执行合伙事务，不得对外代表有限合伙企业；有限合伙人未经授权以有限合伙企业名义与他人进行交易，给有限合伙企业或者其他合伙人造成损失的，该有限合伙人应当承担赔偿责任。有限合伙企业仅剩有限合伙人的，应当解散；有限合伙企业仅剩普通合伙人的，转为普通合伙企业。作为有限合伙人的自然人在有限合伙企业存续期间丧失民事行为能力的，其他合伙人不得因此要求其退伙。

3. 特殊普通合伙企业。根据《合伙企业法》的规定，以专业知识和专门技能为客户提供有偿服务的专业服务机构，可以设立为特殊的普通合伙企业,并在其企业名称中标明"特殊普通合伙"字样。在特殊的普通合伙企业中,一个合伙人或者数个合伙人在执业活动中因故意或者重大过失造成合伙企业债务的,应当承担无限责任或者无限连带责任,其他合伙人以其在合伙企业中的财产份额为限承担责任。合伙人在执业活动中非因故意或者重大过失造成的合伙企业债务及合伙企业的其他债务,由全体合伙人承担无限连带责任。上述规定表明,特殊普通合伙人在责任行使规定上和普通合伙人不一样,由于主观过错程度的不同承担不同的责任。如果合伙人因故意或者重大过失造成损失或债务的,由过错人承担无限责任,而其他合伙人只承担有限责任。而如果合伙人非因故意和重大过失造成损失的,则全体合伙人承担无限责任。

(二) 合伙企业的主要特点

1. 合伙企业是人的组合和财产的组合。《合伙企业法》第二十六条"合伙人对执行合伙事务享有同等的权利。按照合伙协议的约定或者经全体合伙人决定,可以委托一个或者数个合伙人对外代表合伙企业,执行合伙事务;作为合伙人的法人、其他组织执行合伙事务的,由其委派的代表执行"规定了普通合伙企业中合伙人对执行合伙事务享有同等权利。《合伙企业法》第六十七条虽然规定"有限合伙企业由普通合伙人执行合伙事务",但第六十八条又规定有限合伙人可以为下列行为:(1) 参与决定普通合伙人入伙、退伙;(2) 对企业的经营管理提出建议;(3) 参与选择承办有限合伙企业审计业务的会计师事务所;(4) 获取经审计的有限合伙企业财务会计报告;(5) 对涉及自身利益的情况,查阅有限合伙企业财务会计账簿等财务资料;(6) 在有限合伙企业中的利益受到侵害时,向有责任的合伙人主张权利或者提起诉讼;(7) 执行事务合伙人怠于行使权利时,督促其行使权利或者为了该企业的利益以自己的名义提起诉讼;(8)依法为该企业提供担保。可见,合伙企业是人的组合和财产的组合,每一合伙人都有权利参与合伙事务的决策、监督、检查。

2. 合伙企业无需缴纳企业所得税。合伙企业不用缴纳企业所得税,由合伙人缴纳个人所得税。而公司制企业在缴纳企业所得税后向股东分配利润时,股东还要缴纳个人所得税。所以合伙企业中合伙人的税赋低于公司中的股东。

3. 合伙企业在内部法律关系上具有一定的复杂性。合伙企业是根据合伙人间的契约建立的,每当一位原有的合伙人离开或者接纳一位新的合伙人,都必须重新确立一种新的合伙关系,因而合伙企业在内部法律关系上具有一定的复杂性。

(三)合伙企业的设立条件

设立合伙企业,应当具备下列条件:

1. 有2个以上合伙人。合伙人为自然人的,应当具有完全民事行为能力。

2. 有书面合伙协议。合伙协议应当载明下列事项:(1)合伙企业的名称和主要经营场所的地点;(2)合伙目的和合伙经营范围;(3)合伙人的姓名或者名称、住所;(4)合伙人的出资方式、数额和缴付期限;(5)利润分配、亏损分担方式;(6)合伙事务的执行;(7)入伙与退伙;(8)争议解决办法;(9)合伙企业的解散与清算;(10)违约责任。

有限合伙企业合伙协议除载明上述内容外,还应载明:(1)普通合伙人和有限合伙人的姓名或者名称、住所;(2)执行事务合伙人应具备的条件和选择程序;(3)执行事务合伙人权限与违约处理办法;(4)执行事务合伙人的除名条件和更换程序;(5)有限合伙人入伙、退伙的条件、程序及相关责任；（6）有限合伙人和普通合伙人相互转变的程序。合伙协议经全体合伙人签名、盖章后生效。合伙人按照合伙协议享有权利，履行义务。

3. 有合伙人认缴或者实际缴付的出资。合伙人可以用货币、实物、知识产权、土地使用权或者其他财产权利出资，也可以用劳务出资；合伙人以实物、知识产权、土地使用权或者其他财产权利出资，需要评估作价的，可以由全体合伙人协商确定，也可以由全体合伙人委托法定评估机构评估；合伙人以劳务出资的，其评估办法由全体合伙人协商确定，并在合伙协议中载明。在有限合伙中，有限合伙人不得以劳务出资。

4. 有合伙企业的名称和生产经营场所。

5. 法律、行政法规规定的其他条件。

（四）合伙企业的设立程序

（1）合伙人签署合伙协议；（2）合伙人向合伙企业出资，全体合伙人对各合伙人认缴或者实际交付的出资进行确认并出具确认书；（3）合伙企业经营范围中有属于法律、行政法规或者国务院规定的需经行政许可事项的，申请许可批准；（4）全体合伙人签署设立登记申请书，向企业登记机关申请登记；（5）领取营业执照。合伙企业领取营业执照前，合伙人不得以合伙企业名义从事合伙业务。

（五）合伙人的义务

一是遵守合伙协议的义务。合伙人违反合伙协议的，应当依法承担违约责任。二是出资义务。合伙人应当按照合伙协议约定的出资方式、数额和缴付期限，履行出资义务。以非货币财产出资的，依照法律、行政法规的规定，需要办理财产权转移手续的，应当依法办理。

有限合伙人应当按照合伙协议的约定按期足额缴纳出资；未按期足额缴纳的，应当承担补缴义务，并对其他合伙人承担违约责任。三是竞业限制和自我交易限制义务。合伙企业中的普通合伙人不得自营或者同他人合作经营与本合伙企业相竞争的业务。除合伙协议另有约定或者经全体合伙人一致同意外，普通合伙人不得同本合伙企业进行交易。合伙人违反《合伙企业法》的规定或者合伙协议的约定，从事与本合伙企业相竞争的业务或者与本合伙企业进行交易的，该收益归合伙企业所有；给合伙企业或者其他合伙人造成损失的，依法承担赔偿责任。四是对合伙企业债务的清偿义务。普通合伙企业不能清偿到期债务的，合伙人承担无限连带责任；新合伙人对入伙前合伙企业的债务承担无限连带责任，退伙人对基于其退伙前的原因发生的合伙企业债务，承担无限连带责任。有限合伙企业中的普通合伙人即使合伙企业已经注销，仍应对合伙企业存续期间的债务承担无限连带责任，合伙企业破产的仍应对合伙企业债务承担无限连带责任；新入伙的有限合伙人对入伙前有限合伙企业的债务，以其认缴的出资额为限承担责任；有限合伙人退伙后，对基于其退伙前的原因发生的有限合伙企业债务，以其退伙时从有限合伙企业中取回的财产承担责任。五是合伙人在合伙企业清算前，不得请求分割合伙企业的财产；合伙企业未清算或未申请法院清算的，合伙人无权解除合伙协议。

（六）合伙财产份额的转让

1. 普通合伙人转让合伙财产份额的，除合伙协议另有约定外，合伙人向合伙人以外的人转让其在合伙企业中的全部或者部分财产份额时，须经其他合伙人一致同意；合伙人之间转让在合伙企业中的全部或者部分财产份额时，应当通知其他合伙人；除合伙协议另有约定外，合伙人向合伙人以外的人转让其在合伙企业中的财产份额的，在同等条件下,其他合伙人有优先购买权。

2. 有限合伙人可以按照合伙协议的约定向合伙人以外的人转让其在有限合伙企业中的财产份额,但应当提前 30 日通知其他合伙人。

需要注意的是,根据《合伙企业法》的规定,在合伙企业存续期间,有下列情形之一的,合伙人可以退伙:(1)合伙协议约定的退伙事由出现;(2)经全体合伙人一致同意;(3)发生合伙人难以继续参加合伙的事由;(4)其他合伙人严重违反合伙协议约定的义务。合伙协议未约定合伙期限的,合伙人在不给合伙企业事务执行造成不利影响的情况下,可以退伙,但应当提前 30 日通知其他合伙人。退伙人对基于其退伙前的原因发生的合伙企业债务,承担无限连带责任。

(七)合伙企业的利润分配和亏损分担

《合伙企业法》第三十三条规定:"合伙企业的利润分配、亏损分担,按照合伙协议的约定办理;合伙协议未约定或者约定不明确的,由合伙人协商决定;协商不成的,由合伙人按照实缴出资比例分配、分担;无法确定出资比例的,由合伙人平均分配、分担。合伙协议不得约定将全部利润分配给部分合伙人或者由部分合伙人承担全部亏损。"第八十九条规定:"合伙企业财产在支付清算费用和职工工资、社会保险费用、法定补偿金以及缴纳所欠税款、清偿债务后的剩余财产,依照本法第三十三条第一款的规定进行分配。"根据上述规定,合伙企业利润分配或亏损分担,一是按照合伙协议确定,合伙人可以按照设立企业时签订的合伙协议上的规定分配利润、分担亏损,合伙协议未做约定或是约定不明确的,由合伙人协商确定;二是按照合伙人的实际出资比例分配利润或分担亏损;三是无法确定各合伙人出资比例的,平均分配利润、分担亏损。

四、一人有限责任公司的资产所有权、控制权、经营权、收益权高度统一，但也存在着投资者可能因不能证明公司财产独立于个人财产而对公司债务承担连带责任的风险

《公司法》第五十七条第二款规定："本法所称一人有限责任公司，是指只有一个自然人股东或者一个法人股东的有限责任公司。"第六十一条规定："一人公司股东可以直接通过股东决定的形式行使一般有限责任公司股东会的职权。"其法律特征为：（1）一人有限责任公司是企业法人；（2）一人有限责任公司只有一个自然人股东或者一个法人股东；（3）一人有限责任公司不设股东会；（4）股东责任的有限性，一人有限责任公司的本质是有限责任公司，即股东仅以其出资额为限对公司债务承担责任，公司以其全部财产独立承担责任，当公司财产不足以清偿其债务时，股东不承担连带责任。

（一）一人有限责任公司的特点

1. 一人有限责任公司的股东不能证明公司财产独立于股东自己的财产的，应当对公司债务承担连带责任。《公司法》第六十三条规定："一人有限责任公司的股东不能证明公司财产独立于股东自己的财产的，应当对公司债务承担连带责任。"《最高人民法院关于民事执行中变更、追加当事人若干问题的规定》（法释〔2020〕21号修正，自2021年1月1日实施）第二十条规定："作为被执行人的一人有限责任公司，财产不足以清偿生效法律文书确定的债务，股东不能证明公司财产独立于自己的财产，申请执行人申请变更、追加该股东为被执行人，对公司债务承担连带责任的，人民法院应予支持。"在公司财产与股东个人财产不能区分时，股东应对公司债务承担连带责任，也就是说股东不仅要用公司财产偿还公司的债务，而且还要用自己家里的财产来偿还公司的债务。法律对一人有限责任公司股东规定了举证责任倒置规则，由股东自证清白，如果该股东能够证明其作为一人公司股东持股期间的公司财产独立于股东个人财产，则无需对公司债务承担连带责任。如果股东不能举证证明个人财产独立于公司财产，则应承担举证不能的不利后果，对公司债务承担连带责任。

例如，A公司欠B公司货款。B公司起诉，法院出具了A公司还B公司货款的民事调解书。B公司据此申请法院对A公司强制执行，但A公司可供执行财产很少。在法院强制执行的过程中，B公司掌握并取得了A公司的股东王某及其妻子孙某多次从A公司取款，A公司与王某、孙某之间有几百万的资金往来的事实和证据。于是，B公司又将王某和孙某起诉到法院，请求法院判令王某、孙某对民事调解书确定的A公司的债务承担连带责任。法院审理认为：A公司与王某、孙某的个人账户之间存在大量的、频繁的资金往来，导致公司财产与股东财产无法进行区分，A公司与王某、孙某之间已构成财产混同。于是，法院依法判决被告王某、孙某对A公司所欠原告B公司的货款承担连带清偿责任。这个案例充分说明，股东切不可把自己的财产和公司的财产"混同在一起"。"财产混同"就彻底打破了"有限责任"的保护屏障，个人财产将为公司债务承担无限连带责任。

基于维护正常交易秩序、防止以转让股权来逃避债务等因素考虑，《公司法》第六十三条中"一人有限责任公司的股东"不仅是现任股东，而且也包括公司债务形成、存续期间担任过一人有限责任公司股东的人员。即使一人有限责任公司的股东已将股权转让，但在其未能提供证据证明作为一人有限责任公司股东期间，个人财产与公司财产是独立的,其对作为股东期间产生的公司债务仍应承担连带责任,亦即股权转让并不能免除一人有限责任公司股东的连带清偿责任。当然如果该股东能够证明其作为一人公司股东持股期间的公司财产独立于股东个人财产,则无需对公司债务承担连带责任。

2. 一人有限责任公司应当履行年度审计。《公司法》第六十二条规定:"一人有限责任公司应当在每一会计年度终了时编制财务会计报告,并经会计师事务所审计。"《全国法院民商事审判工作会议纪要》(法〔2019〕254号)10. 明确:"认定公司人格与股东人格是否存在混同,最根本的判断标准是公司是否具有独立意思和独立财产,最主要的表现是公司的财产与股东的财产是否混同且无法区分。在认定是否构成人格混同时,应当综合考虑以下因素:(1)股东无偿使用公司资金或者财产,不作财务记载的;(2)股东用公司的资金偿还股东的债务,或者将公司的资金供关联公司无偿使用,不作财务记载的;(3)公司账簿与股东账簿不分,致使公司财产与股东财产无法区分的;(4)股东自身收益与公司盈利不加区分,致使双方利益不清的;(5)公司的财产记载于股东名下,由股东占有、使用的;(6)人格混同的其他情形。"因此,一人有限责任公司股东应确保公司建立独立完整的财务制度,保留完整的年度财务会计报告,用于证明个人财产独立于公司财产,避免因举证不能而对公司债务承担连带责任。

公司财产与股东自身财产严格分离,不存在公司财产与股东自身财产混同的情形,是一人公司股东避免对公司债务承担连带责任的关键。一人有限责任公司股东为避免其个人财产与公司财产混同,一定要注意建立规范的财务制度,严格区分股东个人账户与公司账户、股东个人财产与公司资产;每一会计年度编制财务会计报告,并经会计师事务所审计。值得注意的是，一人有限责任公司股东提供纠纷发生时由审计机构对公司作出的审计报告作为证据，以此证明个人财产独立于公司财产的，由于该审计报告并非年度财务报告，不能客观反映公司年度财务状况，故法院一般认定该证据不能证明股东个人财产独立于公司财产。

3. 一人有限责任公司再投资受到限制。（1）一个自然人只能投资设立一个一人有限责任公司，不能投资设立第二个一人有限责任公司；自然人投资设立的一人有限责任公司不能作为股东投资设立新的一人有限责任公司。（2）一个法人可以投资设立两个或两个以上的一人有限责任公司，由一个法人设立的一人有限责任公司可以再投资设立一人有限责任公司，成为一人有限责任公司的股东。

（二）一人有限责任公司的设立条件和程序

根据《公司法》第五十七条的规定，一人有限责任公司的设立条件、设立程序适用有限责任公司的设立条件和程序。一人有限责任公司应当在公司登记中注明自然人独资或者法人独资，并在公司营业执照中载明。一人有限责任公司章程由股东制定，公司不设股东会，由股东行使《公司法》第三十七条所规定的股东会的职权。

（三）个人独资企业与一人有限责任公司是两个截然不同的法律主体

个人独资企业，是指在我国境内设立，由一个自然人投资，财产为投资人个人所有，投资人以其个人财产对企业债务承担无限责任的经营实体。个人独资企业的名称不能称公司。个人独资企业的投资主体只能是自然人；个人独资企业属于非法人组织，不具有法人资格，无需缴纳企业所得税；个人独资企业的投资人以其个人财产对企业债务承担无限责任，投资人在申请企业设立登记时明确以其家庭共有财产作为个人出资的，应当依法以家庭共有财产对企业债务承担无限责任。根据《最高人民法院关于民事执行中变更、追加当事人若干问题的规定》（法释〔2020〕21号修正，自2021年1月1日实施）第十三条的规定，作为被执行人的个人独资企业，不能清偿生效法律文书确定的债务，申请执行人申请变更、追加其出资人为被执行人的，人民法院应予支持。个人独资企业出资人作为被执行人的，人民法院可以直接执行该个人独资企业的财产。个体工商户的字号为被执行人的，人民法院可以直接执行该字号经营者的财产。

五、有限责任公司股东滥用公司法人独立地位和股东有限责任，逃避债务，严重损害公司债权人利益的，对公司债务承担连带责任

公司股东负有遵守法律、行政法规和公司章程，依法行使股东权利，不得滥用股东权利损害公司或者其他股东的利益，不得滥用公司法人独立地位和股东有限责任，损害公司债权人的利益等法定义务。

公司人格独立和股东有限责任是公司法的基本原则，表现为公司具有独立财产、独立承担民事责任及股东仅以出资额为限对公司债务承担责任两个方面。对此，《公司法》第三条规定："公司是企业法人，有独立的法人财产，享有法人财产权。公司以其全部财产对公司的债务承担责任。有限责任公司的股东以其认缴的出资额为限对公司承担责任；股份有限公司的股东以其认购的股份为限对公司承担责任。"一般来说，作为有限责任公司的股东不需要对公司债务承担责任。但在实践中，当出现公司股东利用法人独立地位和出资人有限责

任逃避债务、损害法人债权人的利益情况时，债权人可以要求股东偿还公司债务。对此，《民法典》第八十三条第二款规定："营利法人的出资人不得滥用法人独立地位和出资人有限责任损害法人债权人的利益；滥用法人独立地位和出资人有限责任，逃避债务，严重损害法人债权人的利益的，应当对法人债务承担连带责任。"《民法典》的这条规定就是法人人格否认制度，在承认公司具有法人人格的前提下，对特定法律关系中的公司人格及其股东有限责任加以否认，突破股东对公司债务不承担责任的一般规则，如果股东滥用法人独立地位和出资人有限责任，逃避债务，严重损害法人债权人利益时，法律规定可以突破股东对公司的有限责任，将公司与其股东在法律上视为同一体追究责任，判令公司的股东对公司债务承担连带责任。

（一）"滥用公司法人独立地位和股东有限责任的股东对公司债务承担连带责任"的适用条件和对象

《公司法》第二十条第三款规定："公司股东滥用公司法人独立地位和股东有限责任，逃避债务，严重损害公司债权人利益的，应当对公司债务承担连带责任。"《全国法院民商事审判工作会议纪要》（法〔2019〕254号）对"滥用公司法人独立地位和股东有限责任的股东对公司债务承担连带责任"的适用条件和对象，在"二、关于公司纠纷案件的审理（四）关于公司人格否认"中进行了明确：（1）只有在股东实施了滥用公司法人独立地位及股东有限责任的行为，且该行为严重损害了公司债权人利益的情况下，才能适用《公司法》第二十条第三款的规定，追究股东对公司债务的连带责任。损害债权人利益，主要是指股东滥用权利使公司财产不足以清偿公司债权人的债权。（2）只有实施了滥用法人独立地位和股东有限责任行为的股东才对公司债务承担连带清偿责任，而其他股东不应承担此责任。

（二）"滥用行为"的表现及判断标准

《全国法院民商事审判工作会议纪要》（法〔2019〕254号）明确，《公司法》第二十条第三款规定的滥用行为，实践中常见的情形有人格混同、过度支配与控制、资本显著不足等，并对人格混同、过度支配与控制、资本显著不足等的判断标准逐一作了详细阐述。

1. 人格混同判断的根本标准是，公司财产是否独立。《全国法院民商事审判工作会议纪要》（法〔2019〕254号）10. 明确："认定公司人格与股东人格是否存在混同，最根本的判断标准是公司是否具有独立意思和独立财产，最主要的表现是公司的财产与股东的财产是否混同且无法区分。在认定是否构成人格混同时，应当综合考虑以下因素：（1）股东无偿使用公司资金或者财产，不作财务记载的；（2）股东用公司的资金偿还股东的债务，或者将公司的资金供关联公司无偿使用，不作财务记载的；（3）公司账簿与股东账簿不分，致使公司财产与股东财产无法区分的；（4）股东自身收益与公司盈利不加区分，致使双方利益不清的；（5）公司的财产记载于股东名下，由股东占有、使用的；（6）人格混同的其他情形。在出现人格混同的情况下，往往同时出现以下混同：公司业务和股东业务混同；公司员工与股东员工混同，特别是财务人员混同；公司住所与股东住所混同。人民法院在审理案件时，关键要审查是否构成人格混同，而不要求同时具备其他方面的混同，其他方面的混同往往只是人格混同的补强。"

2. 过度支配与控制的判断标准是，公司是否完全丧失独立性。《全国法院民商事审判工作会议纪要》（法〔2019〕254号）11. 明确："公司控制股东对公司过度支配与控制，操纵公司的决策过程，使公司完全丧失独立性，沦为控制股东的工具或躯壳，严重损害公司债权人利益的，应当否认公司人格，由滥用控制权的股东对公司债务承担连带责任。实践中常见的情形包括：（1）母子公司之间或者子公司之间进行利益输送的；（2）母子公司或者子公司之间进行交易，收益归一方，损失却由另一方承担的；（3）先从原公司抽走资金，然后再成立经营目的相同或者类似的公司，逃避原公司债务的；（4）先解散公司，再以原公司场所、设备、人员及相同或者相似的经营目的另设公司，逃避原公司债务的；（5）过度支配与控制的其他情形。控制股东或实际控制人控制多个子公司或者关联公司，滥用控制权使多个子公司或者关联公司财产边界不清、财务混同，利益相互输送，丧失人格独立性，沦为控制股东逃避债务、非法经营，甚至违法犯罪工具的，可以综合案件事实，否认子公司或者关联公司法人人格，判令承担连带责任。"

3. 资本显著不足的判断标准是，股东实际投入是否与其经营风险显著不匹配。《全国法院民商事审判工作会议纪要》（法〔2019〕254号）12.明确："资本显著不足指的是，公司设立后在经营过程中，股东实际投入公司的资本数额与公司经营所隐含的风险相比明显不匹配。股东利用较少资本从事力所不及的经营，表明其没有从事公司经营的诚意，实质是恶意利用公司独立人格和股东有限责任把投资风险转嫁给债权人。由于资本显著不足的判断标准有很大的模糊性，特别是要与公司采取'以小博大'的正常经营方式相区分，因此在适用时要十分谨慎，应当与其他因素结合起来综合判断。"

根据上述规定，为避免人格混同的法律风险，实践中有限责任公司应坚持：（1）财产的独立性。避免股东个人财产与公司财产混同。（2）组织机构的独立性。控制股东拥有多家公司的情况下，各公司之间应注意在人员方面，如法定代表人、总经理、财务负责人、会计、出纳、项目负责人等，各关联公司自行聘任；在业务方面，各关联公司的经营范围不要重合，经营的业务领域、目标客户等也要互相独立，对外做到独立宣传、特色明显；在财务方面，各公司建立独立的账户与账簿，资金来往需有合同依据，资金审批避免同一人经手，财务印章不可混合使用，各类债权债务、营业收入、业绩、账务均独立核算。（3）保持实际投入与经营风险的动态匹配。公司设立后，经过一段时间运营，出现营运规模所需资金明显高于公司注册资本的情况时，公司应当及时增加公司注册资本。一方面增强公司实力，提高公司信用，另一方面可以适应和扩大公司现有经营规模。也避免公司做一些较大的交易无法履约时，被债权人诉到法院后，法院认为公司这种"小马拉大车"式的经营模式，属于公司股东滥用公司法人独立地位和股东有限责任逃避债务，严重损害公司债权人利益的行为，从而否定公司人格，增加股东个人债务风险。

需要注意的是，对于实践中常有的低价股权转让行为，是否属于滥用公司人格、损害债权人利益的行为，应从公司人格与股东人格是否混同、股权转让行为是否造成公司责任财产的不当减少从而降低公司对外偿债能力等方面进行分析判断，不能仅以股东以0元、1元价格转让股权就认定属于逃避债务。

（三）公司人格否认纠纷需要进行个案的认定

公司人格否认不是全面、彻底、永久地否定公司的法人资格，而只是在具体案件中依据特定的法律事实、法律关系，突破股东对公司债务不承担责任的一般规则，例外地判令其承担连带责任。在个案中否认公司人格的判决的既判力仅仅约束该诉讼的各方当事人，不当然适用于涉及该公司的其他诉讼，不影响公司独立法人资格的存续。如果其他债权人提起公司人格否认诉讼，已生效判决认定的事实可以作为证据使用。债权人在提起诉讼否认公司人格要求股东承担责任时，应当个案提出,请求人民法院审理确认,债权人诉请公司人格否认的,应当根据不同情况列明公司及股东的诉讼地位。《全国法院民商事审判工作会议纪要》(法〔2019〕254号)13.对此作了规定:"(1)债权人对债务人公司享有的债权已经由生效裁判确认,其另行提起公司人格否认诉讼,请求股东对公司债务承担连带责任的,列股东为被告,公司为第三人;(2)债权人对债务人公司享有的债权提起诉讼的同时,一并提起公司人格否认诉讼,请求股东对公司债务承担连带责任的,列公司和股东为共同被告;(3)债权人对债务人公司享有的债权尚未经生效裁判确认,直接提起公司人格否认诉讼,请求公司股东对公司债务承担连带责任的,人民法院应当向债权人释明,告知其追加公司为共同被告。债权人拒绝追加的,人民法院应当裁定驳回起诉。"

需要强调的是,诉讼中,原告主张被告公司存在人格混同的,应提供初步证据对被告公司与关联公司存在人员、业务、财务等方面交叉或混同,导致各自财产无法区分,构成人格混同的情况加以证明,未能提供或提供的证据不足的,应承担举证不能的不利后果。

六、有限责任公司股东抽逃出资,需承担民事、行政及刑事法律责任

《公司法》第三十五条规定:"公司成立后,股东不得抽逃出资。"

(一)抽逃出资的表现形式

《最高人民法院关于适用〈中华人民共和国公司法〉若干问题的规定(三)》(法释〔2020〕18号第二次修正)第十二条规定:"公司成立后,公司、股东或者公司债权人以相关股东的行为符合下列情

形之一且损害公司权益为由,请求认定该股东抽逃出资的,人民法院应予支持:(一)制作虚假财务会计报表虚增利润进行分配;(二)通过虚构债权债务关系将其出资转出;(三)利用关联交易将出资转出;(四)其他未经法定程序将出资抽回的行为。"本条以列举的方式规定了抽逃出资的四种情形。

(二)抽逃出资的法律责任

1. 承担民事责任。(1)向公司返还出资本息,且公司要求抽逃出资的股东返还本息不受诉讼时效的限制,抽逃出资的股东以诉讼时效为由进行抗辩的,人民法院不予支持。也就是说,公司或者其他股东要求抽逃出资股东履行返还本息的责任不受诉讼时效限制。(2)股东权利受到限制。股东抽逃出资,公司可根据公司章程或者股东会决议对其利润分配请求权、新股优先认购权、剩余财产分配请求权等股东权利作出相应的合理限制。(3)取消股东资格。有限责任公司的股东抽逃全部出资,经公司催告返还,其在合理期间内仍未返还出资的,公司可以股东会决议解除该股东的股东资格。(4)抽逃出资的股东需在其抽逃出资的本息范围内对公司债务不能清偿部分承担补充赔偿责任。(5)协助抽逃出资的其他股东、董事、高级管理人员或者实际控制人对股东抽逃出资承担连带责任。《最高人民法院关于适用〈中华人民共和国公司法〉若干问题的规定(三)》(法释〔2020〕18号第二次修正)第十四条规定:"股东抽逃出资,公司或者其他股东请求其向公司返还出资本息,协助抽逃出资的其他股东、董事、高级管理人员或者实际控制人对此承担连带责任的,人民法院应予支持。公司债权人请求抽逃出资的股东在抽逃出资本息范围内对公司债务不能清偿的部分承担补充赔偿责任,协助抽逃出资的其他股东、董事、高级管理人员或者实际控制人对此承担连带责任的,人民法院应予支持；抽逃出资的股东已经承担上述责任，其他债权人提出相同请求的，人民法院不予支持。"

2. 承担行政责任。《公司法》第二百条规定："公司的发起人、股东在公司成立后，抽逃其出资的，由公司登记机关责令改正，处以所抽逃出资金额百分之五以上百分之十五以下的罚款。"根据本条规定，有限责任公司股东在公司成立后抽逃其出资的，由公司登记机关给予行政处罚。

3. 承担刑事责任。《刑法》第一百五十九条规定："公司发起人、股东违反公司法的规定未交付货币、实物或者未转移财产权，虚假出资，或者在公司成立后又抽逃其出资，数额巨大、后果严重或者有其他严重情节的，处五年以下有期徒刑或者拘役，并处或者单处虚假出资金额或者抽逃出资金额百分之二以上百分之十以下罚金。单位犯前款罪的，对单位判处罚金，并对其直接负责的主管人员和其他直接责任人员，处五年以下有期徒刑或者拘役。"根据最高人民检察院、公安部2022年4月29日联合发布，自2022年5月15日起施行的《最高人民检察院、公安部关于公安机关管辖的刑事案件立案追诉标准的规定（二）》第四条的规定，依法实行注册资本实缴登记制的公司的"公司发起人、股东违反公司法的规定未交付货币、实物或者未转移财产权，虚假出资，或者在公司成立后又抽逃其出资，涉嫌下列情形之一的，应予立案追诉：（一）法定注册资本最低限额在六百万元以下，虚假出资、抽逃出资数额占其应缴出资数额百分之六十以上的；（二）法定注册资本最低限额超过六百万元，虚假出资、抽逃出资数额占其应缴出资数额百分之三十以上的；（三）造成公司、股东、债权人的直接经济损失累计数额在五十万元以上的；（四）虽未达到上述数额标准，但具有下列情形之一的：1. 致使公司资不抵债或者无法正常经营的；2. 公司发起人、股东合谋虚假出资、抽逃出资的；3. 二年内因虚假出资、抽逃出资受过二次以上行政处罚，又虚假出资、抽逃出资的；4. 利用虚假出资、抽逃出资所得资金进行违法活动的。（五）其他后果严重或者有其他严重情节的情形"。

七、在注册资本认缴制下，股东应当按期足额缴纳公司章程规定的认缴出资额，股东对出资享有期限利益，在出资期限届满前无实际出资的义务，但当出现法定情形时，股东出资应当加速到期

在注册资本认缴制下，股东可通过公司章程自由约定认缴出资金额及出资期限，依法享有期限利益，债权人以公司不能清偿到期债务为由，请求未届出资期限的股东在未出资范围内对公司不能清偿的债务承担补充赔偿责任的，法院不予支持。但是，这并不意味着只要股东出资期限未到，债权人就无法要求股东承担出资责任；在出现法定事由情形之下，即使股东出资尚未到期，公司债权人也可以要求股东提前履行出资义务，足额缴纳其所认缴的出资。

（一）股东出资应加速到期的法律依据

《企业破产法》第三十五条规定："人民法院受理破产申请后，债务人的出资人尚未完全履行出资义务的，管理人应当要求该出资人缴纳所认缴的出资，而不受出资期限的限制。"《全国法院民商事审判工作会议纪要》（法〔2019〕254号）6. 就股东出资应否加速到期问题明确："在注册资本认缴制下，股东依法享有期限利益。债权人以公司不能清偿到期债务为由，请求未届出资期限的股东在未出资范

围内对公司不能清偿的债务承担补充赔偿责任的，人民法院不予支持。但是，下列情形除外：(1) 公司作为被执行人的案件，人民法院穷尽执行措施无财产可供执行，已具备破产原因，但不申请破产的；(2) 在公司债务产生后，公司股东（大）会决议或以其他方式延长股东出资期限的。"根据《最高人民法院关于适用〈中华人民共和国企业破产法〉若干问题的规定（一）》（法释〔2011〕22号）第一条第一款的规定：债务人不能清偿到期债务并且具有下列情形之一的，人民法院应当认定其具备破产原因：(1) 资产不足以清偿全部债务；(2) 明显缺乏清偿能力。

（二）股东出资期限加速到期的法定情形

1. 公司解散时，《最高人民法院关于适用〈中华人民共和国公司法〉若干问题的规定（二）》（2014年修正）第二十二条第一款规定："公司解散时，股东尚未缴纳的出资均应作为清算财产。股东尚未缴纳的出资，包括到期应缴未缴的出资，以及依照公司法第二十六条和第八十条的规定分期缴纳尚未届满缴纳期限的出资。"

2. 公司破产时，《企业破产法》第三十五条规定："人民法院受理破产申请后，债务人的出资人尚未完全履行出资义务的，管理人应当要求该出资人缴纳所认缴的出资，而不受出资期限的限制。"

3. 公司作为被执行人的案件，人民法院穷尽执行措施无财产可供执行，已具备破产原因，但不申请破产的，该公司股东的出资即应当加速到期。

4. 在公司债务产生后，股东（大）会决议或以其他方式延长股东出资期限的。公司股东会延长即将到期的股东出资期限，实质上是在债务偿还期间，逃避公司不能履行债务时股东需补足出资的责任，债权人有权请求撤销该延长的出资期限，请求股东按原来约定的出资期限履行出资义务。

（三）执行程序中须满足股东出资加速到期的条件，才可追加股东为被执行人

根据《公司法》第二十八条第一款"股东应当按期足额缴纳公司章程中规定的各自所认缴的出资额"之规定，在认缴期限届满前，股东享有期限利益，因此股东在认缴期限内未缴纳或未全部缴纳出资不属于"未履行或未完全履行出资义务"。因此，《最高人民法院关于民事执行中变更、追加当事人若干问题的规定》（法释〔2020〕21号修正）第十七条第一款"作为被执行人的企业法人，财产不足以清偿生效法律文书确定的债务，申请执行人申请变更、追加未缴纳或未足额缴纳出资的股东、出资人或依公司法规定对该出资承担连带责任的发起人为被执行人，在尚未缴纳出资的范围内依法承担责任的，人民法院应予支持"中的"未缴纳或未足额缴纳出资的股东"指的是认缴出资期限已届满，未履行出资义务的股东。如果股东的认缴出资期限尚未届满，债权人无权请求追加股东为被执行人。

例如，某公司成立于2016年，注册资本为300万元，公司章程载明股东为雷某和王某，雷某认缴出资180万元，出资比例为60%，王某认缴出资120万元，出资比例为40%，二人认缴出资的时间均为2021年8月4日前，出资方式为现金。已届出资期限，二股东未提供充分证据证明其已实缴出资。经生效文书确认，该公司应向原告支付借款本金及利息共计250万元，后原告申请强制执行，法院作出执行裁定书，认为经穷尽财产调查措施，未发现被执行人有其他可供执行的财产，终结了本次执行程序。原告以公司及股东王某、雷某为被告向法院提起诉讼，要求股东王某、雷某对公司债务承担连带责任。

法院审理后认为，根据该公司的章程，被告王某、雷某应当在

2021年8月4日前将各自认缴的出资足额存入公司在银行开设的账户，二被告均未提供充分证据证明已经履行按时足额出资的义务，应当认定二被告未全面履行出资义务，应在未出资本息范围内对公司债务不能清偿的部分承担补充赔偿责任，故判决被告王某在120万元未出资本息范围内、被告雷某在180万元未出资本息范围内对已生效文书项下该公司未能清偿原告的债务承担补充赔偿责任。

当然，如果债权人可以证明公司作为被执行人已实际上破产但不申请破产或不能清偿债务又延长股东出资期限的，则可追加该股东为被执行人，要求该股东出资加速到期，在其未缴纳出资的范围内承担责任。

需要注意的是，《最高人民法院关于民事执行中变更、追加当事人若干问题的规定》（法释〔2020〕21号修正）第十七条中"未缴纳或未足额缴纳出资的股东"并不包含公司债务形成之后才认缴出资但未按约实缴的股东。基于债权形成时债权人对债务人责任能力的判断，不得追加公司债务形成之后认缴但未按约实缴增资的股东为被执行人。最高人民法院（2021）最高法民申6260号民事裁定体现了这一规则。《最高人民法院关于民事执行中变更、追加当事人若干问题的规定》（法释〔2020〕21号修正）第十九条中"未依法履行出资义务即转让股权"的股东，应解释为包括在抽逃出资后未予补缴出资即转让股权的原股东在内，抽逃出资后未予补缴出资即转让股权的原股东可依照该条规定被追加为被执行人，对公司债务在抽逃出资范围内承担责任。

根据《最高人民法院关于适用〈中华人民共和国公司法〉若干问题的规定（三）》（法释〔2020〕18号第二次修正）第十八条"有限责任公司的股东未履行或者未全面履行出资义务即转让股权，受让人对此知道或者应当知道，公司请求该股东履行出资义务、受让人对此承担连带责任的，人民法院应予支持；公司债权人依照本规定第十三条第二款向该股东提起诉讼，同时请求前述受让人对此承担连带责任的，人民法院应予支持"的规定，出资期限届满未履行或者未全面履行出资义务的股东即使将股权转让，仍然不能免除本身的出资义务；受让人知道或者应当知道的与出让股东承担连带清偿责任。简言之，虽然股东转让了股权，但因债务产生于原股东经营公司期间，因此原则上，在追加股东为被告承担债务连带责任时，应以原股东为被告；但如果受让人是在明知原股东出资未到位情况下受让股权的，则可以将原股东和受让人都作为被告，要求其承担连带责任。

此外，股东在认缴出资期限届满前转让股权，其出资义务一并转移，不属于未履行或未全面履行出资义务。原股东在出资期限届满之前将股份转让的行为，并非"未依法履行出资义务即转让股权"的情形，因此在认缴期限届满前转让股权的股东无需在未出资本息范围内对公司不能清偿的债务承担连带责任，除非该股东未依法完成出资义务将其股权低价或者无偿转让出去，具有恶意逃避债务履行的故意，方可追加未实缴便转让股权的原股东为被执行人。但需强调，认缴而未实缴出资股东，恶意转让股权逃避债务、转移资产的，仍应对转让前公司债务承担连带责任。

八、资本认缴不等于不缴，股东以其"认缴"的出资额为限对公司承担责任；股东认缴出资额越高，承担的责任越大，风险越大

在注册资本认缴登记制下，股东以认缴出资的方式出资，不再需要一次性缴纳全部注册资本，可以大大缓解创业初期面临的资金压力，但认缴出资仅是出资义务的延缓，公司章程规定的出资期限届满认缴人必须履行出资义务。注册资本认缴登记制度的实施，没有改变公司股东以其认缴的出资额承担责任的规定，也没有改变承担责任的形式。

《公司法》规定，有限责任公司的注册资本为在公司登记机关登记的全体股东认缴的出资额；股份有限公司采取发起设立方式设立的，注册资本为在公司登记机关登记的全体发起人认购的股本总额。有限责任公司的股东以其认缴的出资额为限对公司承担责任；股份有限公司的股东以其认购的股份为限对公司承担责任。股东（发起人）认缴（认购）的出资额是股东对公司的实缴义务，公司股东认缴的出资总额或者发起人认购的股本总额便是在公司登记机关登记的公司注册资本。注册资本是公司承担民事责任的财力保证，股东认缴的出资额实际上是股东对公司承担的债务，当公司资不抵债法院执行不到财产或公司清算、破产时，依照法律规定股东应当以其认缴的出资额填平公司注册资本，公司注册登记的资本越高，认缴出资的股东承担的填平责任也越大，因此公司注册登记的资本不宜过高。

（一）当公司实收资本不足以清偿债务时，认缴出资的股东、出资人在认缴范围内负有连带责任

《民法典》第六十条规定，法人以其全部财产独立承担民事责任。《公司法》第二十六条、第八十条规定，有限责任公司的注册资本为在公司登记机关登记的全体股东认缴的出资额；股份有限公司采取发起设立方式设立的，注册资本为在公司登记机关登记的全体发起人认购的股本总额。《最高人民法院关于适用〈中华人民共和国公司法〉若干问题的规定（三）》（法释〔2020〕18号第二次修正）第十三条第二款规定："公司债权人请求未履行或者未全面履行出资义务的股东在未出资本息范围内对公司债务不能清偿的部分承担补充赔偿责任的，人民法院应予支持；未履行或者未全面履行出资义务的股东已经承担上述责任，其他债权人提出相同请求的，人民法院不予支持。"《最高人民法院关于民事执行中变更、追加当事人若干问题的规定》（法释〔2020〕21号修正）第十七条规定："作为被执行人的营利法人，财产不足以清偿生效法律文书确定的债务，申请执行人申请变更、追加未缴纳或未足额缴纳出资的股东、出资人或依公司法规定对该出资承担连带责任的发起人为被执行人，在尚未缴纳出资的范围内依法承担责任的，人民法院应予支持。"

例如，A公司由五个股东各按20%比例出资，公司章程载明：公司注册资本3 000万元，首期实缴资本500万元，在公司注册之日起一个月内到期，其余2 500万元在公司注册后的第三年到期。A公司在经营的第二年欠B公司债务3 000万元到期不能清偿，申请破产清算。如果当初A公司的注册资本金是500万元，五位股东已实缴500万元，根据当公司发生债务责任时，股东并不直接对债权人负责，而是由公司以自己全部资产对公司债务承担责任，股东仅以其认缴的出资额对公司债务承担有限责任的规定，每位股东仅需以其已实际出资的100万元承担公司债务责任，亦即每人损失100万元。但现在注册了3 000万元，根据股东应当以其认缴出资为限承担公司债务责任的规定，每位股东应以其认缴的600万元出资额为限承担清偿责任，因此每位股东在已实缴100万元基础上，仍需拿出500万元用于清偿公司债务。这个案例表明，股东如果无限制设置注册资本，虚高自己的认缴出资额，那么也就必然增加了股东所要承担的责任。

（二）有限责任公司未依法定程序办理减资的，该减资行为对债权人不发生法律效力，股东仍须以减资前的出资额度为限承担责任

《公司法》第三十七条、第三十九条、第一百零三条规定，有限责任公司减少注册资本必须召开股东会，并须经代表三分之二以上表决权的股东通过；股份有限责任公司减少注册资本必须召开股东大会，并经出席会议的股东所持表决权的三分之二以上通过。第一百七十七条规定："公司需要减少注册资本时，必须编制资产负债表及财产清单。公司应当自作出减少注册资本决议之日起十日内通知债权人，并于三十日内在报纸上公告。债权人自接到通知书之日起三十日内，未接到通知书的自公告之日起四十五日内，有权要求公司清偿债务或者提供相应的担保。"第一百七十九条第二款规定："公司增加或者减少注册资本，应当依法向公司登记机关办理变更登记。"在有限责任制度下，一般意义上，公司股东仅仅以出资为限承担责任，公司的债权人只能要求公司清偿债务，即使公司破产，也不能因此要求股东在其认缴的出资额外承担清偿债务的责任，即公司债权人原则上只能依靠公司资本来实现债权。公司减少注册资本将动摇其资本维持、降低其偿债能力，进而影响债权人利益。可见，由于公司减资涉及公司债权人的利益，所以不是一个简单的公司内部事务，不仅需要编制资产负债表及财产清单，还要履行一系列公告、通知等程序，甚至需要配合债权人提前清偿债务或提供担保。

需要强调的是，将减资决议通知债权人是公司的法定义务。法律之所以如此规定，是为保护债权人的信赖利益和知情权，以便债权人选择要求清偿或者提供债务担保。如果公司怠于履行上述通知义务，那么有过错的股东将会在实际减资范围内对公司不能清偿部分承担补充赔偿责任。这里的债权人范围不仅包括公司股东会作出减资决议时

已确定的债权人,还包括公司减资决议后工商登记变更之前产生的债权债务关系中的债权人,以及公司尚在诉讼中的案件相对方。公司未按照法定程序减资,对未经通知的债权人构成侵权,故该减资行为对债权人不发生法律效力。在此前提下,对于减资前的公司债务,股东承担责任的范围应当恢复到未减资的状态。

(三)股东以认缴额为限对有限责任公司承担责任,但股东以实缴额享有资产收益等权益

《公司法》第三十四条明确规定:"股东按照实缴的出资比例分取红利;公司新增资本时,股东有权优先按照实缴的出资比例认缴出资。但是,全体股东约定不按照出资比例分取红利或者不按照出资比例优先认缴出资的除外。"简言之,一般来说,认缴额是股东的责任额,实缴额才是股东的权利额。

此外,注册资本过高,也不利于股权转让和外部投资者的引入。《最高人民法院关于适用〈中华人民共和国公司法〉若干问题的规定(三)》(法释〔2020〕18号第二次修订)规定,有限责任公司的股东未履行或者未全面履行出资义务即转让股权,受让人对此知道或者应当知道,公司可以请求该股东履行出资义务、受让人对此承担连带责任的,公司债权人在向人民法院提起诉讼请求该股东在未出资本息范围内对公司债务不能清偿的部分承担补充赔偿责任的同时,债权人也可以请求该受让人对此承担连带责任。因此,在现有股东未能实缴注册资本的情况下,意向受让方可能基于可能需承担的连带责任而放弃受让股权。而在注册资本过高的情形下,投资人取得一定比例的股权所对应的资金投入量也必然较大,这在一定程度上对引入外来投资增加了困难。

注册资本并非越多越好,但也不是越少越好。认缴注册资本过低，容易被认为是资本显著不足。资本显著不足，被认定是滥用公司人格，损害债权人利益的行为。《全国法院民商事审判工作会议纪要》（法〔2019〕254号）12.明确：资本显著不足指的是，公司设立后在经营过程中，股东实际投入公司的资本数额与公司经营所隐含的风险相比明显不匹配。股东利用较少资本从事力所不及的经营，表明其没有从事公司经营的诚意，实质是恶意利用公司独立人格和股东有限责任把投资风险转嫁给债权人。在公司被认定"资本显著不足"情况下，债权人可以否认公司独立人格，要求股东对公司债务承担责任。

九、法定代表人即使是"挂名"，其法律责任也不免除；法定代表人与企业解除劳动关系，不等于不再承担法定代表人职责；法定代表人非经法定程序并变更登记，则变更无效

《民法典》第六十一条规定："依照法律或者法人章程的规定，代表法人从事民事活动的负责人，为法人的法定代表人。法定代表人以法人名义从事的民事活动，其法律后果由法人承受。法人章程或者法人权力机构对法定代表人代表权的限制，不得对抗善意相对人。"法定代表人根据法律、法规和公司章程的规定，以公司名义所从事的行为，即视为公司的行为，应由公司承担相关法律责任。通常情况下，法定代表人个人并不会因其代表公司、履行职务的行为而承担法律责任。但在某些特殊情况下，由于法定代表人的特殊身份和职责，在一定条件下，法定代表人可能会就公司的行为承担相应的责任。

(一) 法定代表人可能承担的与法定代表人职务相关的法律责任

1. 民事责任。《民法典》第六十二条规定:"法定代表人因执行职务造成他人损害的,由法人承担民事责任。法人承担民事责任后,依照法律或者法人章程的规定,可以向有过错的法定代表人追偿。"根据本条规定,法定代表人因执行职务造成他人损害的,由法人承担民事责任,法人承担民事责任后,可以向有过错的法定代表人追偿。《公司法》第一百四十九条规定:"董事、监事、高级管理人员执行公司职务时违反法律、行政法规或者公司章程的规定,给公司造成损失的,应当承担赔偿责任。"根据本条规定,如果法定代表人在执行公司职务时因违反法律、行政法规或公司章程,给公司造成损失的,由法定代表人对公司损失承担赔偿责任。根据《公司法》的规定,法定代表人滥用职权所获取的收入归入公司。

2. 行政责任。《反垄断法》第五十六条第一款规定:"经营者违反本法规定,达成并实施垄断协议的,由反垄断执法机构责令停止违法行为,没收违法所得,并处上一年度销售额百分之一以上百分之十以下的罚款,上一年度没有销售额的,处五百万元以下的罚款;尚未实施所达成的垄断协议的,可以处三百万元以下的罚款。经营者的法定代表人、主要负责人和直接责任人员对达成垄断协议负有个人责任的,可以处一百万元以下的罚款。"《药品管理法》第一百一十八条第一款规定:"生产、销售假药,或者生产、销售劣药且情节严重的,对法定代表人、主要负责人、直接负责的主管人员和其他责任人员,没收违法行为发生期间自本单位所获收入,并处所获收入百分之三十以上三倍以下的罚款,终身禁止从事药品生产经营活动,并可以由公安机关处五日以上十五日以下的拘留。"根据上述规定及其他相关法律规定,在某些情况下,法定代表人可能需就公司的违法、违规行为承担行政责任。除非法定代表人举证证明，其对公司的行为并不知情，且主观上没有过错亦不存在失职。

3. 刑事责任。《刑法》第三十一条规定："单位犯罪的，对单位判处罚金，并对其直接负责的主管人员和其他直接责任人员判处刑罚。本法分则和其他法律另有规定的，依照规定。"《最高人民法院关于印发〈全国法院审理金融犯罪案件工作座谈会纪要〉的通知》（法〔2001〕8号）第二点第（一）款第2项明确："单位犯罪直接负责的主管人员和其他直接责任人员的认定：直接负责的主管人员，是在单位实施的犯罪中起决定、批准、授意、纵容、指挥等作用的人员，一般是单位的主管负责人，包括法定代表人。其他直接责任人员，是在单位犯罪中具体实施犯罪并起较大作用的人员，既可以是单位的经营管理人员，也可以是单位的职工，包括聘任、雇佣的人员。"一般情况下，对于公司的犯罪行为，应由公司承担刑事责任，法定代表人并不因此而承担刑事责任。但是考虑到多数情况下公司犯罪是按照公司主管人员的意志而实施的，因此，公司犯罪时不仅仅会处罚公司，很多情况下还会追究主管人员和主要负责人的责任。

4. 公司受到失信惩戒或被限制高消费的，法定代表人一同受到惩戒或高消费限制。根据《国务院办公厅关于加快推进社会信用体系建设构建以信用为基础的新型监管机制的指导意见》（十二）"依法追究违法失信责任。建立健全责任追究机制，对被列入失信联合惩戒对象名单的市场主体，依法依规对其法定代表人或主要负责人、实际控制人进行失信惩戒，并将相关失信行为记入其个人信用记录"的规定，公司被列入失信联合惩戒对象名单的，其法定代表人亦将受到失信惩戒。

公司因无法清偿到期债务被采取限制高消费措施的，法定代表人亦会被采取限高措施。《最高人民法院关于限制被执行人高消费及有关消费的若干规定》（法释〔2015〕17号）第三条规定："被执行人为自然人的，被采取限制消费措施后，不得有以下高消费及非生活和工作必需的消费行为：（一）乘坐交通工具时，选择飞机、列车软卧、轮船二等以上舱位；（二）在星级以上宾馆、酒店、夜总会、高尔夫球场等场所进行高消费；（三）购买不动产或者新建、扩建、高档装修房屋；（四）租赁高档写字楼、宾馆、公寓等场所办公；（五）购买非经营必需车辆；（六）旅游、度假；（七）子女就读高收费私立学校；（八）支付高额保费购买保险理财产品；（九）乘坐G字头动车组列车全部座位、其他动车组列车一等以上座位等其他非生活和工作必需的消费行为。被执行人为单位的，被采取限制消费措施后，被执行人及其法定代表人、主要负责人、影响债务履行的直接责任人员、实际控制人不得实施前款规定的行为。因私消费以个人财产实施前款规定行为的，可以向执行法院提出申请。执行法院审查属实的，应予准许。"被执行人为单位的，被采取限制高消费措施后，其法定代表人、主要负责人亦会被采取限高措施。被采取限高措施将导致其无法乘坐飞机、高铁，购车、购房、出行、子女就学等多方面将受到法律限制。除非法定代表人被变更或者公司清偿债务，否则限高措施较难解除。即使被执行公司将其法定代表人作了变更，原法定代表人已不再担任该公司法定代表人，但参照《最高人民法院关于在执行工作中进一步强化善意文明执行理念的意见》（法发〔2019〕35号）第十七条第一款第二项规定，原法定代表人仍须举证证明其并非被执行公司的实际控制人、影响债务履行的直接责任人员，否则，其关于解除或者暂时解除限制消费措施的申请不能得到人民法院准许。

《最高人民法院关于在执行工作中进一步强化善意文明执行理念

的意见》第十八条规定："对被采取限制消费措施申请纠正的，参照失信名单规定第十二条规定办理。"《最高人民法院关于公布失信被执行人名单信息的若干规定》第十二条规定："公民、法人或其他组织对被纳入失信被执行人名单申请纠正的，执行法院应当自收到书面纠正申请之日起十五日内审查，理由成立的，应当在三个工作日内纠正；理由不成立的，决定驳回。公民、法人或其他组织对驳回决定不服的，可以自决定书送达之日起十日内向上一级人民法院申请复议。上一级人民法院应当自收到复议申请之日起十五日内作出决定。"根据上述规定，原法定代表人申请解除限制消费措施的救济途径为"纠正—复议"程序，而非《民事诉讼法》（根据2021年12月24日第十三届全国人民代表大会常务委员会决定第四次修正，2022年1月1日起施行）第二百三十二条规定的执行异议和复议程序。

需要强调的是，法定代表人即使是"挂名"，不参与公司的经营管理，其法律责任也不免除。通常认为，经登记主管机关核准登记注册的代表企业行使职权的主要负责人，是企业法人的法定代表人。法定代表人是代表企业法人根据章程行使职权的签字人。公司法定代表人以公司工商登记信息为准，无论登记的法定代表人在公司日常运营的过程中是否实际发挥法定代表人的作用，均不妨碍其应当依法承担与法定代表人职务相关的法律责任。

（二）法定代表人非经法定程序，变更无效；未经《公司法》及公司章程中的公司机关决议程序，法定代表人不得自行变更登记；即使法定代表人与公司解除劳动关系也并不意味着其法定代表人身份的必然解除

《公司法》第十三条规定："公司法定代表人依照公司章程的规定，由董事长、执行董事或者经理担任，并依法登记。公司法定代表人变更，应当办理变更登记"。根据《市场主体登记管理条例》（国务院令第746号，自2022年3月1日起施行）的规定，公司法定代表人是市场主体的一般登记事项，公司变更法定代表人的，应当自变更决议或者决定作出之日起30日内向登记机关申请变更登记。可见，法定代表人是根据《公司法》及章程的规定，记载于工商登记簿的公司法定代表，是公司营业执照与工商登记信息中必须记载的事项；公司更换法定代表人属于公司自治范围，应由公司依据相关法律规定及公司章程由股东会、股东大会或者董事会召开会议决议决定；如公司股东不同意变更法定代表人，或者无法及时选出继任者，法定代表人即使辞职，也无法以本人已经辞职为由，直接向工商登记部门申请办理法定代表人的变更登记。法定代表人和公司之间的劳动关系与其基于法定代表人身份和公司产生的法律关系相互独立，所以即使法定代表人与公司已不存在任何劳动关系，不参与公司经营管理，只要其登记为法定代表人，即对外代表公司，享有公司法定代表人的权利，承担法定代表人的义务。

十、股权可以代持，但对实际出资人和名义股东而言均有较大风险

股权代持，是指公司设立或存续期间，公司的实际出资人通过合同由他人承担出资人的名义，记载于股东名册、登记于公司登记机关，并行使股东权利；而实际出资人自己并不出现在公司的股东名册和登记机关的登记中，也不直接行使股东权利。

（一）股权代持需签订书面合同，并不得违反强制性规定

《最高人民法院关于适用〈中华人民共和国公司法〉若干问题的

规定（三）》（法释〔2020〕18号第二次修正）第二十四条规定："有限责任公司的实际出资人与名义出资人订立合同，约定由实际出资人出资并享有投资权益，以名义出资人为名义股东，实际出资人与名义股东对该合同效力发生争议的，如无法律规定的无效情形，人民法院应当认定该合同有效。前款规定的实际出资人与名义股东因投资权益的归属发生争议，实际出资人以其实际履行了出资义务为由向名义股东主张权利的，人民法院应予支持。名义股东以公司股东名册记载、公司登记机关登记为由否认实际出资人权利的，人民法院不予支持。实际出资人未经公司其他股东半数以上同意，请求公司变更股东、签发出资证明书、记载于股东名册、记载于公司章程并办理公司登记机关登记的，人民法院不予支持。"本条承认了实际出资人与名义出资人间的股权代持合同在符合法律规定情况下的效力；规定了当实际出资人和名义出资人因投资权益归属发生纠纷时，以实际出资为主张权利的标准，而不以股东名册、公司登记等外部公示否认出资人的权利；规定实际出资人要取代名义出资人成为公司股东名册登记股东须经公司其他股东过半数同意。

根据合同相对性原则，股权代持合同仅在实际出资人和名义股东间具有约束力，不具有外部效力。即使公司和其他股东知道该合同的存在，该合同对公司和其他股东也没有约束力。换句话说，代持股合同仅具有实际出资人与名义出资人间的"内部效力"，不具有"外部效力"。当名义股东行使股权时，内部约定的违反并不否定名义股东股权行使之效力，名义股东所为之行为原则上在公司内部及外部发生法律效力。

（二）实际出资人的风险

1. 无法取得股东地位的风险。实际出资人取得股东地位，就法律形式而言，是有限责任公司的股东向股东以外的人转让股权，因此受到《公司法》第七十一条"股东向股东以外的人转让股权，应当经其他股东过半数同意""经股东同意转让的股权，在同等条件下，其他股东有优先购买权""公司章程对股权转让另有规定的，从其规定"等的规制。《最高人民法院关于适用〈中华人民共和国公司法〉若干问题的规定（三）》（法释〔2020〕18号第二次修正）第二十四条第三款规定："实际出资人未经公司其他股东半数以上同意，请求公司变更股东、签发出资证明书、记载于股东名册、记载于公司章程并办理公司登记机关登记的，人民法院不予支持。"虽然《全国法院民商事审判工作会议纪要》（法〔2019〕254号）对"经公司其他股东半数以上同意"进行了扩张解释，但第二十八条仍规定：只有在实际出资人能够提供证据证明有限责任公司过半数的其他股东知道其实际出资的事实，且对其实际行使股东权利未曾提出异议的情况下，人民法院才会对实际出资人提出的登记为公司股东的请求予以支持。

例如，陈某要求郑某归还股权纠纷案。2018年5月，陈某与郑某签订《股权代持协议》，约定陈某将其投资入股的A公司的30%股权委托郑某代为持有，并代为行使股东权利。2020年8月，陈某要求收回股权，遭到郑某拒绝。陈某遂将郑某起诉至法院，要求确认其在A公司的股权。法院经审理认为，案涉《股权代持协议》合法有效，但该协议确定的仅仅是委托代理关系，陈某并不因此取得A公司的股东地位，若陈某请求成为公司股东，则须经半数股东同意，其并非当然取得股东地位，依法驳回了陈某的诉讼请求。

2. 对实际出资举证不能的风险。《最高人民法院关于适用〈中华人民共和国公司法〉若干问题的规定（三）》（法释〔2020〕18号第二次修正）第二十二条规定，当事人之间对股权归属发生争议，一方请求人民法院确认其享有股权的,应当证明以下事实之一:(一)已经依法向公司出资或者认缴出资,且不违反法律法规强制性规定;(二)已经受让或者以其他形式继受公司股权,且不违反法律法规强制性规定。《民事诉讼法》(2021年12月修正,自2022年1月1日起施行)第六十七条规定:"当事人对自己提出的主张,有责任提供证据。"《最高人民法院关于适用〈中华人民共和国民事诉讼法〉的解释》(法释〔2022〕11号第二次修正,自2022年4月10日起施行)第九十条规定:"当事人对自己提出的诉讼请求所依据的事实或者反驳对方诉讼请求所依据的事实,应当提供证据加以证明,但法律另有规定的除外。在作出判决前,当事人未能提供证据或者证据不足以证明其事实主张的,由负有举证证明责任的当事人承担不利的后果。"上述规定明确,股权归属发生争议时主张权利一方当事人负有证明责任。因此,实际出资人在与名义股东或者公司就股权归属发生争议时,应当提供其向公司实际出资的证据,如果不能提供实际出资的证据则将承担不利后果。

3. 股权被名义股东擅自处分的风险。《最高人民法院关于适用〈中华人民共和国公司法〉若干问题的规定(三)》(法释〔2020〕18号第二次修正)第二十五条规定:"名义股东将登记于其名下的股权转让、质押或者以其他方式处分,实际出资人以其对于股权享有实际权利为由,请求认定处分股权行为无效的,人民法院可以参照民法典第三百一十一条的规定处理。名义股东处分股权造成实际出资人损失,实际出资人请求名义股东承担赔偿责任的,人民法院应予支持。""未经登记或者变更登记的,不得对抗第三人。"根据《民法典》第三百一十一条"无处分权人将不动产或者动产转让给受让人的,所有权人有权追回;除法律另有规定外,符合下列情形的,受让人取得该不动产或者动产的所有权：（一）受让人受让该不动产或者动产时是善意；（二）以合理的价格转让；（三）转让的不动产或者动产依照法律规定应当登记的已经登记，不需要登记的已经交付给受让人。受让人依据前款规定取得不动产或者动产的所有权的，原所有权人有权向无处分权人请求损害赔偿。当事人善意取得其他物权的，参照适用前两款规定"的规定，第三人凭借对登记内容的信赖，一般可以合理地相信登记的股东（即使是名义股东）就是真实的股权人，可以接受该名义股东对股权的处分，实际出资人不能主张处分行为无效；名义股东将登记于其名下的股权转让、质押或者以其他方式转让的，虽构成无权处分，实际出资人有权追回，但构成善意取得的除外。简言之，只要股权受让人在主观上系善意、名义股东以合理价格转让、股权转让已在登记机关完成变更登记，则受让人取得受让股权，实际出资人不得要求其返还受让股权，实际出资人只能向名义股东寻求赔偿。

4. 股权因名义股东的个人债务被强制执行的风险。《公司法》第七十二条规定，人民法院可以依照法律规定的强制执行程序转让股东的股权。最高人民法院《关于人民法院执行工作若干问题的规定（试行）》（法释〔2020〕21号修正）39. 规定，对被执行人在有限责任公司中的投资权益或股权，人民法院可以依据《中华人民共和国公司法》第七十一条、第七十二条、第七十三条的规定，征得全体股东过半数同意后，予以拍卖、变卖或以其他方式转让。不同意转让的股东，应当购买该转让的投资权益或股权，不购买的，视为同意转让，不影响执行。《最高人民法院关于人民法院强制执行股权若干问题的规定》（法释〔2021〕20号，自2022年1月1日起施行）规定，被执行人是公司股东的，人民法院可以强制执行其在公司持有的股权；人民法院依据股权所在公司的章程、股东名册等资料，或公司登记机关的登记、备案信息，或国家企业信用信息公示系统的公示信息，认定属于被执行人的股权。《公司法》第三十二条规定："公司应当将股东的姓名或者名称向公司登记机关登记；登记事项发生变更的，应当办理变更登记。未经登记或者变更登记的，不得对抗第三人。"这里的"第三人"并不限缩于与名义股东存在股权交易关系的债权人，也包括名义股东的非基于股权处分的债权人。实际出资人未经登记，对外不具有公示股东的法律地位，不得以与名义股东间存在有效的股权代持合同为由，对抗外部债权人对名义股东的正当权利。

例如，最高人民法院（2020）最高法民终844号民事裁定就明确："股权实际所有人，不能以代持股权关系排除人民法院的强制执行。"其裁判理由为：《最高人民法院关于人民法院办理执行异议和复议案件若干问题的规定》（法释〔2020〕21号）第二十五条第一款第四项规定："对案外人的异议，人民法院应当按照下列标准判断其是否系权利人：股权按照工商行政管理机关的登记和企业信用信息公示系统公示的信息判断。"《公司法》第三十二条第三款规定："公司应当将股东的姓名或者名称向公司登记机关登记；登记事项发生变更的，应当办理变更登记。未经登记或者变更登记的，不得对抗第三人。"公司的工商登记对社会具有公示公信效力，善意第三人有权信赖公司登记机关的登记文件，工商登记表现的权利外观应作为认定股权权属的依据。《代持股协议书》仅在协议签订双方之间具有法律效力，对外不具有公示效力，不能对抗第三人，不能以代持股权关系排除人民法院的强制执行行为。

（三）名义股东的风险

有限责任公司股东以登记机关登记簿公示的信息为准，登记机关不登记、不备案隐名股东，名义股东需承担相应的股东责任。

1. 实际出资人未按公司章程的规定进行出资或未全面出资的情况下，存在名义股东被要求履行出资义务及对公司债权人承担补充赔偿责任的风险。《最高人民法院关于适用〈中华人民共和国公司法〉若干问题的规定（三）》（法释〔2020〕18号第二次修正）第十三条第一款、第二款，第二十六条第一款分别规定："股东未履行或者未全面履行出资义务，公司或者其他股东请求其向公司依法全面履行出资义务的，人民法院应予支持"；"公司债权人请求未履行或者未全面履行出资义务的股东在未出资本息范围内对公司债务不能清偿的部分承担补充赔偿责任的，人民法院应予支持"；"公司债权人以登记于公司登记机关的股东未履行出资义务为由，请求其对公司债务不能清偿的部分在未出资本息范围内承担补充赔偿责任，股东以其仅为名义股东而非实际出资人为由进行抗辩的，人民法院不予支持"。任何当事人间的内部协议都不能对抗登记的法律效力，"名义股东"记载于公司股东名册和在公司登记机关登记，这就决定了名义股东在对外效力上永远具有股东的法律地位，在法律层面是"货真价实"的股东，作为股东对公司及公司债权人承担的法律义务和责任都需依法履行。因此，在实际出资人未全面履行出资义务时，公司只能要求名义股东履行该项义务，不能直接要求实际出资人履行；债权人要求出资人对公司债务不能清偿的部分在未出资本息范围内承担补充赔偿责任的，债权人也只能要求名义出资人承担，不能直接要求实际出资人承担该项补充赔偿责任。

2. 承担股东清算责任的风险。清算是有限责任公司股东的法定义务，股东在公司符合法定清算情况下应及时依法进行清算，如果不能及时进行清算的，需要保证财务账册、文件的完整和主要财产的维持，避免因无法清算对公司债务承担连带清偿责任。《公司法》规定，有限责任公司进行清算时，清算组由公司股东组成。清算组成员因故意或重大过失给公司或者债权人造成损失的，应当承担赔偿责任。

例如，2018年8月，甲公司被行政处罚吊销营业执照，股东A、股东B未在法定期限内组成清算组对甲公司进行清算，导致公司账册缺失，无法清算。公司债权人提起股东损害公司债权人利益责任纠纷之诉，要求股东对公司未偿债务承担连带责任。股东B辩称其系代第三人持股，不应当承担责任。法院经审理认为，甲公司股东存在怠于履行清算义务的行为，导致公司无法清算，应当对公司债务承担连带责任。即使存在股权代持关系，也系股东B与第三人之间的内部约定，公司外部债权人应当享有公示信赖利益，股权代持并不能免除股东B的法定清算义务。

3. 承担股东出资加速到期的风险。《最高人民法院关于适用〈中华人民共和国公司法〉若干问题的规定（二）》（法释〔2020〕18号第二次修正）第二十二条规定："公司解散时，股东尚未缴纳的出资均应作为清算财产。股东尚未缴纳的出资，包括到期应缴未缴的出资，以及依照公司法第二十六条和第八十条的规定分期缴纳尚未届满缴纳期限的出资。公司财产不足以清偿债务时，债权人主张未缴出资股东，以及公司设立时的其他股东或者发起人在未缴出资范围内对公司债务承担连带清偿责任的，人民法院应依法予以支持。"

4. 与实际出资人存在无法取得股东地位的风险同样的道理，名义股东存在着难于解除代持关系的风险。解除股权代持关系需要将名义股东所持股权转让给实际出资人，根据《公司法》的规定，名义股东与实际出资人间的股权转让需按股东向股东以外的人转让股权处理。

十一、有限责任公司的股权在公司内部可以自由转让，向股东以外的人转让须受《公司法》和公司章程的规制；股份有限公司股份可自由转让，但董事、监事、高级管理人员股份转让须受《公司法》的规制；公司不得为股东间股权转让提供担保

（一）有限责任公司股权转让

《公司法》第七十一条规定："有限责任公司的股东之间可以相互转让其全部或者部分股权。股东向股东以外的人转让股权，应当经其他股东过半数同意。股东应就其股权转让事项书面通知其他股东并征求同意，其他股东自接到书面通知之日起满三十日未答复的，视为同意转让。其他股东半数以上不同意转让的，不同意的股东应当购买该转让的股权；不购买的，视为同意转让。经股东同意转让的股权，在同等条件下，其他股东有优先购买权。两个以上股东主张行使优先购买权的，协商确定各自的购买比例；协商不成的，按照转让时各自的出资比例行使优先购买权。公司章程对股权转让另有规定的，从其规定。"根据该规定，有限责任公司可以根据实际需要，在公司章程中规定不同于《公司法》第七十一条的股权转让条件，公司章程没有规定的应当依照《公司法》第七十一条的规定条件转让股权。

1. 在有限责任公司内部转让股权，无需其他股东同意；但是公司章程对股权转让另有规定的从其规定。也就是说有限责任公司内部转让股权法律并没有要求征得其他股东同意的规定，但是如果公司章程有相关的合理规定的需要根据章程的规定进行办理。公司股权内部转让并不需要公司股东会决议，并且基于《公司法》第七十三条规定,因转让股权相应修改公司章程的,不需要由股东会表决。

2. 股权在公司内部转让,其他股东不享受优先购买权。股东的优先购买权是专门针对对外转让而设定的。内部转让不存在需要征得其他股东同意的前提,是转让、受让股东之间的合意行为,因此不存在其他股东的优先购买权问题。

3. 股东向股东以外的人转让股权,应当经其他股东过半数同意,其他股东享有优先购买权。《最高人民法院关于适用〈中华人民共和国公司法〉若干问题的规定(四)》(法释〔2020〕18号修正,自2021年1月1日起施行)第十七条第一款规定:"有限责任公司的股东向股东以外的人转让股权,应就其股权转让事项以书面或者其他能够确认收悉的合理方式通知其他股东征求同意。其他股东半数以上不同意转让,不同意的股东不购买的,人民法院应当认定视为同意转让。"第十七条第二款规定:"经股东同意转让的股权,其他股东主张转让股东应当向其以书面或者其他能够确认收悉的合理方式通知转让股权的同等条件的,人民法院应当予以支持。"第二十一条第一款规定:"有限责任公司的股东向股东以外的人转让股权,未就其股权转让事项征求其他股东意见,或者以欺诈、恶意串通等手段,损害其他股东优先购买权,其他股东主张按照同等条件购买该转让股权的,人民法院应当予以支持,但其他股东自知道或者应当知道行使优先购买权的同等条件之日起三十日内没有主张,或者自股权变更登记之日起超过一年的除外。"根据以上规定,公司章程对优先购买权请求时间有明确规定的,需按照章程规定的时间提出优先购买的请求;如果公司章程没有规定或规定不明确的,以转让股东通知内确定的时间为准,如果通知确定的时间短于30日或未明确期间的,行使期间为30日。其他股东应在知道或者应当知道行使优先购买权的同等条件之日起30日内，主张优先购买权；或者自股权变更登记之日起一年内主张。在以上期间未主张的，人民法院将不再支持优先购买权的请求。根据《公司法》第七十一条的规定，有限责任公司也可以在公司章程中规定，股东转让股权在其他股东主张优先购买后，转让股东必须向其转让股权。

《最高人民法院关于适用〈中华人民共和国公司法〉若干问题的规定（四）》（法释〔2020〕18号修正，自2021年1月1日起施行）第二十条规定："有限责任公司的转让股东，在其他股东主张优先购买后又不同意转让股权的，对其他股东优先购买的主张，人民法院不予支持，但公司章程另有规定或者全体股东另有约定的除外。其他股东主张转让股东赔偿其损失合理的，人民法院应当予以支持。"根据该规定，转让股东本来计划对外转让股权，在其他股东主张优先购买后又不同意转让的，其他股东向法院主张行使优先购买权的，人民法院将不支持该优先购买权；但其他股东有证据证明公司章程另有规定或全体股东对此另有约定的，人民法院可以支持其他股东的优先购买权。因转让股东不同意转让而给其他股东造成相应损失的，其他股东可以主张在合理范围内要求转让股东进行赔偿。

4. 名义股东转让股权并非必然无效。《最高人民法院关于适用〈中华人民共和国公司法〉若干问题的规定（三）》（法释〔2020〕18号第二次修正）第二十五条规定："名义股东将登记于其名下的股权转让、质押或者以其他方式处分，实际出资人以其对于股权享有实际权利为由，请求认定处分股权行为无效的，人民法院可以参照《民法典》第三百一十一条的规定处理。名义股东处分股权造成实际出资人损失，实际出资人请求名义股东承担赔偿责任的，人民法院应予支持。"根据该规定，名义股东转让股权，且已办理工商变更登记，受让人受让股权符合善意取得的构成要件的,股权转让行为有效。

5. 股权转让后,应及时办理变更登记,未在登记机关办理登记的,不得对抗善意第三人。《公司法》第三十二条规定:"有限责任公司应当置备股东名册,记载下列事项:(一)股东的姓名或者名称及住所;(二)股东的出资额;(三)出资证明书编号。记载于股东名册的股东,可以依股东名册主张行使股东权利。公司应当将股东的姓名或者名称向公司登记机关登记;登记事项发生变更的,应当办理变更登记。未经登记或者变更登记的,不得对抗第三人。"

需要注意的是,公司内部股权转让,会产生股权比例的变动,有可能造成内部治理结构的变化,例如董事会和监事会的改组,聘任新的总经理并根据总经理的提名聘任或解聘副总经理、财务总监等高管人员,等等。

6. 公司不得为股东之间的股权转让提供担保。如果允许公司为股东之间的股权转让提供担保,就会出现受让股权的股东不能支付股权转让款时,由公司先向转让股权的股东支付转让款,导致公司利益及公司其他债权人的利益受损,形成股东以股权转让的方式变相抽回出资的情形,这直接违反了公司法关于不得抽逃出资的规定。

(二)股份有限公司股份转让

1. 股份有限公司的股东可以在依法设立的证券交易场所或者按照国务院规定的其他方式自由转让持有的股份。《公司法》第一百三十七条、第一百三十八条规定,股份有限公司股东持有的股份可以依法转让;股东转让其股份,应当在依法设立的证券交易场所进行或者按照国务院规定的其他方式进行。上述规定的核心在于:股份有限公司的股份转让必须经过证券经纪商,不得在交易双方间直接进行。根据《公司法》的规定,股份公司的记名股票,由股东以背书方式或者法律、行政法规规定的其他方式转让；转让后由公司将受让人的姓名或者名称及住所记载于股东名册。无记名股票的转让，由股东将该股票交付给受让人后即发生转让的效力。

2.《公司法》对股份有限公司发起人、董事、监事、高级管理人员转让股份有限制性规定。《公司法》第一百四十一条规定："发起人持有的本公司股份，自公司成立之日起一年内不得转让。公司公开发行股份前已发行的股份，自公司股票在证券交易所上市交易之日起一年内不得转让。公司董事、监事、高级管理人员应当向公司申报所持有的本公司的股份及其变动情况，在任职期间每年转让的股份不得超过其所持有本公司股份总数的百分之二十五；所持本公司股份自公司股票上市交易之日起一年内不得转让。上述人员离职后半年内，不得转让其所持有的本公司股份。"根据本条规定，公司章程可以对公司董事、监事、高级管理人员转让其所持有的本公司股份作出其他限制性规定。需要强调的是，公司章程对董事、监事、高级管理人员转让公司股份作出其他限制规定时，该限制规定不能低于《公司法》第一百四十一条第二款规定的条件，即只能高于且不能低于《公司法》第一百四十一条第二款规定的限制性条件，否则章程的相关条款因违反强制性规定而无效。

3. 除例外情形，股份公司不得收购本公司股份。《公司法》第一百四十二条第一款、第二款、第三款、第四款分别规定："公司不得收购本公司股份。但是，有下列情形之一的除外：（一）减少公司注册资本；（二）与持有本公司股份的其他公司合并；（三）将股份用于员工持股计划或者股权激励；（四）股东因对股东大会作出的公司合并、分立决议持异议，要求公司收购其股份；（五）将股份用于转换上市公司发行的可转换为股票的公司债券；（六）上市公司为维护公司价值及股东权益所必需";"公司因前款第（一）项、第（二）项规定的情形收购本公司股份的，应当经股东大会决议；公司因前款第（三）项、第（五）项、第（六）项规定的情形收购本公司股份的，可以依照公司章程的规定或者股东大会的授权，经三分之二以上董事出席的董事会会议决议";"公司依照本条第一款规定收购本公司股份后，属于第（一）项情形的，应当自收购之日起十日内注销；属于第（二）项、第（四）项情形的，应当在六个月内转让或者注销；属于第（三）项、第（五）项、第（六）项情形的，公司合计持有的本公司股份数不得超过本公司已发行股份总额的百分之十，并应当在三年内转让或者注销";"上市公司收购本公司股份的，应当依照《中华人民共和国证券法》的规定履行信息披露义务。上市公司因本条第一款第（三）项、第（五）项、第（六）项规定的情形收购本公司股份的，应当通过公开的集中交易方式进行"。

十二、公司有可分配利润时，应通过股东会有效决议向股东分红；公司有利润可分配而不分配的，股东可通过司法救济途径，强制公司分配盈余或退出股权

分红是对公司经营过程中获得的利润按照公司内部的约定进行利润分配的过程。股东的分红权是一种自益权，是基于投资者作为股东个体身份所具有的不可剥夺的权利。《公司法》第四条规定："公司股东依法享有资产收益、参与重大决策和选择管理者等权利。公司股东通过分取红利实现依法享有的资产收益权利。"

《公司法》第一百六十六条规定："公司分配当年税后利润时，应当提取利润的百分之十列入公司法定公积金。公司法定公积金累计

额为公司注册资本的百分之五十以上的，可以不再提取。公司的法定公积金不足以弥补以前年度亏损的，在依照前款规定提取法定公积金之前，应当先用当年利润弥补亏损。公司从税后利润中提取法定公积金后，经股东会或者股东大会决议，还可以从税后利润中提取任意公积金。公司弥补亏损和提取公积金后所余税后利润，有限责任公司依照本法第三十四条的规定分配；股份有限公司按照股东持有的股份比例分配，但股份有限公司章程规定不按持股比例分配的除外。股东会、股东大会或者董事会违反前款规定，在公司弥补亏损和提取法定公积金之前向股东分配利润的，股东必须将违反规定分配的利润退还公司。公司持有的本公司股份不得分配利润。"《公司法》第三十四条规定："股东按照实缴的出资比例分取红利；公司新增资本时，股东有权优先按照实缴的出资比例认缴出资。但是，全体股东约定不按照出资比例分取红利或者不按照出资比例优先认缴出资的除外。"关于公司利润分配：

（一）公司可供分配的利润是提取公积金、弥补亏损、缴纳税款后的利润

根据《公司法》第一百六十六条的规定，公司利润的分配顺序：第一，缴纳税款；第二，弥补亏损；第三，提取法定公积金；第四，提取任意公积金；第五，分红。其中法定公积金的提取比例应为税后利润的10%。法定公积金累计额为公司注册资本的50%以上的，可以不再提取；任意公积金的提取须由股东会或者股东大会决议。公司股东分配的利润只能是税后利润，而不能是会计利润或利润总额。公司本年的利润总额减去本年应缴所得税费用，即为公司本年净利润。本年净利润与年初未分配利润（或亏损）合并，即为当年可供分配的利润。我国《公司法》采取法定公积金分配准则，即公司在未补亏以

及未留存相应比例公积金的情形下,所获利润不得用于分配。公司需要经过弥补亏损、提取法定和盈余公积金、缴纳税款后,存在利润的情形下才能进行分红;否则违反《公司法》的强制性规定,股东必须将违反规定分配的利润退还公司。

(二)公司分配利润,需由股东会对公司分红作出有效决议

根据《公司法》第三十七条、第四十六条的规定,董事会制订公司的利润分配方案,股东会审议批准公司的利润分配方案。未经股东会决议,无论是以向股东支付股息或红利的形式,还是以股息或红利形式之外的、以减少公司资产或加大公司负债的形式分发款项,均是为股东谋取利益,变相分配公司利益的行为。该行为贬损了公司的资产,使得公司资产不正当流失,损害了部分股东的利益,更有可能影响债权人的利益,属于公司股东滥用股东权利形式。即便决议经过股东会,但决议内容损害公司、公司其他股东等人的利益,违反了《公司法》的强制性规定的,也应为无效。

(三)公司章程未明确规定未全面履行出资义务的股东将被限制股东权利,或相关公司决议被认定无效的,不能当然否定股东利润分配请求权等股东权利

《公司法》规定,有限责任公司除全体股东约定不按照出资比例分取红利的情形之外,股东按照实缴的出资比例分取红利;股份有限公司按照股东持有的股份比例分配,但股份有限公司章程规定不按持股比例分配的除外。《最高人民法院关于适用〈中华人民共和国公司法〉若干问题的规定(三)》(法释〔2020〕18号第二次修正)第十六条规定:"股东未履行或者未全面履行出资义务或者抽逃出资,公司根据公司章程或者股东会决议对其利润分配请求权、新股优先认购权、剩余财产分配请求权等股东权利作出相应的合理限制,该股东请求认定该限制无效的,人民法院不予支持。"根据该规定可知,限制股东利润分配请求权、新股优先认购权、剩余财产分配请求权等股东权利,应同时具备下述两个条件:一是股东未履行或者未全面履行出资义务,或者有抽逃出资的行为;二是公司章程或者股东会决议对此情形下的股东权利限制作了规定。基于此可知,在公司章程未明确规定未全面履行出资义务的股东将被限制股东权利,或者相关公司决议被认定无效或不存在相关公司决议的情况下,不能仅以股东未全面履行出资义务而当然否定其利润分配请求权等股东权利的享有。

(四)有限责任公司有利润可分配而不分配的,股东有权向法院提起强制公司分配盈余之诉,维护自身的分红权

即当公司因过分提取任意公积金或以其他方式侵害股东的公司盈余分配权时,或在公司股东会通过分红决议但公司拒不执行的情况下,股东可以向法院请求强制公司按照公司章程或法律规定,或执行股东会的分红决议向其分配公司盈余支付红利。最高人民法院《民事案件案由规定》(法〔2020〕346号第二次修正)中专门设置了公司盈余分配纠纷案由,为股东通过诉讼保障自己的公司盈余分配权提供了方便,此种诉讼的原告为权利受到侵害的股东,被告为公司。

(五)有限责任公司股东在公司连续五年有利润分配而不分配情况下,可请求公司收购其股权,退出公司

根据《公司法》第七十四条的规定,公司连续五年不向股东分配利润,而公司该五年连续盈利,并且符合公司法规定的分配利润条件的,对股东会关于不分配股息红利的决议投反对票的公司股东可以请求公司按照合理的价格收购其股权。自股东会不分配利润会议决议通过之日起六十日内,投反对票的股东与公司不能达成股权收购协议的,股东可以自股东会会议决议通过之日起九十日内向人民法院提起诉讼。

例如,邗上工贸有限公司诉蓝山餐饮有限公司股份收购请求权纠纷案。原告邗上工贸有限公司系被告蓝山餐饮有限公司股东,持股比例40%,竹西工贸有限公司占蓝山餐饮有限公司股份60%,并转让给第三人张某持有,被告(蓝山餐饮有限公司)章程以及工商登记材料显示原告、第三人持股比例分别为40%、60%。被告于2013年至2019年连续多年未分配盈利。2019年8月,原告以函告方式要求被告及第三人召开股东会分配利润,被告与第三人均表示不召开分配利润的股东会议。后被告经营场所因城市改造等须进行退租,原告提出退股要求,被告与第三人均表示不与原告就退股事宜进行协商。原告诉至法院。法院审理查明,原告持有被告40%的股权,已经工商登记;被告资产负债表显示,2013年12月至2019年12月,每年均有未分配利润,具备分配利润的条件;此间,被告未召开股东会,也未分配利润。2019年8月6日,原告要求召开股东会讨论公司利润分配等重大事项,被告也未予召开。法院审理认为,按照《公司法》规定,公司连续五年不向股东分配利润,而公司该五年连续盈利,并且符合《公司法》规定的分配利润条件的,对股东会不分配利润决议投反对票的股东可以请求公司按照合理的价格收购其股权。本案被告只有两名股东,其中第三人作为公司控制股东,在案件审理中明确表示不同意召开股东会,不同意与原告协商利润分配和股权公司回购问题,使得股东会是否召开已无实际意义,故本院认为原告已经具备要求被告收购原告股权的条件。审理中法院提请会计师事务所对被告的相关会计账簿等进行审计以确定被告资产,被告有提供会计账簿和退租补偿协议的义务。被告无正当理由拒不提供完整的会计账簿和退租补偿协议，致使审计、评估被告资产的目的无法实现，被告应对此承担不利的后果。据此，法院推定原告主张的被告当前净资产 1 000 万元的事实成立，即原告股权价值为 400 万元。法院依法判决：被告蓝山餐饮有限公司以 400 万元收购原告邗上工贸有限公司持有的股权。

第二编
用工管理与工伤保险

十三、签订劳动合同是法律的强制性规定,用人单位应当确立先签合同再用工的理念;不签劳动合同,最终吃亏的是用人单位

《劳动法》第十六条规定:"劳动合同是劳动者与用人单位确立劳动关系、明确双方权利和义务的协议。建立劳动关系应当订立劳动合同。"劳动合同是确定用人单位与劳动者权利义务的依据,也是用人单位可以对劳动者进行管理的前提,还是出现争议时双方维护各自合法权益的基础。在发生混合用工、混同用工等不易确定真实用工主体的情况下,工资支付记录与劳动合同相比,劳动合同往往是确定劳动关系的关键因素。

根据《劳动合同法实施条例》第四条"劳动合同法规定的用人单位设立的分支机构,依法取得营业执照或者登记证书的,可以作为用人单位与劳动者订立劳动合同;未依法取得营业执照或者登记证书的,受用人单位委托可以与劳动者订立劳动合同"的规定,用人单位设立的分支机构具有一定的用工资格,但同时受到一定的限制。关键在于分支机构是否已经依法取得营业执照或登记证书,如果依法取得了营业执照或登记证书，则可以独立地招用劳动者、与劳动者订立劳动合同并可以成为劳动争议的相对主体；反之，如果分支机构并未依法取得营业执照或登记证书，只能受用人单位委托与劳动者订立劳动合同，而不能独立地作为用人单位订立劳动合同，也不能成为劳动争议的相对主体，劳动争议的相对主体只能是设立该分支机构的单位，亦即此种情况下的用人单位为设立该分支机构的单位。

（一）签订劳动合同是用人单位的法定义务，具有强制性

《劳动合同法》第七条规定："用人单位自用工之日起即与劳动者建立劳动关系。"第十条规定："建立劳动关系，应当订立书面劳动合同。已建立劳动关系，未同时订立书面劳动合同的，应当自用工之日起一个月内订立书面劳动合同。用人单位与劳动者在用工前订立劳动合同的，劳动关系自用工之日起建立。"根据上述规定，用人单位应当在用工前或用工后一个月内与劳动者签订劳动合同。如果用人单位未签订劳动合同或未及时签订劳动合同，则依法承担：（1）支付双倍工资。《劳动合同法》第八十二条规定："用人单位自用工之日起超过一个月不满一年未与劳动者订立书面劳动合同的，应当向劳动者每月支付二倍的工资。"用人单位向劳动者支付二倍工资的起算时间为用工之日起满一个月的次日；用人单位因未与劳动者签订书面劳动合同而应每月支付的二倍工资，应按照劳动者当月的应得工资予以确定；包括计件、计时工资以及加班加点工资、奖金、津贴和补贴等货币性收入。（2）超过1年自动变无固定期限劳动合同。《劳动合同法》第十四条规定："用人单位自用工之日起满一年不与劳动者订立书面劳动合同的，视为用人单位与劳动者已订立无固定期限劳动合同。"《劳动合同法》之所以制定惩罚性赔偿措施，目的在于规范用人单位的用工行为，制裁用人单位以其强势地位故意不签订书面劳动

合同，防止因劳动期限、工作岗位、工资待遇、社保福利等内容约定不明而损害劳动者的合法权益。

《劳动合同法》第二十六条规定，以欺诈、胁迫的手段或者乘人之危，使对方在违背真实意思的情况下订立或者变更劳动合同的，用人单位免除自己的法定责任、排除劳动者权利的，违反法律、行政法规强制性规定的劳动合同无效或者部分无效。需要强调的是，确认劳动合同无效或者部分无效的情形，仅适用于上述三类情形，并由劳动争议仲裁机构或人民法院确认。根据《劳动合同法》第二十六条的规定，签订劳动合同应当基于用人单位和劳动者的真实意思表示，合同内容应当如实体现双方的合意，且应当符合法律、法规的规定，任何一方不得利用订立书面劳动合同损害另一方的合法权益，也不得强迫对方与己方签订劳动合同。

根据《劳动合同法》第二十七条、第二十八条的规定，劳动合同部分无效，不影响其他部分效力的，其他部分仍然有效；劳动合同被确认无效，劳动者已付出劳动的，用人单位应当向劳动者支付劳动报酬。劳动报酬的数额，参照本单位相同或者相近岗位劳动者的劳动报酬确定。

（二）劳动合同内容具有法律的规定性，对于合同必备条款用人单位不得自行删改

《劳动合同法》第十七条第一款规定："劳动合同应当具备以下条款：（一）用人单位的名称、住所和法定代表人或者主要负责人；（二）劳动者的姓名、住址和居民身份证或者其他有效身份证件号码；（三）劳动合同期限；（四）工作内容和工作地点；（五）工作时间和休息休假；（六）劳动报酬；（七）社会保险；（八）劳动保护、劳动条件和职业危害防护；（九）法律、法规规定应当纳入劳动合同

的其他事项。"本条款的用语是"应当",即用人单位在与劳动者签订劳动合同时上述条款是必须要有的。缺少必备条款虽不致劳动合同无效,但缺少相关条款将会增加产生劳动争议的概率。在劳动争议的举证规则中,用人单位承担大部分举证责任,产生劳动争议后若没有明确的约定,对用人单位是极为不利的。本条第二款规定:"劳动合同除前款规定的必备条款外,用人单位与劳动者可以约定试用期、培训、保守秘密、补充保险和福利待遇等其他事项。"第八十一条规定:"用人单位提供的劳动合同文本未载明本法规定的劳动合同必备条款或者用人单位未将劳动合同文本交付劳动者的,由劳动行政部门责令改正;给劳动者造成损害的,应当承担赔偿责任。"根据以上规定,用人单位与劳动者签订的劳动合同必须载明劳动合同法所规定的必备条款,并且必须将劳动合同文本交付给劳动者。

根据《劳动合同法》第二十五条的规定,除劳动者违反服务期约定、保密义务和竞业限制约定的情形外,用人单位不得在劳动合同中与劳动者约定由劳动者承担违约金。劳动者违反服务期约定的,应当按照约定向用人单位支付违约金。违约金的数额不得超过用人单位提供的培训费用。用人单位要求劳动者支付的违约金不得超过服务期尚未履行部分所应分摊的培训费用。劳动者违反合同约定的保密义务或者竞业限制,给用人单位造成损失的,应承担赔偿责任。对此,《劳动和社会保障部办公厅关于劳动争议案中涉及商业秘密侵权问题的函》(劳社厅函〔1999〕69号)明确:劳动合同中如果明确约定了有关保守商业秘密的内容,由于劳动者未履行,造成用人单位商业秘密被侵害而发生劳动争议,当事人向劳动争议仲裁委员会申请仲裁的,仲裁委员会应当受理,并依据有关规定和劳动合同的约定作出裁决。

劳动报酬属于劳动合同的必备条款，如果劳动合同缺少劳动报酬条款，劳动行政部门可以责令用人单位改正，如果给劳动者造成损失的，还应承担赔偿责任。《劳动合同法》第十八条对劳动报酬约定不明情形下如何处理作了专门规定："劳动合同对劳动报酬和劳动条件等标准约定不明确，引发劳动争议的，用人单位与劳动者可以重新协商；但出现协商不成的，则适用集体合同规定；若没有集体合同或者集体合同未规定劳动报酬的，实行同工同酬；没有集体合同或者集体合同未规定劳动条件等标准的，适用国家有关规定。"从以往案例来看，在劳动合同的薪酬待遇未写明的情况下，用人单位也无需担心劳动合同会因未约定劳动报酬而被认定为无效，从而需要支付二倍工资等情形，但对于未约定薪酬的劳动者结算工资时，法院一般按照有利于劳动者的标准确定。

劳动报酬没有约定或约定不明的，劳资双方可协商，协商不成的，按有利于劳动者的原则处理。《江苏省劳动合同条例》（2013年1月15日江苏省第十一届人民代表大会常务委员会第三十二次会议修订）第二十二条规定："用人单位和劳动者对劳动报酬、劳动条件等没有约定或者约定不明确的，双方可以协商；协商不成的，按照下列规定确定：（1）实际劳动报酬和劳动条件高于用人单位规章制度及集体合同规定标准的，按照实际履行的内容确定；（2）实际履行的内容低于用人单位规章制度或者集体合同规定标准的，按照其中有利于劳动者的最高标准确定；（3）没有规章制度和集体合同，或者规章制度和集体合同未规定劳动报酬的，实行同工同酬；未规定劳动条件等标准的，适用国家有关规定。用人单位规章制度和集体合同规定的劳动报酬、劳动条件等不得低于国家规定的标准。"从本条规定可见，劳动者权益维护遵循"就高不就低"有利于劳动者的原则。《江苏省工资支付条例》（2021年9月29日江苏省第十三届人民代表大会常务委员会第二十五次会议第二次修正）第五十条规定："用人单位对工资支付承担举证责任。用人单位拒绝提供或者在规定时间内不能提供有关工资支付凭证等证据材料的，人力资源社会保障行政部门、劳动争议仲裁委员会和人民法院可以按照劳动者提供的工资数额及其他有关证据直接作出认定。用人单位和劳动者都不能对工资数额举证的，由人力资源社会保障行政部门、劳动争议仲裁委员会和人民法院参照本单位同岗位的平均工资或者当地在岗职工平均工资水平，按照有利于劳动者的原则计算确定。"本条规定也体现了上述原则。

（三）劳动合同的类型法定，用人单位不得订立法定合同类型外的劳动合同

《劳动合同法》第十二条规定："劳动合同分为固定期限劳动合同、无固定期限劳动合同和以完成一定工作任务为期限的劳动合同。"根据《劳动合同法》第十三条、第十四条、第十五条的规定，固定期限劳动合同是在约定的期限届满后劳动合同自动终止，劳动关系自动解除的合同。无固定期限劳动合同是约定无确定终止时间的劳动合同。以完成一定工作任务为期限的劳动合同是约定以某项工作的完成为合同期限的劳动合同。任何类型的劳动合同都应当是根据用人单位实际需要来签署的，无固定期限劳动合同是用人单位针对较为重视的核心岗位工作的员工的，用人单位往往希望这些关键岗位的人员能够长期留用，并与这些重要的职工一次性商定待遇相关事项，避免因多次续签劳动合同导致待遇条件的多次谈判，以降低人工成本。而固定期限劳动合同和以完成一定工作任务为期限的劳动合同则更多是流动性较强的岗位。

（四）劳动合同双方都应遵循诚实守信原则，负有如实告知和说明的义务

劳动者以虚假材料订立劳动合同的，用人单位可据此解除劳动合同。《劳动法》第八条规定："用人单位招用劳动者时，应当如实告知劳动者工作内容、工作条件、工作地点、职业危害、安全生产状况、劳动报酬，以及劳动者要求了解的其他情况；用人单位有权了解劳动者与劳动合同直接相关的基本情况，劳动者应当如实说明。"本条规定了用人单位的告知义务和劳动者的说明义务。由于法律倾向于保护劳动者，因此用人单位负有较大的举证责任。为此，用人单位可在签订劳动合同前向应聘者出具明确工作内容、工作环境、工作时间地点、所使用工具，以及工资计算方式、考核内容等的岗位说明书，并要求应聘者签字。也可以把以上内容写进劳动合同。某些用人单位在招聘广告中往往提出优厚的条件，如果劳动者有证据证明，那么该招聘广告也会成为劳动合同的内容。为防止应聘者在学历、工作经验等方面可能出现的造假，用人单位在招聘员工时可要求应聘者填写"入职登记表"，对学历、工作履历、专业技术能力、联系方式、居住地址、家庭成员等如实填写。用人单位在招聘时对应聘者学历有明确要求，而应聘者提供虚假学历证明并与用人单位签订劳动合同的，属于《劳动合同法》第二十六条规定的以欺诈手段订立劳动合同应属无效的情形，用人单位可以根据《劳动合同法》第三十九条的规定解除该劳动合同。对此，人力资源和社会保障部及最高人民法院联合印发的《关于劳动人事争议仲裁与诉讼衔接有关问题的意见（一）》（人社部发〔2022〕9号）十九明确："用人单位因劳动者违反诚信原则，提供虚假学历证书、个人履历等与订立劳动合同直接相关的基本情况构成欺诈解除劳动合同，劳动者主张解除劳动合同经济补偿或者赔偿金的，劳动人事争议仲裁委员会、人民法院不予支持。"

（五）劳动者无合理理由拒绝签订书面劳动合同的，用人单位应及时书面通知解除劳动关系

《劳动合同法实施条例》第五条规定，自用工之日起一个月内，经用人单位书面通知后，劳动者不与用人单位订立书面劳动合同的，用人单位应当书面通知劳动者终止劳动关系，无需向劳动者支付经济补偿，但是应当依法向劳动者支付其实际工作时间的劳动报酬。上述规定赋予了用人单位在劳动者不与用人单位签订书面劳动合同的情形下合法、无责终止劳动关系的权利，结合《劳动合同法》第八十二条第一款"用人单位自用工之日起超过一个月不满一年未与劳动者订立书面劳动合同的，应当向劳动者每月支付二倍的工资"的规定，为用人单位在订立劳动合同上提供了行为规则指引，即自用工之日起一个月内，经用人单位书面通知后，劳动者不与用人单位订立书面劳动合同的，用人单位应当书面通知劳动者终止劳动关系；用人单位继续用工的，应当对超过一个月不满一年的未订立书面劳动合同期间向劳动者每月支付二倍的工资。用人单位及时行使《劳动合同法实施条例》第五条赋予的权利能够有效避免劳动者无正当理由拒不签订劳动合同带来的风险。

（六）劳动用工的就业登记不能代替书面劳动合同

人力资源和社会保障部《就业服务与就业管理规定》（2022年1月7日第四次修正）第六十二条第一款规定："劳动者被用人单位招用的，由用人单位为劳动者办理就业登记。用人单位招用劳动者和与劳动者终止或者解除劳动关系，应当到当地公共就业服务机构备案，为劳动者办理就业登记手续。用人单位招用人员后，应当于录用之日起 30 日内办理登记手续。"用人单位按照规定向劳动用工管理部门报备劳动用工情况，是劳动用工管理部门规范劳动用工秩序，维护劳动者和用人单位双方合法权益的重要手段。劳动合同是劳动者与用人单位确立劳动关系、明确双方权利和义务的协议，签订劳动合同，须经双方协商一致。劳动用工备案登记系用人单位按规定向劳动用工管理部门申报劳动用工的情况，并不涉及用人单位与劳动者之间的权利义务内容，不具备《劳动合同法》第十七条规定的必备条款，两者在性质、内容上并不相同。因此，劳动用工的就业登记不能代替书面劳动合同。

（七）仅有用人单位法定代表人签字没有单位盖章的劳动合同依然有效

一般情况下，劳动合同加盖单位公章方为有效，如果劳动合同上只有法定代表人签字而没有加盖公章，这个劳动合同仍然有效。《劳动合同法》第十六条规定，劳动合同由用人单位与劳动者协商一致，并经用人单位与劳动者在劳动合同文本上签字或者盖章生效。劳动合同文本由用人单位和劳动者各执一份。从法定代表人职权方面看，《民法典》第六十一条规定："依照法律或者法人章程的规定，代表法人从事民事活动的负责人，为法人的法定代表人。法定代表人以法人名义从事的民事活动，其法律后果由法人承受。"经登记主管机关核准登记注册的代表企业行使职权的主要负责人，是企业法人的法定代表人。法定代表人是代表企业法人根据章程行使职权的签字人。法定代表人在合同文本上签字，即代表公司与劳动者订立劳动合同，若不存在《劳动合同法》第二十六条规定的劳动合同无效的情形，劳动合同即为有效。

（八）签订劳动合同的应当是实际用工企业

有的企业实行集团化运营，所属多个独立存在的企业具有相同的股东或者相同的管理人员。集团公司采用劳务派遣的方式用工，即统一由一个公司与劳动者签订劳动合同，然后再分配到不同的公司工作。这种行为是被法律所禁止的行为。一是经营劳务派遣业务需要获得行政许可。《劳动合同法》第五十七条规定："经营劳务派遣业务，应当向劳动行政部门依法申请行政许可；经许可的，依法办理相应的公司登记。未经许可，任何单位和个人不得经营劳务派遣业务。"二是用人单位不得在单位内部进行劳务派遣。《劳动合同法》第六十七条规定："用人单位不得设立劳务派遣单位向本单位或者所属单位派遣劳动者。"即使成立了合法的劳务派遣公司，也依然不能向集团所属具有独立法人资格的用工单位派遣用工。因为，违法劳务派遣将造成实际用工企业未与劳动者签订劳动合同，签订劳动合同的企业缺乏用工事实而构成虚假合同的双重困境。另外需要明确的是，用人单位让劳动者与指定的劳务派遣机构轮流签订劳动合同，再派遣回用人单位从事原工作的，系规避法律的逆向派遣行为，用人单位仍应承担用工主体的法定责任。构成混同用工的用人单位需承担连带责任。

例如，A公司、B公司用工混同连带赔偿责任案。A、B公司系关联公司。厉某2017年11月23日与B公司签订了即日起至2020年11月22日的劳动合同，入职B公司。合同约定其担任市场总监职务，薪酬构成为"年薪+奖金"。其中，年薪＝基本工资+绩效工资，基本工资按月发放，绩效工资根据考核结果按季度发放，奖金按照双方约定的奖励办法兑现。2018年11月1日，厉某与A公司、B公司签订《劳动合同主体变更协议》，约定将厉某的劳动合同关系转移至A公司，同时厉某与B公司原有劳动合同关系自动终止。当日，厉某与A

公司签订即日起至 2020 年 11 月 22 日劳动合同，工资标准和岗位与原劳动合同一致。2019 年 6 月 16 日，厉某再次与 A 公司、B 公司签订《劳动合同主体变更协议》，约定因单位经营需要，经与厉某协商一致，将其劳动合同关系转移至 B 公司，同时厉某与 A 公司之间原有劳动合同关系自动终止，并同意将劳动合同关系用人单位主体变更为 B 公司。两家公司承诺，此次劳动合同关系用人单位主体变更不会影响原劳动合同中约定的工资等内容，同时厉某原有工龄自动转移至新的用人单位，年假、补助等依据 B 公司规定执行。此后，B 公司未与厉某签订劳动合同。2019 年 12 月 23 日，B 公司才向厉某发放同年 7 月、8 月份工资。2020 年 3 月 28 日，B 公司又向厉某发放 2019 年 9 月至 11 月工资。对于 2020 年 4 月 8 日发放的 31 741.25 元，厉某主张系 2018 年 4 月到 10 月的绩效工资，A 公司、B 公司主张系 2018 年 4 月到 10 月和 2019 年 7 月至 11 月的绩效工资。2019 年 11 月 26 日，厉某向 A 公司发送解除劳动关系告知书，以拖欠工资为由与其解除劳动关系，并于同年 12 月 3 日办理离职手续。对此，A、B 公司均知情。但 A 公司认为，厉某没有向 B 公司书面提出解除劳动关系，其与 A 公司解除劳动关系的理由不适用于 B 公司。

厉某以 A 公司为被申请人申请劳动争议仲裁，要求向其支付 2018 年 4 月 1 日至 2019 年 11 月 26 日期间工资 152 303 元、解除劳动关系经济补偿 55 000 元。因其不服裁决，又诉至一审法院。在诉讼过程中，B 公司于 2020 年 7 月 13 日注销。一审法院认为，2019 年 6 月 16 日，厉某与 A、B 公司签订《劳动合同主体变更协议》，约定三方协商一致，决定将厉某与 A 公司的劳动关系转移至 B 公司，厉某与 A 公司的劳动关系终止。即从该日起厉某与 B 公司建立劳动关系。

根据查明的事实，厉某于 2019 年 11 月 26 日向 A 公司发送解除劳动关系通知书，以拖欠工资为由与其解除劳动关系，并于同年12月3日办理离职手续。虽然厉某未向B公司直接发送解除通知，但A公司收到解除劳动关系通知书后，B公司即与厉某解除劳动关系并办理了离职交接手续。因B公司确实存在欠付厉某劳动报酬的事实，其与A公司又系关联公司，在两家公司交叉轮换与厉某建立劳动关系的情况下，对于厉某关于解除劳动关系的理由应当予以采信，对于厉某要求B公司支付其解除劳动关系补偿金的诉讼请求，法院予以支持。同理，由于A公司、B公司系关联公司，二公司交叉与厉某签订劳动合同，且劳动合同约定的工作地点、薪酬待遇等基本条款均一致，厉某与B公司存在劳动关系期间仍然受A公司绩效管理制度等相关制度管理，故法院对于厉某关于A、B公司对其构成混同用工的主张予以采纳。A公司应就其欠付厉某的各项费用与B公司承担连带责任。

一审法院依法判决A公司连带支付厉某绩效工资、解除劳动关系经济补偿金合计7.3万元。A公司不服该判决提起上诉，被二审法院驳回。

（九）用人单位合并或分立无需重订劳动合同，如若重订则构成原单位违法解除劳动合同，需向劳动者支付赔偿金

一些用人单位在合并或分立成立新的法人时，往往采取原单位与员工解除劳动关系，然后由新设立的法人再与员工签订新的劳动合同的办法。此举大可不必。一则，《劳动合同法》第三十四条规定："用人单位发生合并或者分立等情况，原劳动合同继续有效，劳动合同由承继其权利和义务的用人单位继续履行。"二则，用人单位发生合并或者分立，并非《劳动合同法》第三十九条规定的用人单位可单方解除劳动合同的情形，需依法向劳动者支付经济赔偿金。三则，即使重订劳动合同亦属《最高人民法院关于审理劳动争议案件适用法律问题的解释（一）》（法释〔2020〕26号）第四十六条明确规定的应当认定属于"劳动者非因本人原因从原用人单位被安排到新用人单位工作"情形，员工先前工作年限不能"清零"，需与原单位累计计算。

（十）不签劳动合同，最终吃亏的是用人单位

实践中，有个别不愿意签劳动合同的用人单位，认为不签劳动合同用工比较灵活，来去自由，可以随时辞退，省事省钱又方便。但实际上恰恰相反，后患无穷，最终吃亏的是用人单位。首先，不签劳动合同，并不代表劳动关系就不存在。其实，单位从实际用工之日起就与员工建立了劳动关系。劳动关系一旦建立，不管签不签劳动合同，用人单位都不能随意辞退员工，如若随意辞退就要承担相应的经济赔偿金。其次，从实际用工之日起超过一个月没签合同的，从第二月开始，单位就需要给员工支付双倍工资。超过一年还没签，则依法视为用人单位已经和员工签订了无固定期限的劳动合同。另外，没有签订劳动合同，也会导致用人单位无法缴纳社保，倘若员工发生工伤，甚至导致伤残，那么工伤保险待遇费用将全部由用人单位承担。而且，员工如果以不签劳动合同或者不交社保为由辞职，单位还需要支付经济补偿金。当然，离职时，员工还有权要求单位补缴社保。所以，不签劳动合同，一旦发生纠纷，用人单位将承受比签订劳动合同所付出的成本还要多的损失，是一个十分不明智的选择。

十四、用人单位可与劳动者约定竞业限制条款，以更好地保护本单位的商业秘密和知识产权

为了避免高级管理人员、高级技术人员和其他负有保密义务的人

员在离职后到其他用人单位或自己开办公司从事竞业限制业务,造成企业客户流失、知识产权被侵害、生产经营受损的局面,可以与他们约定保守商业秘密和与知识产权相关的保密事项,并同时签订竞业限制条款,明确竞业限制的范围、地域和期限。《劳动合同法》第二十三条第二款规定,对负有保密义务的劳动者,用人单位可以与劳动者就双方劳动合同终止或解除后一定期限内的竞业限制义务进行约定;劳动者违反竞业限制约定的,应当按照约定向用人单位支付违约金。竞业限制,是指用人单位与劳动者约定在解除或者终止劳动合同后一定期限内,劳动者不得到与原单位生产或者经营同类产品、从事同类业务的有竞争关系的其他用人单位任职,或者自己开业生产或者经营同类产品或同类业务。通俗地说,就是员工不能到原单位的竞争对手那里工作,也不能成为原单位的竞争对手。

(一) 竞业限制的对象和期限

根据《劳动合同法》第二十四条的规定,竞业限制的人员限于用人单位的高级管理人员、高级技术人员和其他负有保密义务的人员。一般是指《公司法》规定的公司经理、副经理、财务负责人、上市公司董事会秘书和公司章程规定的其他人员;除此之外,对于生产制造和科技类行业的企业,还包括高级研究开发人员、技术人员、关键岗位的技术工人等比较容易接触到企业商业秘密的人员;其他可能知悉企业商业秘密的人员,包括市场销售人员、财会人员、秘书等。对于不可能接触到用人单位商业秘密的普通劳动者,用人单位不必订立竞业限制协议。用人单位和劳动者可以约定竞业限制期限,但最长不得超过二年,超过二年的,超出部分无效。受到竞业限制的人员二年内不得到与原单位生产或者经营同类产品、从事同类业务的有竞争关系的其他用人单位工作,或者自己开业生产或者经营同类产品、从事同类业务。

（二）用人单位应在解除或者终止劳动合同后，按月支付竞业限制补偿

《劳动合同法》第二十三条第二款规定，对负有保密义务的劳动者，用人单位可以与劳动者就双方劳动合同终止或解除后一定期限内的竞业限制义务进行约定，劳动者离职后，用人单位在竞业限制期限内按月给予劳动者经济补偿。劳动者违反竞业限制约定的，应当按照约定向用人单位支付违约金。实践中，除了按法律规定离职后按月支付经济补偿的做法外，用人单位还会采用员工离职时一次性支付或在职时与工资一起按月发放的形式支付竞业限制补偿金。对于前者，操作比较简单，节省人力成本，但缺点是无法对员工履行竞业限制义务进行有效的监督。因此，建议用人单位严格按法律规定，在竞业限制期限内按月向员工支付补偿金，如果员工违反约定，用人单位可以及时终止补偿金的支付并追究劳动者的违约责任，将损失降到最低。

（三）竞业限制补偿金的标准，不应低于该劳动者离开用人单位前十二个月的月平均工资的三分之一，且不得低于当地最低工资

《最高人民法院关于审理劳动争议案件适用法律问题的解释（一）》（法释〔2020〕26号）第三十六条规定，当事人在劳动合同或者保密协议中约定了竞业限制，但未约定解除或者终止劳动合同后给予劳动者经济补偿，劳动者履行了竞业限制义务，要求用人单位按照劳动者在劳动合同解除或者终止前十二个月平均工资的30%按月支付经济补偿的，人民法院应予支持。前款规定的月平均工资的30%低于劳动合同履行地最低工资标准的，按照劳动合同履行地最低工资标准支付。《江苏省劳动合同条例》第二十八条第一款规定，用人单位

对处于竞业限制期限内的离职劳动者应当按月给予经济补偿，月经济补偿额不得低于该劳动者离开用人单位前十二个月的月平均工资的三分之一。由此可见，于江苏省而言，用人单位在竞业限制期限内给予劳动者的竞业限制补偿金应不低于该劳动者离开用人单位前十二个月的月平均工资的三分之一，否则，用人单位将依法承担相应的法律后果。

（四）用人单位三个月未支付竞业限制补偿金的，劳动者可请求解除竞业限制

根据《最高人民法院关于审理劳动争议案件适用法律问题的解释（一）》（法释〔2020〕26号）第三十八条的规定，当事人在劳动合同或者保密协议中约定了竞业限制和经济补偿，劳动合同解除或者终止后，因用人单位的原因导致3个月未支付经济补偿，劳动者请求解除竞业限制约定的，人民法院应予支持。因此，当因用人单位的原因导致3个月未支付竞业限制补偿金时，劳动者有权要求解除竞业限制协议。上述规定明确了员工单方解除竞业限制协议的权利和条件，即企业3个月未支付经济补偿，因此，并不是企业一不支付经济补偿，员工就可以立刻解除竞业限制协议。当然，一旦3个月不支付经济补偿的事实形成，员工即有权提出解除竞业限制约定。

（五）用人单位可随时单方解除竞业限制协议

根据《最高人民法院关于审理劳动争议案件适用法律问题的解释（一）》（法释〔2020〕26号）第三十九条的规定，在竞业限制期限内，用人单位有权请求解除竞业限制协议。但在解除竞业限制协议时，劳动者有权请求用人单位额外支付劳动者3个月的竞业限制经济补偿。该条确认了企业享有单方解除竞业限制协议的权利，即可以根

据自己的经营状况和实际需要随时通知离职员工解除竞业限制协议。但为了保护劳动者的预期利益以及合理的择业期间，司法解释又给用人单位附加了要额外支付劳动者3个月的竞业限制经济补偿的义务。

（六）劳动者违反《竞业限制协议》的，需向原用人单位支付违约金，并继续履行竞业限制义务

《劳动合同法》第二十三条规定，劳动者违反竞业限制约定的，应当按照约定向用人单位支付违约金。且根据《最高人民法院关于审理劳动争议案件适用法律问题的解释（一）》（法释〔2020〕26号）的规定，劳动者违反竞业限制约定，向用人单位支付违约金后，用人单位仍有权要求劳动者按照约定继续履行竞业限制义务。例如，潘某2019年8月入职原告处，任主任工程师，参与半导体相关模块技术设计，税前年薪为40万余元。2020年6月潘某从原告处离职进入某新兴半导体公司，并于12月任该公司董事。原告认为潘某入职同行业竞争公司，违反了此前双方签订的《竞业限制协议》，诉至法院。法院审理认为，原告在涉案项目上投入了大量的研发资金及人力成本，并取得了相关的知识产权。"潘某在原告处仅工作10个月，在第三人公司成立后不久即从原告处离职，又在短时间内担任了第三人公司的董事，这些行为足以让人产生其在原告处工作时已有预谋入职第三人公司的合理怀疑，诉讼中潘某的举证及陈述均不能排除这些合理怀疑，其主观恶意比较明显。"依法判决：被告违反竞业限制义务赔偿原告201万元，并返还原告已支付的竞业限制经济补偿金1万余元。

需要注意的是，劳动者违反竞业限制约定向用人单位支付违约金后，其剩余期限内的竞业限制义务并不因此而免除，用人单位要求劳动者继续履行竞业限制约定的，劳动者仍应履行竞业限制义务。由于竞业限制协议限制了劳动者自由择业的权利，因此，很多员工都不愿意签订竞业限制协议。对此，用人单位应选择在员工入职前或入职时，与《劳动合同书》同时签订，此时，员工为了得到工作机会，通常会同意签订竞业限制协议。

十五、用人单位解除或终止劳动合同应依法向劳动者支付经济补偿；用人单位与劳动者就经济补偿达成的协议不得违反法律、行政法规的强制性规定

用人单位享有一定的用工自主权，因此，用人单位可依法解除或终止劳动合同。解除或终止劳动合同经济补偿是用人单位在非劳动者主观过错情况下解除劳动合同时，给予劳动者的补偿，是用人单位依法履行对劳动者社会保障义务的行为，是法律的规定而非当事人约定，该补偿行为也不具有惩罚性。

（一）应当向劳动者支付经济补偿的情形

根据《劳动合同法》第四十六条规定，以下情形用人单位与劳动者解除劳动合同应向劳动者支付经济补偿：

1. 劳资双方协商同意解除劳动合同。《劳动合同法》规定劳动合同期满前，用人单位提出解除劳动合同，并与劳动者协商一致的，用人单位应当向劳动者支付经济补偿金。

2. 用人单位实施无过失性辞退。根据《劳动合同法》规定，有如下情形，用人单位提前 30 日以书面形式通知劳动者或者额外支付劳动者一个月工资后解除劳动合同的，用人单位应当依法向劳动者支付经济补偿金：（1）劳动者患病或者非因工负伤，在规定的医疗期满后不能从事原工作，也不能从事由用人单位另行安排的工作的。根据

《企业职工患病或非因工负伤规定》（劳部发〔1999〕479号）第三条规定，企业职工患病或非因工负伤需要停止工作医疗时，根据本人实际参加工作年限和在本单位工作年限，给予3个月到24个月的医疗期。医疗期内劳动合同期满的，劳动合同应当延续至医疗期满时终止。（2）劳动者不能胜任工作，经过培训或者调整工作岗位，仍不能胜任工作的。（3）劳动合同订立时所依据的客观情况发生重大变化，致使劳动合同无法履行，经用人单位与劳动者协商，未能就变更劳动合同内容达成协议的。

需要明确的是，因用人单位整体搬迁导致劳动者工作地点变更、通勤时间延长的，如果用人单位已经采取适当措施（如提供交通工具、调整出勤时间、增加交通补贴等）降低搬迁对劳动者的不利影响，搬迁行为不足以导致劳动合同无法履行的，劳动者不得以《劳动合同法》第四十条第三项规定的"劳动合同订立时所依据的客观情况发生重大变化，致使劳动合同无法履行"为由拒绝提供劳动。

3. 因用人单位有过错，劳动者被迫解除劳动合同。根据《劳动合同法》第三十八条的规定，用人单位有以下过错情形之一，导致劳动者行使单方解除权解除劳动合同的，用人单位应当依法向劳动者支付经济补偿金：（1）用人单位未按照劳动合同约定提供劳动保护或者劳动条件的，比如强行给员工"放假""停工"，可视为未按照劳动合同约定提供劳动条件；（2）未及时足额支付劳动报酬的，如超过工资发放日期仍未支付工资、少支付加班费等；（3）未依法为劳动者缴纳社会保险的；（4）用人单位的规章制度违反法律、法规的规定，损害劳动者权益的；（5）用人单位以欺诈、胁迫的手段或者乘人之危，使劳动者在违背真实意思的情况下订立或者变更劳动合同的；（6）用人单位免除自己的法定责任、排除劳动者权利的；（7）用人单位以暴力、威胁或者非法限制人身自由的手段强迫劳动者劳动的，或者用人单位违章指挥、强令冒险作业危及劳动者人身安全的；(8) 法律、行政法规规定劳动者可以解除劳动合同的其他情形。

4. 用人单位经济性裁员。按照《劳动合同法》第四十一条第一款之规定，如属以下情形，用人单位可以实施经济性裁员，但应依法向劳动者支付经济补偿：(1) 依照企业破产法规定进行重整的；(2) 生产经营发生严重困难的；(3) 企业转产、重大技术革新或者经营方式调整，经变更劳动合同后，仍需裁减人员的；(4) 其他因劳动合同订立时所依据的客观经济情况发生重大变化，致使劳动合同无法履行的。根据《企业破产法》第二条、第七十条的规定，企业法人不能清偿到期债务，并且资产不足以清偿全部债务或者明显缺乏清偿能力，或者有明显丧失清偿能力可能的，属于依法可以进行破产重整的情形。

5. 劳动合同终止。劳动合同期满，用人单位被依法宣告破产，用人单位被吊销营业执照、责令关闭、撤销或者用人单位决定提前解散而终止劳动合同及法律、行政法规规定的其他情形。

但如属以下情形，用人单位可不向劳动者支付经济补偿：固定期限劳动合同到期，用人单位同意续订且维持或者提高劳动合同约定条件但劳动者不同意续订的；劳动者开始享受基本养老保险待遇；劳动者死亡或者被人民法院宣告死亡或者宣告失踪。

（二）用人单位解除劳动关系的一般程序

1. 听取工会意见。根据《劳动合同法》的规定，用人单位单方解除劳动合同，应当事先将理由通知工会。用人单位违反法律、行政法规规定或者劳动合同约定的，工会有权要求用人单位纠正。用人单位应当研究工会的意见，并将处理结果书面通知工会。如果用人单位因经济性裁员与劳动者解除劳动关系，用人单位需提前30日向工会或者全体职工说明情况，听取工会或者职工意见后，裁减人员方案经向劳动行政部门报告，方可实施。《中华人民共和国工会法》（2022年1月1日施行）第二十二条第二款也规定："用人单位单方面解除职工劳动合同时，应当事先将理由通知工会，工会认为用人单位违反法律、法规和有关合同，要求重新研究处理时，用人单位应当研究工会的意见，并将处理结果书面通知工会。"《最高人民法院关于审理劳动争议案件适用法律问题的解释（一）》（法释〔2020〕26号）第四十七条规定："建立了工会组织的用人单位解除劳动合同符合劳动合同法第三十九条、第四十条规定，但未按照劳动合同法第四十三条规定事先通知工会，劳动者以用人单位违法解除劳动合同为由请求用人单位支付赔偿金的，人民法院应予支持，但起诉前用人单位已经补正有关程序的除外。"企业解除劳动合同没有通知工会，且没有在起诉前补正程序的，会被判定为违法解除，需要承担违法解除的赔偿责任。

2. 向劳动者说明理由。根据《劳动合同法》的规定，用人单位解除劳动合同的，应当向劳动者说明理由。对于告知理由的形式，法律并没有强制性的规定，为了规范管理和保留证据，用人单位应采用书面形式，告知劳动者解约理由和解约决定。

3. 支付经济补偿金、开具员工离职证明等。

（三）经济补偿的计算标准

根据《劳动合同法》第四十七条的规定，经济补偿按劳动者在本单位工作的年限，每满一年支付一个月工资的标准向劳动者支付。六个月以上不满一年的，按一年计算；不满六个月的，向劳动者支付半个月工资的经济补偿。劳动者月工资高于用人单位所在直辖市、设区的市级人民政府公布的本地区上年度职工月平均工资三倍的，向其支付经济补偿的标准按职工月平均工资三倍的数额支付，向其支付经济补偿的年限最高不超过十二年。本条所称月工资是指劳动者在劳动合同解除或者终止前十二个月的平均工资。根据《劳动合同法实施条例》第二十七条及财政部《关于企业加强职工福利费财务管理的通知》的规定，计算经济补偿的月工资按照劳动者应得工资计算，包括计时工资或者计件工资以及奖金、津贴和补贴等货币性收入。劳动者应得工资包括正常工作时间的工资，还包括劳动者延长工作时间的加班费，亦包含由个人缴纳的社会保险和住房公积金及所得税。劳动者应得的年终奖或年终双薪（俗称第十三个月工资），也应计入工资基数并按每年十二个月平均分摊。需要注意的是，如果劳动者离职前十二个月平均工资低于当地最低工资标准，按照当地最低工资标准计算。

根据《企业职工带薪年休假实施办法》第十二条"用人单位解除或者终止劳动合同时，当年度职工未休满年休假的，应当按照职工工作时间折算应休年休假天数并支付未休年休假工资报酬，但折算后不足1整天的部分不支付未休年休假工资报酬。前款规定的折算方法为：（当年度在本单位已过日历天数÷356天×职工本人全年应当享受的年休假天数－当年已经安排年休假天数）。用人单位当年已安排职工年休假的，多于折算应休年休假的天数不再扣回"的规定，用人单位解除或者终止劳动合同时应当按规定支付劳动者未休年休假工资报酬。

（四）用人单位与劳动者就解除或终止劳动合同经济补偿事宜的约定，违反法律、行政法规的强制性规定无效

《最高人民法院关于审理劳动争议案件适用法律问题的解释

（一）》（法释〔2020〕26号）第三十五条第一款、第二款分别规定："劳动者与用人单位就解除或者终止劳动合同办理相关手续、支付工资报酬、加班费、经济补偿或者赔偿金等达成的协议，不违反法律、行政法规的强制性规定，且不存在欺诈、胁迫或者乘人之危情形的，应当认定有效"；"前款协议存在重大误解或者显失公平情形，当事人请求撤销的，人民法院应予支持"。《劳动合同法》规定用人单位向劳动者提出解除劳动合同并与劳动者协商一致解除劳动合同的，用人单位应当向劳动者支付经济补偿，经济补偿金的金额依照《劳动合同法》第四十七条的规定计算。因此用人单位与劳动者在《解除劳动合同协议书》中约定解除劳动合同零补偿的内容，因与法律规定相悖而无效。例如，山西某快捷酒店管理有限公司长风店在与赵某协商解除劳动合同时（解除劳动合同由用人单位提出），双方约定了解除劳动合同经济补偿金为零元。法院审理认为《解除劳动合同协议书》约定经济补偿金为零元的内容与法律规定相悖而无效。一审、二审法院均判决用人单位山西某快捷酒店管理有限公司长风店向赵某支付经济补偿和未休年休假工资。

需要强调的是，为了保护劳动者，我国劳动法律规范还特别规定了不得解除劳动合同的情形。《劳动合同法》第四十二条规定："劳动者有下列情形之一的，用人单位不得依照本法第四十条、第四十一条的规定解除劳动合同：（一）从事接触职业病危害作业的劳动者未进行离岗前职业健康检查，或者疑似职业病病人在诊断或者医学观察期间的；（二）在本单位患职业病或者因工负伤并被确认丧失或者部分丧失劳动能力的；（三）患病或者非因工负伤，在规定的医疗期内的；（四）女职工在孕期、产期、哺乳期的；（五）在本单位连续工作满十五年，且距法定退休年龄不足五年的；（六）法律、行政法规规定的其他情形。"本条规定是效力性强制性规定。效力性强制性规定的法律后果当然排除单方解除、协商一致解除等以具备法律效力为前提的民事法律行为。因此，违反本条规定，用人单位即使与劳动者已协商一致解除劳动合同，解除协议也属无效。

十六、职工连续工作一年以上即依法享有带薪休假福利；单位组织的公费旅游，不能抵扣年度带薪休假期；逾期未使用年休假，不能当然视为职工自动放弃；申请未休年假工资，仲裁时效为一年

（一）职工在不同单位连续工作一年以上，就有带薪年休假

《职工带薪年休假条例》第二条规定，职工连续工作满12个月以上的，享受带薪年休假。这里的"连续工作一年以上"，没有限定必须在同一单位，因此，既包括职工在同一单位连续工作满12个月以上的情形，也包括职工在不同单位连续工作一年以上的情形。《企业职工带薪年休假实施办法》第四条规定："年休假天数根据职工累计工作时间确定。职工在同一或者不同用人单位工作期间，以及依照法律、行政法规或者国务院规定视同工作期间，应当计为累计工作时间。"因此，用人单位将"入职本单位一年后方可享有年休假"写入单位内部的规章制度，是对法律的误读，该条规定因违反法律和行政法规的规定而无效。根据法律规定，职工新进用人单位且连续工作满12个月以上的，当年度休假天数，按照在本单位工作日历天数折算确定，折算后不足一整天的部分不享受年休假。具体折算方式为：（当年度在本单位工作日历天数÷365天）×职工本人全年应当享受的

年休假天数。

（二）用人单位安排公费旅游，不能抵扣年休假

福利待遇不能替代年休假，除非有特别约定。《职工带薪年休假条例》第五条第一款规定：用人单位根据生产、工作的具体情况，并考虑职工本人意愿，统筹安排职工年休假。需要明确的是，这里的"统筹安排"仅仅是对劳动者带薪年休假具体时间的安排，而不包括对享受带薪年休假的具体形式的安排，劳动者具有自主安排休假时间与方式的权利。用人单位统一安排组织旅游，并不符合劳动者可以自主安排休假方式的特征。一方面，用人单位统一安排旅游，劳动者服从用人单位的安排而参加，不是劳动者可自由支配休息的时间；另一方面，用人单位为劳动者安排外出旅游、报销旅游费用，是用人单位为了激励劳动者工作积极性，提高劳动者待遇的一种方式。因此，在没有特别约定的情形下，用人单位组织的集体旅游，只能视为福利待遇。如用人单位确要以此来抵扣年休假，务必在事前就组织旅游抵扣年休假和劳动者作出明确约定，否则安排免费旅游，仍要安排劳动者休年假或支付未休年休假工资。

（三）年休假逾期未使用，不能当然视为劳动者自动放弃

《职工带薪年休假条例》第五条第三款规定，单位确因工作需要不能安排职工休年休假的，经职工本人同意，可以不安排职工休年休假。对职工应休未休的年休假天数，单位应当按照该职工日工资收入的300%支付年休假工资报酬。《企业职工带薪年休假实施办法》第十条第二款规定，用人单位安排职工休年休假，但是职工因本人原因且书面提出不休年休假的，用人单位可以只支付其正常工作期间的工资收入。用人单位已安排劳动者休年休假，但劳动者书面同意不休

的，用人单位只需支付劳动者的正常工资，不需要支付 3 倍年休假工资。此外，依据法律规定，劳动者享有的带薪未休年休假工资，由用人单位承担举证责任。所以，如果劳动者自愿放弃享受年休假的，用人单位一定要让劳动者出具书面声明，由用人单位留存，以供日后发生争议时作为证据使用。此外，上述规定也表明了用人单位不得强制职工休年假。

（四）基于法定事由，并非每个劳动者都有年休假、年年可享年休假

《职工带薪年休假条例》第四条规定，出现以下 5 种情况，职工不享受当年的年休假：（1）职工依法享受寒暑假，其休假天数多于年休假天数的；（2）职工请事假累计 20 天以上且单位按照规定不扣工资的；（3）累计工作满 1 年不满 10 年的职工，请病假累计 2 个月以上的；（4）累计工作满 10 年不满 20 年的职工，请病假累计 3 个月以上的；（5）累计工作满 20 年以上的职工，请病假累计 4 个月以上的。《企业职工带薪年休假实施办法》第八条规定，职工已享受当年的年休假，年度内又出现《职工带薪年休假条例》第四条第（2）、（3）、（4）、（5）项规定情形之一的，不再享受下一年度的年休假。

需要强调的是，根据上述规定，对职工因事请假扣发工资的用人单位，职工即使年度事假累计 20 天以上，该职工仍享有年假，用人单位应当安排该职工休年假。对已休年假又出现不应享受年假情形的，用人单位可用该职工下一年度年假"冲抵"，该职工在下一年度不能享有年假。

（五）职工未休带薪年假补偿的计算标准应以实际支付的工资为计算标准，而不应以劳动合同上的基本工资为计算标准

《企业职工带薪年休假实施办法》第十一条规定：计算未休年休

假工资报酬的日工资收入按照职工本人的月工资除以月计薪天数（21.75 天）进行折算。而月工资是指职工在用人单位支付其未休年休假工资报酬前 12 个月剔除加班工资后的月平均工资。在用人单位工作时间不满 12 个月的，按实际月份计算月平均工资。职工在年休假期间享受与正常工作期间相同的工资收入。实行计件工资、提成工资或者其他绩效工资制的职工，日工资收入的计发办法按照本条第一款、第二款的规定执行。《劳动部关于贯彻执行〈中华人民共和国劳动法〉若干问题的意见》（劳部发〔1995〕309 号）53. 规定：劳动法中的工资是指用人单位依据国家有关规定或劳动合同的约定，以货币形式直接支付给本单位劳动者的劳动报酬，一般包括计时工资、计件工资、奖金、津贴和补贴、延长工作时间的工资报酬以及特殊情况下支付的工资等。根据以上规定，《企业职工带薪年休假实施办法》中规定的月平均工资是职工正常工作期间的工资，不包括加班等临时性收入。

（六）申请未休年休假工资仲裁时效为一年，时效起算日为未支付年休假补偿金第二年的 1 月 1 日

年休假是劳动者休息休假权利的体现，应休而未休年休假折算工资，即 200%的工资报酬是因劳动者休息权不能享有而转化成的经济补偿，并非劳动者固有劳动报酬的一部分。换言之，年休假工资报酬中，虽有工资二字，但不具有工资之实。因此，年休假工资应适用普通时效的规定。根据《中华人民共和国劳动争议调解仲裁法》第二十七条第一款"劳动争议申请仲裁的时效期间为一年。仲裁时效期间从当事人知道或者应当知道其权利被侵害之日起计算"的规定，劳动者要求用人单位支付其未休带薪年休假工资中法定补偿即 200%福利部分，应当适用一年的仲裁时效。江苏省高级人民法院 2019 年发布的《关于审理带薪年休假纠纷若干问题的指导意见》第四条明确，劳动者因未休年休假而请求用人单位支付补偿的请求权的仲裁，时效从应休假年度次年的 1 月 1 日起算。在此之前，若劳动关系解除或终止的，则从劳动关系解除或终止之次日起算。但如此并不意味着离职且未休年休假劳动者仅可以要求本年度和上一年度的未休年休假经济补偿金。因为根据《职工带薪年休假条例》第五条第二款"年休假在 1 个年度内可以集中安排，也可以分段安排，一般不跨年度安排。单位因生产、工作特点确有必要跨年度安排职工年休假的，可以跨 1 个年度安排"，以及《企业职工带薪年休假实施办法》第九条"用人单位根据生产、工作的具体情况，并考虑职工本人意愿，统筹安排年休假。用人单位确因工作需要不能安排职工年休假或者跨 1 个年度安排年休假的，应征得职工本人同意"之规定可知，年休假可以跨年度安排。基于这一事实，若用人单位与劳动者协商跨年度安排年休假的，劳动者未休带薪年假应获得工资报酬的仲裁时效则从应休年假年度第三年的 1 月 1 日起算。例如，甲公司与员工乙协商，将其 2020 年度的带薪年休假安排至 2021 年休，由于甲公司跨年度安排休假，因此员工乙要求 2020 年度年休假补偿的仲裁时效期间为 2022 年 1 月 1 日至 2022 年 12 月 31 日。

  劳动者因年假补偿产生劳动争议的，一般只能主张一年前的年假补偿，如果协商年假跨年的，可以主张跨年的年假补偿。例如，张某 2006 年 1 月进入甲公司从事文员岗位工作。2019 年 5 月 31 日，张某以甲公司未足额向其支付劳动报酬为由单方面提出解除劳动合同，并于 2019 年 6 月 2 日向劳动人事争议仲裁委提起申请，要求甲公司支付 2017 年 1 月 1 日至 2019 年 5 月 31 日的未休年休假工资。甲公司仅同意支付 2018 年 6 月 1 日至 2019 年 5 月 31 日期间的未休年休假工资,其余超过时效的主张不予认可。

仲裁委经审理认为,用人单位未安排年休假,劳动者主张按其日收入300%支付未休年休假工资报酬的,应予支持。甲公司不安排跨年度休假,因此张某2017年未休年休假仲裁时效为2018年1月1日至2018年12月31日,已过仲裁时效。张某仲裁时效内的未休年休假工资计算时间应自2018年1月1日起,至张某离职日止。裁决甲公司需支付张某2018年1月1日至2019年5月31日期间的未休年休假工资。

十七、职工医疗期工资不得低于当地最低工资的80%,且用工单位须缴纳本应由劳动者个人缴纳的社会保险费和住房公积金;因工伤停工留薪期最长为24个月,停工留薪期间工资福利待遇不变,由所在单位按月支付

医疗期是指企业职工因患病或非因工负伤停止工作治病休息不得解除劳动合同的时限。停工留薪期是指职工因工作遭受事故伤害或者患职业病需要暂停工作接受工伤医疗,原工资福利待遇不变的期限。

(一)企业职工因患病或非因工负伤医疗期限及工资发放规定

《企业职工患病或非因工负伤医疗期规定》(劳部发〔1994〕479号公布,自1995年1月1日起施行)的第三条规定,企业职工因患病或非因工负伤,需要停止工作医疗时,根据本人实际参加工作年限和在本单位工作年限,给予3个月到24个月的医疗期:(1)实际工作年限10年以下的,在本单位工作年限5年以下的为3个月;5年以上的为6个月。(2)实际工作年限10年以上的,在本单位工作年限5

年以下的为6个月；5年以上10年以下的为9个月；10年以上15年以下的为12个月；15年以上20年以下的为18个月；20年以上的为24个月。第四条规定，医疗期3个月的，按6个月内累计病休时间计算；6个月的，按12个月内累计病休时间计算；9个月的，按15个月内累计病休时间计算；12个月的，按18个月内累计病休时间计算；18个月的，按24个月内累计病休时间计算；24个月的，按30个月内累计病休时间计算。医疗期计算应从病休第一天开始，累计计算。例如，享受3个月医疗期的职工，如果从2021年3月5日起第一次病休，那么该职工的医疗期应在3月5日至9月5日之间确定，在此期间累计病休3个月即视为医疗期满。其他依此类推。

根据《劳动部关于贯彻执行〈中华人民共和国劳动法〉若干问题的意见》（劳部发〔1995〕309号）第59条"职工患病或非因工负伤治疗期间，在规定的医疗期内由企业按有关规定支付其病假工资或疾病救济费，病假工资或疾病救济费可以低于当地最低工资标准支付，但不能低于最低工资标准的百分之八十"的规定，用人单位应当给在规定医疗期内的病假职工发放病假工资，且病假工资不得少于当地最低工资标准的80%。《江苏省工资支付条例》（2021年9月江苏省第十三届人民代表大会常务委员会第二十五次会议第二次修订）第二十七条规定，职工患病或非因工负伤治疗期间，病假工资或疾病救济费不能低于最低工资标准的80%。国家另有规定的，从其规定。第三十二条规定，按照当地最低工资标准的80%支付给劳动者病假工资、疾病救济费的，单位必须同时承担应当由劳动者个人缴纳的社会保险费和住房公积金。

（二）停工留薪期期限及工资发放标准

停工留薪期间，是指劳动者遭受事故伤害或者患职业病需暂停工作，接受工伤医疗，并保持原工资福利待遇不变的期间。停工留薪期的期限是根据定点医疗机构出具的伤病情诊断意见确定的，一般不超过 12 个月。因伤情严重或者情况特殊，也可申请延长停工留薪期，经设区的市级劳动能力鉴定委员会确认，可以适当延长，但延长不得超过 12 个月。可见，停工留薪期最长时间为 24 个月。

根据《工伤保险条例》第三十三条第一款"职工因工作遭受事故伤害或者患职业病需要暂停工作接受工伤医疗的，在停工留薪期内，原工资福利待遇不变，由所在单位按月支付"的规定，停工留薪期内，原工资福利待遇不变，由所在单位按月支付。需要注意的是，这里的"原工资福利待遇"，是职工在正常出勤情况下应享受的工资福利待遇，对于非正常出勤下的工资福利待遇应予排除，计算员工停工留薪期工资，只以受伤前 12 个月正常出勤工资为准。

十八、用人单位不得强迫劳动者加班，单位只要安排加班，就应支付加班费；劳动者自行加班的，单位可不支付加班费

（一）只有用人单位安排加班的，用人单位才需要支付加班费

《劳动合同法》第三十一条规定："用人单位应当严格执行劳动定额标准，不得强迫或者变相强迫劳动者加班。用人单位安排加班的，应当按照国家有关规定向劳动者支付加班费。"从该条规定我们可以看出，用人单位不得强迫加班，劳动者有权拒绝加班；用人单位安排加班的，应当按照国家有关规定向劳动者支付加班费；如果用人单位没有安排加班，劳动者主动自行安排加班的，用人单位可以不支

付加班费。

例如，孙某为某单位的新职工，家在外地，2020年"五一"放假前，主动向单位负责人提出"五一"期间在单位做自己手头上未完成的工作，单位负责人未置可否。次月发工资时，发现单位未支付加班费，于是到劳动保障监察部门投诉要求单位发放"五一"期间的加班费。劳动保障监察部门经过立案调查确认，单位并未安排孙某在"五一"期间加班，认为单位不存在违法行为，对于孙某的投诉请求不予支持。

（二）加班费的计发标准

《劳动法》第四十四条规定："有下列情形之一的，用人单位应当按照下列标准支付高于劳动者正常工作时间工资的工资报酬：（一）安排劳动者延长时间的，支付不低于工资的150%的工资报酬；（二）休息日安排劳动者工作又不能安排补休的，支付不低于工资的200%的工资报酬；（三）法定休假日安排劳动者工作的，支付不低于工资的300%的工资报酬。"《劳动合同法》第八十五条规定，用人单位安排加班不支付加班费的，由劳动行政部门责令限期支付，逾期不支付的，责令用人单位按应付金额的50%以上100%以下的标准向劳动者加付赔偿金。

《江苏省工资支付条例》（2021年9月29日江苏省第十三届人民代表大会常务委员会第二十五次会议第二次修正）第二十条第一款规定："用人单位安排劳动者加班加点，应当按照下列标准支付劳动者加班加点的工资：（一）工作日延长劳动时间的，按照不低于本人工资的百分之一百五十支付加点工资；（二）在休息日劳动又不能在六个月之内安排同等时间补休的，按照不低于本人工资的百分之二百支付加班工资；（三）在法定休假日劳动的，按照不低于本人工资的百分之三百支付加班工资。"第二十一条、第二十二条、第二十三条规定，实行计件工资制的，劳动者在完成计件定额任务后，用人单位安排其在法定工作时间以外加班加点的，应当根据本条例第二十条的规定，分别按照不低于其本人法定工作时间计件单价的150%、200%、300%支付加班加点工资。经人力资源社会保障行政部门批准实行综合计算工时工作制的，劳动者在综合计算周期内总的工作时间超过总法定工作时间的部分，视为延长工作时间，用人单位应当依照本条例第二十条第一款第一项的规定支付劳动者加点工资。劳动者在法定休假日劳动的，用人单位应当依照本条例第二十条第一款第三项的规定支付劳动者加班工资。实行轮班工作制的，劳动者在法定休假日遇轮班的，用人单位应当执行本条例第二十条第一款第三项的规定。

（三）用人单位要求劳动者与之签订的放弃加班费的协议无效，劳动者仍能主张加班费

张某于2020年6月入职某科技公司，月工资20 000元。某科技公司在与张某订立劳动合同时，要求其订立一份协议作为合同附件，协议内容包括"我自愿申请加入公司奋斗者计划，放弃加班费"。半年后，张某因个人原因提出解除劳动合同，并要求支付加班费。某科技公司认可张某加班事实，但以其自愿订立放弃加班费协议为由拒绝支付。张某向劳动争议仲裁委员会申请仲裁，请求裁决某科技公司支付2020年6月至12月加班费24 000元。

劳动争议仲裁庭审理认为，《劳动合同法》第二十六条规定："下列劳动合同无效或者部分无效：……（二）用人单位免除自己的法定责任、排除劳动者权利的。"《最高人民法院关于审理劳动争议案件适用法律问题的解释（一）》（法释〔2020〕26号）第三十五条规定："劳动者与用人单位就解除或者终止劳动合同办理相关手续、支付工资报酬、加班费、经济补偿或者赔偿金等达成的协议，不违反法律、行政法规的强制性规定，且不存在欺诈、胁迫或者乘人之危情形的，应当认定有效。前款协议存在重大误解或者显失公平情形，当事人请求撤销的，人民法院应予支持。"加班费是劳动者延长工作时间的工资报酬，《劳动法》第四十四条、《劳动合同法》第三十一条明确规定了用人单位支付劳动者加班费的责任。约定放弃加班费的协议免除了用人单位的法定责任、排除了劳动者权利，显失公平，应认定无效。裁决某科技公司支付张某2020年6月至12月加班费24 000元。

（四）用人单位不支付加班费的，劳动者可以此为由与用人单位解除劳动合同，并可要求用人单位支付经济补偿金

《劳动法》第四十四条规定，用人单位安排劳动者延长工作时间的，支付不低于工资的150%的工资报酬。《劳动合同法》第三十八条规定，用人单位未及时足额支付劳动报酬的，劳动者可以解除劳动合同。按照上述法律规定，存在用人单位安排劳动者加班情形的，用人单位应当支付加班工资；用人单位不支付加班工资的，构成"用人单位未及时足额支付劳动报酬"的违法事实，劳动者可以此为由解除劳动合同，并要求支付经济补偿金。

十九、因劳动者具有过错，用人单位可单方解除劳动合同且无须支付经济补偿金，但用人单位对劳动者具有过错应承担举证责任

《劳动合同法》第三十九条规定，劳动者在劳动合同履行过程中

存在以下过错的,用人单位可以解除劳动合同:(1)在试用期间被证明不符合录用条件的; (2)严重违反用人单位的规章制度的;(3)严重失职,营私舞弊,给用人单位造成重大损害的;(4)劳动者同时与其他用人单位建立劳动关系,对完成本单位的工作任务造成严重影响,或者经用人单位提出,拒不改正的;(5)劳动者以欺诈、胁迫的手段或者乘人之危,使用人单位在违背真实意思的情况下订立或者变更劳动合同,致使劳动合同无效的;(6)劳动者被依法追究刑事责任的。

《民事诉讼法》(2021年12月24日,中华人民共和国第十三届全国人民代表大会常务委员会第三十二次会议第四次修正,自2022年1月1日起施行)第六十七条第一款规定:"当事人对自己提出的主张,有责任提供证据。"《最高人民法院关于适用<中华人民共和国民事诉讼法>的解释》(法释〔2022〕11号,自2022年4月10日起施行)第九十条规定:"当事人对自己提出的诉讼请求所依据的事实或者反驳对方诉讼请求所依据的事实,应当提供证据加以证明,但法律另有规定的除外。在作出判决前,当事人未能提供证据或者证据不足以证明其事实主张的,由负有举证证明责任的当事人承担不利的后果。"《最高人民法院关于审理劳动争议案件适用法律问题的解释(一)》(法释〔2020〕26号)第四十四条规定,因用人单位作出的开除、除名、辞退、解除劳动合同、减少劳动报酬、计算劳动者工作年限等决定而发生的劳动争议,用人单位负举证责任。《最高人民法院关于民事诉讼证据的若干规定》第六条规定,在劳动争议纠纷案件中,因用人单位作出的开除、除名、辞退、解除劳动合同等决定而发生的劳动争议,由用人单位负举证责任,用人单位未能提供解除劳动关系原因的相关证据,应当承担不利后果。根据这些规定,用人单位以劳动者具有过错为由单方解除劳动合同的，应当对劳动者存在过错举证证明。例如，用人单位以劳动者"不胜任工作"为由辞退员工，则需提供：（1）劳动者第一次不能胜任工作的证据（劳动者的岗位职责要求、劳动者的工作任务要求、劳动者不能完成工作任务或者能力不足给用人单位造成损失的证据；用人单位依法制定并告知劳动者的岗位考核办法及劳动者本人对考核结果的确认等书面证据）；（2）不能胜任工作后用人单位对其进行培训或对其岗位调整的证据（调整岗位时，用人单位要根据劳动者的能力及实际状况调整劳动者的岗位，最好是同类岗位或者相似岗位）；（3）劳动者在用人单位对其进行培训或对其岗位调整后仍不能胜任工作的证据。用人单位不能提供上述证据的，则依法承担违法解除劳动合同的赔偿责任。因此，用人单位要注意证据的收集、固定。

需要注意的是，用人单位解除劳动关系理由一经确定，即处于静止状态，不能随意于事后增加解除事由，以说明当时解除劳动关系的合法性。最高人民法院审判委员会讨论通过2022年7月4日发布的指导案例180号（法〔2022〕167号）明确：人民法院在判断用人单位单方解除劳动合同行为的合法性时，应当以用人单位向劳动者发出的解除通知的内容为认定依据；对于用人单位超出解除劳动合同通知中载明的依据及事由，在案件审理过程中另行提出的理由，人民法院不予支持。因此，用人单位向劳动者送达的解除通知，应当清晰、准确、完整地载明解除依据及事由，不可"事后补充"。否则，有可能因通知载明的事实不清或证据不足，而承担仲裁、诉讼不利的结果。

例如，孙某诉某人力资源开发有限公司劳动合同纠纷案，因用人单位向劳动者发送的解除劳动合同通知书载明的事实不清、证据不足，用人单位被一、二审人民法院判决败诉。2016年7月1日，孙某

（乙方）与某人力资源开发有限公司（甲方）签订劳动合同，约定：劳动合同期限为自2016年7月1日起至2019年6月30日止；乙方工作地点为连云港，从事邮件收派与司机岗位工作；乙方严重违反甲方的劳动纪律、规章制度的，甲方可以立即解除本合同且不承担任何经济补偿；甲方违约解除或者终止劳动合同的，应当按照法律规定和本合同约定向乙方支付经济补偿金或赔偿金；甲方依法制定并通过公示的各项规章制度，如《员工手册》《奖励与处罚管理规定》《员工考勤管理规定》等文件作为本合同的附件，与本合同具有同等效力。之后，孙某根据某人力资源开发有限公司安排，负责某镇区域的顺丰快递收派邮件工作。某人力资源开发有限公司自2016年8月25日起每月向孙某银行账户结算工资，截至2017年9月25日，孙某前12个月的平均工资为6 329.82元。2017年9月12日、10月3日、10月16日，孙某先后存在工作时间未穿工作服、代他人刷考勤卡、在单位公共平台留言辱骂公司主管等违纪行为。事后，某人力资源开发有限公司依据《奖励与处罚管理规定》，由用人部门负责人、建议部门负责人、工会负责人、人力资源部负责人共同签署确认，对孙某上述违纪行为分别给予扣2分、扣10分、扣10分处罚，但具体扣分处罚时间难以认定。

2017年10月17日，孙某被所在单位用人部门以未及时上交履职期间的营业款项为由安排停工。次日，孙某至所在单位刷卡考勤，显示刷卡信息无法录入。10月25日，某人力资源开发有限公司出具离职证明，载明孙某自2017年10月21日从该公司正式离职，已办理完毕手续，即日起与公司无任何劳动关系。10月30日，该公司又出具解除劳动合同通知书，载明孙某在未履行请假手续也未经任何领导批准情况下，自2017年10月20日起无故旷工3天以上，依据国家的相关法律法规及单位规章制度，经单位研究决定自2017年10月20日起与孙某解除劳动关系，限于2017年11月15日前办理相关手续，逾期未办理，后果自负。之后，孙某向某县劳动人事争议仲裁委员会申请仲裁，仲裁裁决后孙某不服，诉至法院，要求某人力资源开发有限公司支付违法解除劳动合同赔偿金共计68 500元。

某人力资源开发有限公司在案件审理过程中提出，孙某在职期间存在未按规定着工作服、代人打卡、谩骂主管及未按照公司规章制度及时上交营业款项等违纪行为，严重违反用人单位规章制度；自2017年10月20日起，孙某在未履行请假手续且未经批准的情况下无故旷工多日，依法自2017年10月20日起与孙某解除劳动关系，符合法律规定。

法院审理认为：用人单位单方解除劳动合同是根据劳动者存在违法违纪、违反劳动合同的行为，对其合法性的评价也应以作出解除劳动合同决定时的事实、证据和相关法律规定为依据。用人单位向劳动者送达的解除劳动合同通知书，是用人单位向劳动者作出解除劳动合同的意思表示，对用人单位具有法律约束力。解除劳动合同通知书明确载明解除劳动合同的依据及事由，人民法院审理解除劳动合同纠纷案件时应以该决定作出时的事实、证据和法律为标准进行审查，不宜超出解除劳动合同通知书所载明的内容和范围。本案中，孙某与某人力资源开发有限公司签订的劳动合同系双方真实意思表示，合法有效。劳动合同附件《奖励与处罚管理规定》作为用人单位的管理规章制度，不违反法律、行政法规的强制性规定，合法有效，对双方当事人均具有约束力。根据《奖励与处罚管理规定》，员工连续旷工3天（含）以上的，公司有权对其处以第五类处罚责任，即解除合同、永不录用。某人力资源开发有限公司向孙某送达的解除劳动合同通知书明确载明解除劳动合同的事由为孙某无故旷工达3天以上，孙某诉请法院审查的内容也是某人力资源开发有限公司以其无故旷工达3天以上而解除劳动合同行为的合法性，故法院对某人力资源开发有限公司解除劳动合同的合法性审查也应以解除劳动合同通知书载明的内容为限，而不能超越该诉争范围。虽然某人力资源开发有限公司在庭审中另提出孙某在工作期间存在不及时上交营业款、未穿工服、代他人刷考勤卡、在单位公共平台留言辱骂公司主管等其他违纪行为，也是严重违反用人单位规章制度，公司仍有权解除劳动合同，但是根据在案证据及某人力资源开发有限公司的陈述，某人力资源开发有限公司在已知孙某存在上述行为的情况下，没有提出解除劳动合同，而是主动提出重新安排孙某从事其他工作，在向孙某出具解除劳动合同通知书时也没有将上述行为作为解除劳动合同的理由。对于某人力资源开发有限公司在诉讼期间提出的上述主张，法院不予支持。

某人力资源开发有限公司以孙某无故旷工达3天以上为由解除劳动合同，应对孙某无故旷工达3天以上的事实承担举证证明责任。但某人力资源开发有限公司仅提供了本单位出具的员工考勤表为证，该考勤表未经孙某签字确认，孙某对此亦不予认可，认为是单位领导安排停工并提供刷卡失败视频为证。因孙某在工作期间被安排停工，某人力资源开发有限公司之后是否通知孙某到公司报到、如何通知、通知时间等事实，某人力资源开发有限公司均没有提供证据加以证明，故孙某无故旷工3天以上的事实不清，某人力资源开发有限公司对此承担举证不能的不利后果，其以孙某旷工违反公司规章制度为由解除劳动合同，缺少事实依据，属于违法解除劳动合同。

一审人民法院判决：一、被告某人力资源开发有限公司于本判决发生法律效力之日起 10 日内支付原告孙某经济赔偿金 18 989.46 元。二、驳回原告孙某的其他诉讼请求。某人力资源开发有限公司不服,提起上诉。二审法院驳回上诉,维持原判。

二十、劳动合同期满后,用人单位应及时处理与劳动者的劳动关系;续签劳动合同的,不得约定试用期;续签劳动合同,不得降低劳动者待遇

(一)劳动合同期满后,用人单位决定继续留用的,应当在期满一个月内与劳动者续签书面劳动合同

《劳动法实施条例》第六条、第七条规定:用人单位自用工之日起超过一个月不满一年未与劳动者订立书面劳动合同的,应当依照《劳动合同法》第八十二条的规定向劳动者每月支付两倍的工资,并与劳动者补订书面劳动合同;劳动者不与用人单位订立书面劳动合同的,用人单位应当书面通知劳动者终止劳动关系,并依照《劳动合同法》第四十七条的规定支付经济补偿。用人单位自用工之日起满一年未与劳动者订立书面劳动合同的,自用工之日起满一个月的次日至满一年的前一日应当依照《劳动合同法》第八十二条的规定向劳动者每月支付两倍的工资,并视为自用工之日起满一年的当日已经与劳动者订立无固定期限劳动合同,应当立即与劳动者补订书面劳动合同。可见,劳动合同到期后,劳动者仍在用人单位工作的,应当在一个月内与劳动者续订书面劳动合同。劳动合同期满后,劳动者仍在原用人单位工作,原用人单位未表示异议的视为双方同意以原条件继续履行劳动合同之规定,只能证明原劳动合同期限届满后至新合同订立前这段时间用人单位与劳动者存在事实劳动关系且沿用原合同约定的劳动内容形式及其薪酬福利，并不能成为用人单位不与劳动者续签书面劳动合同的法律依据。

实践中有些用人单位往往会在劳动合同中约定该合同到期顺延的情况，诸如"顺延次数不受限制，直至甲方通知终止时为止"这样的合同条款。究其原因，是用人单位基于其自身理解，以为这样或可以规避《劳动合同法》第十四条第二款第三项：用人单位与劳动者连续订立二次固定期限劳动合同，且劳动者没有本法第三十九条和第四十条第一项、第二项规定的情形，劳动者提出或者同意续订、订立劳动合同的，除劳动者提出订立固定期限劳动合同外，应当订立无固定期限劳动合同的规定。其实，这是适得其反"授人以柄"的行为。司法实践中，人民法院通常会认定这种行为属于用人单位免除自己的法定责任、排除劳动者权利，从而将这种合同判断为无固定期限劳动合同。用人单位之所以要竭力地避免出现无固定期限劳动合同，就是想当然地认为无固定期限劳动合同的解雇成本高于固定期限劳动合同。这是个认识误区，解雇成本即经济补偿金，与劳动合同的期限无关。即使签订了无固定期限劳动合同，企业依然可以依法解除，而《劳动合同法》规定的经济补偿金也仅与员工在本单位的已工作年限有关，与员工剩余劳动合同期限无关。

需要注意的是，用人单位与劳动者续签劳动合同，无论期限多长，都不得约定试用期；与劳动者续签的劳动合同约定的待遇不得低于原劳动合同的待遇；对于工伤伤残等级为一至六级的工伤职工，用人单位不得终止双方的劳动合同，职工提出续签劳动合同者，用人单位应当与其续签劳动合同；劳动合同期满，有《劳动合同法》第四十二条"用人单位不得解除劳动合同的情形"的，除"在本单位患职业病或者因工负伤并被确认丧失或者部分丧失劳动能力的"外，劳动合同应当续延至相应的情形消失时终止。

（二）劳动合同到期后一个月内，即使双方维系了一段时间的事实劳动关系，用人单位仍可以合同到期为由终止劳动合同

《最高人民法院关于审理劳动争议案件适用法律问题的解释（一）》（法释〔2020〕26号）第三十四条第一款规定："劳动合同期满后，劳动者仍在原用人单位工作，原用人单位未表示异议的，视为双方同意以原条件继续履行劳动合同。一方提出终止劳动关系的，人民法院应予支持。"《劳动和社会保障部办公厅关于对事实劳动关系解除是否应该支付经济补偿金问题的复函》（劳社厅函〔2001〕249号）明确："劳动合同期满后，劳动者仍在原用人单位工作，用人单位未表示异议的，劳动者和原用人单位之间存在的是一种事实上的劳动关系，而不等于双方按照原劳动合同约定的期限续签了一个新的劳动合同。一方提出终止劳动关系的，应认定为终止事实上的劳动关系。"在劳动合同期限届满后，劳动者仍然在原单位继续提供劳动，用人单位未表示异议的，视为双方同意以原条件继续履行劳动合同，此时双方之间仅存在事实劳动关系。双方均有权在劳动合同到期后一个月内要求终止劳动关系；由于该一个月是作为双方协商劳动合同内容的必要期限，因此即使用人单位在此期限内不与劳动者续签劳动合同，也不应视为违法用工。

（三）劳动合同到期后，用人单位不再续签劳动合同的，需向劳动者支付补偿金或赔偿金

1. 用人单位与劳动者第一次订立的固定期限劳动合同到期时，用人单位主张劳动合同到期终止的，需根据《劳动合同法》第四十七条的规定向劳动者支付补偿金。

2. 用人单位与劳动者连续二次订立的固定期限劳动合同到期，终止劳动关系的，构成违法解除劳动合同，需向劳动者支付赔偿金。《劳动合同法》第十四条第二款规定："用人单位与劳动者协商一致，可以订立无固定期限劳动合同。有下列情形之一，劳动者提出或者同意续订、订立劳动合同的，除劳动者提出订立固定期限劳动合同外，应当订立无固定期限劳动合同：（一）劳动者在该用人单位连续工作满十年的；（二）用人单位初次实行劳动合同制度或者国有企业改制重新订立劳动合同时，劳动者在该用人单位连续工作满十年且距法定退休年龄不足十年的；（三）连续订立二次固定期限劳动合同，且劳动者没有本法第三十九条和第四十条第一项、第二项规定的情形，续订劳动合同的。"劳动者与用人单位已连续订立二次固定期限劳动合同，且不存在《劳动合同法》第三十九条和第四十条第一项、第二项规定情形的，第二次固定期限劳动合同期满，劳动者提出或者同意续订劳动合同的，除劳动者提出订立固定期限劳动合同外，应当订立无固定期限劳动合同。劳动者明确提出与用人单位订立无固定期限劳动合同的，用人单位应当与劳动者订立无固定期限劳动合同。但对是否续订劳动合同用人单位有选择权，如果用人单位拒绝与之订立无固定期限劳动合同并明确表示第二次固定期限劳动合同到期后终止与劳动者的劳动关系的，用人单位的行为构成违法解除劳动合同，应向劳动者支付违法解除劳动合同的赔偿金。《劳动合同法》第四十八条规定："用人单位违反本法规定解除或者终止劳动合同，劳动者要求继续履行劳动合同的，用人单位应当继续履行；劳动者不要求继续履行劳动合同或者劳动合同已经不能继续履行的，用人单位应当依照本法第八十七条规定支付赔偿金。"第八十七条规定："用人单位违反本法规定解除或者终止劳动合同的，应当依照本法第四十七条规定的经济补偿标准的二倍向劳动者支付赔偿金。"根据这些规定，劳动者可以要求与用人单位签订无固定期限劳动合同，或者要求用人单位支付违法解除劳动合同的赔偿金。

3. 用人单位同意续签劳动合同，并维持或者提高劳动合同约定条件，劳动者不同意续签的，用人单位可以不支付经济补偿。用人单位降低待遇与劳动者续签劳动合同，劳动者拒绝续签的，用人单位应当依法给予劳动者经济补偿。

二十一、劳动者有权行使劳动合同的解除权；劳动者对用人单位拖欠劳动报酬等行为，可在解除劳动合同时"秋后算账"

劳动者行使劳动合同解除权有以下三种方式：一是劳动者与用人单位协商一致解除劳动合同；二是劳动者提前通知单位解除劳动合同；三是用人单位有过错的情况下劳动者单方解除劳动合同。

（一）协商一致解除劳动合同

《劳动合同法》第三十六条规定：用人单位与劳动者协商一致，可以解除劳动合同。据此，在劳动者与单位协商一致的情况下，双方劳动合同就可以解除，而不需要受时间、条件等的限制。协商解除劳动合同的，如果由用人单位提出，需向劳动者支付经济补偿；如果由劳动者提出，则用人单位无须支付经济补偿。在人力资源管理实务中，用人单位和劳动者都应当注意保留有关协商解除劳动合同的证据，以便判断协商解除劳动合同的行为由谁提出。如果双方对此存在争议，且均不能举证由哪方率先提出，则仲裁和法院将认定单位提出协商解除劳动合同，即由单位承担举证不能的责任。

（二）劳动者提前通知单位解除劳动合同

《劳动合同法》第三十七条规定：劳动者提前三十日以书面形式通知用人单位，可以解除劳动合同。劳动者在试用期内提前三日通知用人单位，可以解除劳动合同。据此，劳动者在非试用期间提前30天、试用期间提前3天以书面形式通知用人单位，即可解除劳动合同。正是因为劳动者主动提出解除劳动合同无需理由，所以法律对劳动者提出解除劳动合同的时间作了限制规定。根据《劳动合同法》第九十条规定，劳动者违反本法规定解除劳动合同，给用人单位造成损失的，应当承担赔偿责任。比如擅自离职，给用人单位造成经济损失的，应当承担赔偿责任。同时，劳动者违反提前30日以书面形式通知用人单位的规定，而要求解除劳动合同的，用人单位可以不予办理。劳动者违法解除劳动合同而给原用人单位造成经济损失的，应当依据有关法律、法规、规章的规定和劳动合同的约定承担赔偿责任。

（三）用人单位有过错的情况下劳动者可单方解除劳动合同，用人单位应向劳动者支付经济补偿，并可支付赔偿金

《劳动合同法》第三十八条第一款规定："用人单位有下列情形之一的，劳动者可以解除劳动合同：（一）未按照劳动合同约定提供劳动保护或者劳动条件的；（二）未及时足额支付劳动报酬的；（三）未依法为劳动者缴纳社会保险费的；（四）用人单位的规章制度违反法律、法规的规定，损害劳动者权益的；（五）因本法第二十六条第一款规定的情形致使劳动合同无效的；（六）法律、行政法规规定劳动者可以解除劳动合同的其他情形。"第二款规定："用人单

位以暴力、威胁或者非法限制人身自由的手段强迫劳动者劳动的，或者用人单位违章指挥、强令冒险作业危及劳动者人身安全的，劳动者可以立即解除劳动合同，不需事先告知用人单位。"劳动者根据本条第一款的六种情形解除劳动合同须事先告知用人单位，根据第二款规定存在"以暴力、威胁或者非法限制人身自由的手段强迫劳动者劳动的，或者用人单位违章指挥、强令冒险作业危及劳动者人身安全"等情形的，劳动者解除劳动合同虽然不需事先告之用人单位，但从权利义务平衡的角度出发，还是应以一定的方式事中或者事后通知用人单位。

根据《劳动合同法》第四十六条规定，劳动者依照本法第三十八条规定的所有情形解除劳动合同的，因单位存在过错，相当于单位"逼走"了劳动者，故用人单位需要对劳动者支付经济补偿金。对此，《最高人民法院关于审理劳动争议案件适用法律问题的解释（一）》（法释〔2020〕26号）第四十五条规定："用人单位有下列情形之一，迫使劳动者提出解除劳动合同的，用人单位应当支付劳动者的劳动报酬和经济补偿，并可支付赔偿金：（一）以暴力、威胁或者非法限制人身自由的手段强迫劳动的；（二）未按照劳动合同约定支付劳动报酬或者提供劳动条件的；（三）克扣或者无故拖欠劳动者工资的；（四）拒不支付劳动者延长工作时间工资报酬的；（五）低于当地最低工资标准支付劳动者工资的"。《劳动合同法》第八十五条规定："用人单位有下列情形之一的，由劳动行政部门责令限期支付劳动报酬、加班费或者经济补偿；劳动报酬低于当地最低工资标准的，应当支付其差额部分；逾期不支付的，责令用人单位按应付金额百分之五十以上百分之一百以下的标准向劳动者加付赔偿金：（一）未按照劳动合同的约定或者国家规定及时足额支付劳动者劳动报酬的；

(二) 低于当地最低工资标准支付劳动者工资的;(三) 安排加班不支付加班费的;(四) 解除或者终止劳动合同,未依照本法规定向劳动者支付经济补偿的。"

根据《劳动合同法实施条例》第二十五条"用人单位违反劳动合同法的规定解除或者终止劳动合同,依照劳动合同法第八十七条的规定支付了赔偿金的,不再支付经济补偿。赔偿金的计算年限自用工之日起计算"的规定,补偿金与赔偿金不可兼得。

例如,某公司逼迫劳动者离职案。程某自2008年5月11日入职广州某公司,2019年4月之前为公司生产一部成员,2019年5月后被公司调至工程部,主要负责包装机的维修和维护。2020年6月,程某提出要求公司为其补缴社保,但双方协商未果,公司领导便对程某心生不满。2020年6月5日,公司将程某的工作内容调整为员工宿舍水电维修,同时变更程某考勤方式、禁止程某进入公司厂区及前往饭堂就餐、不安排具体工作,采取多种方式逼迫程某离职。2020年8月12日,程某以公司未及时足额支付劳动报酬、未按照劳动合同约定提供劳动保护或者劳动条件为由,要求解除劳动合同。后申请劳动仲裁,要求某公司依法支付经济补偿金。公司对仲裁决定不服,提起诉讼。

劳动仲裁庭和一审、二审人民法院均认为公司对程某实施歧视性待遇,未为程某提供适当的劳动条件,侵犯了程某正当合法的劳动权益,程某提出解除劳动关系属于被迫解除劳动关系,公司依法应当支付解除劳动合同的经济补偿金。判决:某公司应向程某支付解除劳动合同经济补偿金88 367.25元。

需要注意的是,根据《工资支付暂行规定》(劳部发〔1994〕489号)第十二条"非因劳动者原因造成单位停工、停产在一个工资支付周期内的,用人单位应按劳动合同规定的标准支付劳动者工资。超过一个工资支付周期的,若劳动者提供了正常劳动,则支付给劳动者的劳动报酬不得低于当地的最低工资标准;若劳动者没有提供正常劳动,应按国家有关规定办理"的规定,用人单位因疫情等原因致使经营困难,难以维系公司的正常生产经营,从第二个工资支付周期起向未提供正常劳动的员工按最低工资发放劳动报酬的做法,并不违反规定,此种情况不属于《劳动合同法》第三十八条所规定的迫使劳动者辞职的事由,劳动者辞职时不得以此为由要求支付补偿金。

例如,吴某因单位停产停业降低工资辞职并要求补偿金,未获支持案。吴某为某软件公司员工,2021年12月23日,公司召开线上职工大会,宣布经营发生重大困难,账面资金已难以维系公司的正常工资发放,商议调整工资和停工停产一事。会后向全体员工发放《停产歇业的通知》,要求除个别善后员工外,全员停工,第二个工资支付周期起按上海市最低工资标准发放工资。2022年5月18日,吴某向公司发出《被迫辞职通知书》,表明因公司未按照劳动合同约定提供劳动条件和未及时支付劳动报酬,违反法律规定,严重损害劳动者利益,故提出辞职。辞职后,吴某向劳动人事争议仲裁委员会申请仲裁,后又诉至法院。法院审理后认为,公司决定停工歇业是在疫情影响造成公司经营困难的情况下不得已的行为,从第二个工资支付周期起向未提供正常劳动的员工按最低工资发放劳动报酬的做法符合原劳动部《工资支付暂行规定》第十二条规定;停工歇业经过了吴某在内的员工代表协商、讨论,履行了《劳动合同法》第四条第二款规定的民主程序;会上吴某同意了员工代表商讨的最终结论,在收到《停产歇业的通知》后也未表示异议,故公司不存在未与吴某协商一致即以无限期歇业变相裁员逼迫吴某辞职的情形。综上,吴某要求公司依照《劳动合同法》第三十八条支付解除劳动合同经济补偿的诉请，缺乏事实和法律依据。法院依法驳回吴某的诉讼请求。

（四）劳动者对用人单位拖欠劳动报酬等过错，可在解除劳动合同时"秋后算账"

根据《劳动争议调解仲裁法》第二十七条第四款的规定，劳动关系存续期间因拖欠劳动报酬发生争议的，不受仲裁时效限制，在劳动关系终止1年内提出即可。这是法律对追索劳动报酬作出的"特殊时效"规定：在劳动关系存续期限为无限期，劳动关系终止的，应当自劳动关系终止之日起1年内提出。

例如，赵某2009年3月入职北京某能源科技公司担任行政助理岗位工作，双方于2014年签订无固定期限劳动合同。2020年8月，赵某向公司发送解除通知书，以公司未及时支付2015年奖金11 000元为由，解除与公司的劳动合同，并要求公司支付2015年的年终奖以及解除劳动合同的经济补偿金。双方引发争议。赵某提请仲裁，仲裁支持了赵某的全部诉求。公司不服仲裁裁决，向法院提起诉讼。公司辩称：公司不存在关于年终奖的制度规定，与赵某的劳动合同中也并未约定年终奖，公司也未对其作出发放年终奖的承诺。在无制度规定、无合同约定、无公司承诺的情况下，公司对年终奖的发放具有经营自主权，公司不发年终奖不属于未及时足额支付劳动报酬的情形。赵某则提交了本人的银行账户流水，表明2013年获年终奖8 000元、2014年获年终奖10 670元，以此证明公司存在发放年终奖的惯例；同时赵某还提供了《2015年员工奖金明细表》，该表显示赵某奖金金额为11 000元，审批人为冯某（公司董事），制表人为陆某（财务总监），以此证明存在2015年发放年终奖金的事实。

法院审理认为，赵某提供的《2015年员工奖金明细表》，公司认可已依据该表发放了部分员工的奖金，但就已发放人员名单及发放金额其无法提供，故法院对该明细表的真实性予以认可。赵某2015年度的奖金直至2020年仍未发放，已构成拖欠工资的事实，赵某以此为由提出解除劳动合同并无不妥。用人单位未及时足额支付劳动报酬的，劳动者可以解除劳动合同，公司应当按照劳动合同法的规定向劳动者支付解除劳动关系经济补偿金。法院判决：北京某能源科技公司于判决生效七日内给付赵某2015年度奖金11 000元、解除劳动合同经济补偿金70 091.24元。

这个案例说明，员工在职时，即使企业有拖欠劳动报酬的违法情形，员工往往为了保住工作大都会采取"隐忍"态度，不向用人单位主张权利，但在解除合同离开单位时就不能保证员工不"秋后算账"。这个案例也提示用人单位在劳动用工方面一定要依法合规。

根据《最高人民法院关于审理拒不支付劳动报酬刑事案件适用法律若干问题的解释》（法释〔2013〕3号）第一条规定，"劳动者的劳动报酬"是劳动者依照《中华人民共和国劳动法》和《中华人民共和国劳动合同法》等法律的规定应得的劳动报酬，包括工资、奖金、津贴、补贴、延长工作时间的工资报酬及特殊情况下支付的工资等。

二十二、出具离职证明是用人单位的法定义务，用人单位拒不出具离职证明、办理离职手续，给劳动者造成损害的，须承担对劳动者的赔偿责任

《劳动合同法》第五十条第一款规定："用人单位应当在解除或者终止劳动合同时出具解除或者终止劳动合同的证明，并在十五日内

为劳动者办理档案和社会保险关系转移手续。"据此,用人单位为劳动者出具离职证明是其法定义务。《劳动合同法实施条例》第二十四条规定:"用人单位出具的解除、终止劳动合同的证明,应当写明劳动合同期限、解除或者终止劳动合同的日期、工作岗位、在本单位的工作年限。"本条对解除或者终止劳动合同的证明"应当"填写的内容进行列举,用人单位应当根据本条指引填写,不得为了阻碍劳动者再就业,填写对劳动者不利的内容。

例如,刘某1998年与某公司签订无固定期限劳动合同。2016年,公司将刘某调至另一部门,职级和工资福利待遇不变,刘某不同意公司的调岗安排,未前往新部门工作。公司连续两次向刘某发出《限期返岗通知书》,刘某拒绝返岗,公司又以拒绝合理工作安排为由向刘某发送了两次《书面警告》,刘某仍未返岗上班,然后公司发出《解除劳动合同通知书》,与其解除劳动关系。公司向刘某出具了《离职证明》,其中解除劳动合同的原因为:严重违反规章制度。刘某申请劳动仲裁,要求公司支付违法解除赔偿23万余元,并重新出具离职证明。仲裁委审理后驳回了刘某的全部仲裁请求,刘某不服仲裁结果,向法院提起诉讼。

法院审理认为,依照《劳动合同法实施条例》第二十四条的规定,用人单位出具解除或终止劳动合同证明,仅限于写明劳动合同期限、解除或终止劳动关系日期、工作岗位、在本单位的工作年限,并未包括解除劳动关系的原因或涉及劳动者能力、品行等情况的描述。公司向刘某出具的《离职证明》与《劳动合同法实施条例》第二十四条的规定不符合,公司应严格按照《劳动合同法实施条例》第二十四条的规定向刘某重新出具解除劳动合同的证明。

《劳动合同法》第八十九条规定:"用人单位违反本法规定未向

劳动者出具解除或者终止劳动合同书面证明，由劳动行政部门责令改正；给劳动者造成损害的，应当承担赔偿责任。"用人单位与劳动者解除或终止劳动关系后，倘若拒不出具解除劳动关系证明，未办理劳动者的人事档案、社会保险关系等移转手续，迟延转档，将档案丢失或者扣押劳动者相关证件，造成劳动者损害的，劳动者可以按照离职前12个月的平均工资计算工资损失主张要求赔偿。如果因此导致劳动者不能享受失业保险待遇，劳动者要求赔偿损失的，赔偿标准可参照应当获得失业保险金的标准计算。

例如，原告蔡某因被告金中建公司在解除劳动合同后未归还证件、出具离职证明，办理建造师转出、社会保险及公积金转移等离职手续，将金中建公司诉至法院，请求判令：（1）金中建公司归还其证件、出具离职证明，协助办理建造师转出、社会保险及公积金转移等离职手续；（2）金中建公司支付因拖延归还证件、不办理离职手续，致其无法再就业的损失82 500元（按15 000元/月的标准计算，自解除合同当月起至诉讼时止，计五个半月）。

一审法院审理查明：4月28日，双方签订解除劳动关系协议。至11月30日金中建公司尚未为蔡某出具离职证明办理离职手续。蔡某离职前12个月的月平均工资为13 975元。一审法院认为，用人单位不及时为劳动者办理离职手续，未向劳动者出具解除或者终止劳动合同的书面证明，导致劳动者在再次就业时无法办理相关入职手续，或者无法出示相关证件，而不能顺利就业的，损害了劳动者再就业权益，应依照法律规定给予赔偿。原被告双方劳动关系解除后，金中建公司未在法律规定的期限内为蔡某出具离职证明办理离职手续，已经影响蔡某再次就业的权益，应给予蔡某赔偿。赔偿标准认定为以蔡某在金中建公司离职前12个月平均工资13 975元，计算期间酌定为4

个月。一审法院依照《劳动合同法》第五十条、第八十九条及《民事诉讼法》第六十四条之规定，判决：（1）被告金中建公司支付原告蔡某未办理离职手续而造成的损失 55 900 元。（2）被告金中建公司于本判决发生法律效力之日起 15 日内协助原告蔡某出具离职证明，办理建造师转出手续、社会保险和公积金转移手续等离职手续。原、被告上诉后，二审法院确认了一审查明的事实，维持原判。

二十三、试用期应当签订劳动合同，试用期应在劳动合同内约定；试用期工资不得低于约定工资的 80%，且不得低于当地最低工资；用工单位应为试用期劳动者办理劳动保险；用人单位非法定事由，不得辞退试用期内的员工

试用期是用人单位对劳动者是否合格进行考核，劳动者对用人单位是否符合自己要求也进行考核的期限，这是一种双方双向选择的表现，旨在保护劳资双方的利益。试用期限、试用期工资、试用期劳动保险等法律、行政法规都有刚性规定，用人单位没有"变通"的空间。

（一）用人单位必须在试用前先签劳动合同，不得在劳动合同外单独签订试用合同

《劳动合同法》第十九条第四款规定："试用期包含在劳动合同期限内。劳动合同仅约定试用期的，试用期不成立，该期限为劳动合同期限。"这就意味着，试用期是劳动合同中约定的劳动期限的组成部分，试用期也应当书面约定，如果没有订立正式合同也就不存在单独的"试用合同"，劳动合同如果只约定试用期的，那么就不存在试

用期，合同约定的试用期就是劳动合同的期限。劳动合同没有约定试用期的，应当认定用人单位放弃试用期，劳动者没有试用期。在双方未签订劳动合同而又无其他证据证明有试用期的情况下，认定用人单位放弃了试用期，双方劳动关系中不存在试用期。例如，华某入职西湖餐饮有限公司做服务员，公司口头约定华某先试用6个月。华某在西湖餐饮有限公司工作了5个月便辞职。此时，由于仅口头约定了试用期，视为没有试用期，西湖餐饮有限公司须以华某的正常工资为标准向其赔付5个月的工资作为赔偿金。这个案例提示：用人单位必须在与劳动者建立劳动关系时就要订立劳动合同，或至少就试用期达成约定，否则此后再订立劳动合同就可能无法约定试用期。至于用人单位能证明不签订劳动合同系劳动者原因造成的，则可依照本条规定确定试用期，并可以依照《劳动合同法》规定的条件、程序，与劳动者解除劳动合同。那种认为"试用期可以不签劳动合同，试用满意后再签订劳动合同"的想法是错误的，也是有害的。

（二）用人单位不可随意延长试用期，不可随意确定试用期工资

《劳动合同法》第十九条规定："劳动合同期限三个月以上不满一年的，试用期不超过一个月；劳动合同期限一年以上不满三年的，试用期不超过两个月；三年以上和无固定期限的劳动合同，试用期不超过六个月。同一用人单位与同一劳动者只能约定一次试用期。以完成一定工作任务为期限的劳动合同或者劳动合同期限不满三个月的，不得约定试用期。试用期包含在劳动合同期限内。劳动合同仅约定试用期的，视为无试用期，该期限为劳动合同期限。"第二十条规定："劳动者在试用期的工资不得低于约定工资的百分之八十，并不得低于用人单位所在地的最低工资标准。"第八十三条规定："用人单位违反本法规定与劳动者约定试用期的，由劳动行政部门责令改正；违法约定的试用期已经履行的,由用人单位以劳动者试用期满月工资为标准,按已经履行的超过法定试用期的期间向劳动者支付赔偿金。"可见,违法约定的试用期,已履行超过法定试用期的期间应当向劳动者支付赔偿金。例如,刘某与甲公司签订2年固定期限劳动合同,甲公司与刘某约定试用期为3个月,违反了法律规定,甲公司对刘某已履行的第三个月试用期应按其正常工资标准向其支付赔偿金。

此外,现行法律规定,用人单位在试用期内发现劳动者不符合录用条件的,可以解除劳动合同,但不能通过延长试用期,对劳动者进行考察。即,一个劳动合同只能约定一个试用期,且试用期不能随意延长。同时,根据"同一用人单位与同一劳动者只能约定一次试用期"的规定,用人单位与劳动者续订劳动合同时,即便工作岗位发生变化,也不得再有试用期。根据《江苏省劳动合同条例》第十五条"劳动者在试用期内患病或者非因工负伤须停工治疗的,在规定的医疗期内,试用期中止"的规定,江苏省内的用工单位可以在与劳动者约定试用期时约定试用中止的具体条件和程序。

(三)用人单位应给试用期的员工办理社保手续缴纳社保费用

《劳动法》第七十二条规定:用人单位和劳动者必须依法参加社会保险,缴纳社会保险费。根据该规定,用人单位为劳动者办理社会保险是用人单位的法定义务。《社会保险法》第五十八条规定:"用人单位应当自用工之日起三十日内为其职工向社会保险经办机构申请办理社会保险登记。未办理社会保险登记的,由社会保险经办机构核定其应当缴纳的社会保险费。"劳动合同一旦订立,劳动者就与用人单位建立了劳动关系,劳动者就是公司的员工,社保是劳动合同的必备条款,是用人单位必须给予劳动者的基本权利,用人单位必须为劳动者缴纳基本养老保险、医疗保险、失业保险等社会保险。"试用期包含在劳动合同期限内",因此,"试用期"的员工即享有各项社会保险,试用期内用人单位应该为劳动者及时缴纳社会保险。

实践中,有劳动者主动向用人单位要求不买社保,把用人单位为其缴纳的社保部分直接折现为工资进行发放,甚至向用人单位出具自愿放弃缴纳社保,相应的法律责任自己承担,与用人单位无关的《承诺书》。这种方式违反法律强制性规定,是无效的,更是违法的,用人单位万不可采用。因为,为劳动者缴纳社保是用人单位的法定义务,劳动者的所谓《承诺书》并不能解除用人单位的法定义务,而且还有可能受到相应的行政处罚,在劳动者以此为由要求解除劳动合同时还须支付经济补偿,公司仍需为其补缴。而且一旦发生工伤事故,因用人单位未为劳动者缴纳相关保险费用,工伤保险待遇只能由用人单位支付。需要强调的是,我国法律并未对员工追缴社会保险费的追诉期进行规定,也就是说员工要求企业补缴社会保险费没有时效限制,员工即使离职多年,也仍然可以要求原用人单位补交社会保险费。

(四)用人单位非法定事由,不得辞退试用期内的员工

根据《劳动合同法》第三十七条的规定,劳动者在试用期内不需要任何理由,可随时与用人单位解除劳动合同。但用人单位没有这样的权利。《劳动合同法》第二十一条规定,对于试用期员工,除劳动者有《劳动法》第三十九条(劳动者存在过错)和第四十条第一项(身体原因)、第二项(不能胜任)规定的情形外,用人单位不得解除劳动合同。用人单位解除劳动合同的,应当向劳动者说明理由。用人单位只有在试用期内证明劳动者不符合录用条件以后,才可以单方解除劳动合同。用人单位要证明劳动者不符合录用条件,首先在招聘时或签订劳动合同时要明确他们的录用条件;其次,在试用期间,要有严格持续的考核，证明劳动者是否符合录用条件；最后，用人单位只有在劳动者试用期届满前，才能以不符合录用条件为由解除劳动合同，否则试用期一旦届满，劳动者便如期转正，用人单位无权再以不符合录用条件为由解除劳动合同。

二十四、劳动关系不以是否签订劳动合同为唯一的判断依据，不签劳动合同也可构成劳动关系；劳动关系的认定遵循事实优先原则，以事实为依据进行法律关系的定性；法律虽未禁止双重劳动关系，但与已有劳动关系的劳动者建立新的劳动关系存在着较大的法律风险

由于我国现行的是劳动关系和劳务关系共存的二元结构，劳动关系中的劳动者与劳务关系中的劳动者在待遇上有着巨大差别。劳动关系中劳动者除了定期得到劳动报酬外还享有劳动法律法规所规定的各项待遇，如社会保险待遇等，而劳务关系一般只涉及劳动报酬问题，劳动报酬都是一次性或分期支付，而无社会保险等其他待遇。劳动关系受劳动法律规范保护，劳务关系受民事法律规范调整。因此，劳动关系的认定，对劳动者而言意义重大。《劳动合同法》第七条规定："用人单位自用工之日起即与劳动者建立劳动关系。"劳动关系，是指用人单位与劳动者之间被劳动法律规范所确立的劳动过程中的权利义务关系。用人单位对与之建立劳动关系的劳动者负有足额支付工资报酬、缴纳社会保险、提供劳保福利等法定义务。劳动者接受用人单位的管理，从事用人单位安排的工作，成为用人单位的成员，从用人单位领取劳动报酬和受劳动法保护。

（一）劳动关系不以是否签订劳动合同为唯一的判断依据，不签劳动合同也可构成劳动关系，用工单位同样应当承担相应的法律责任

《劳动法》第十六条第二款、《劳动合同法》第十条第一款都明确规定：建立劳动关系应当订立书面劳动合同。劳动合同是证明存在劳动关系最有力的证据。但没有签订劳动合同，同样也可形成劳动关系。在劳动关系的认定上，遵循事实优先原则，即以事实为依据进行法律关系的定性。据此，劳动和社会保障部《关于确立劳动关系有关事项的通知》（劳社部发〔2005〕12号）第一条规定："用人单位招用劳动者未订立书面劳动合同，但同时具备下列情形的，劳动关系成立：（一）用人单位和劳动者符合法律、法规规定的主体资格；（二）用人单位依法制定的各项劳动规章制度适用于劳动者，劳动者受用人单位的劳动管理，从事用人单位安排的有报酬的劳动；（三）劳动者提供的劳动是用人单位业务的组成部分。"从属性是对劳动关系实质的抽象，包括人格从属性和经济从属性两个要件，其中人格从属性意指劳动者在用人单位的指挥管理下给付劳务，劳动过程处于受拘束状态；经济从属性意指劳动者使用用人单位提供的劳动条件给付劳务，获得工资报酬，并不承担用人单位的生产经营风险。是不是劳动关系，是何种劳动关系，需要看用人单位和劳动者的主体资格、具体的用工管理方式和工作内容，以及双方在履行合同过程中形成的关系，是否符合劳动合同中人格从属性和经济从属性的双重特征。

例如，最高人民法院发布的第32批指导性案例179号"聂美兰诉北京林氏兄弟文化有限公司确认劳动关系案"（最高人民法院审判委员会讨论通过，2022年7月4日发布）。2016年4月8日，聂美兰与北京林氏兄弟文化有限公司（以下简称林氏兄弟公司）签订了

《合作设立茶叶经营项目的协议》，内容为："第一条：双方约定，甲方出资进行茶叶项目投资，聘任乙方为茶叶经营项目经理，乙方负责公司的管理与经营。第二条：待项目启动后，双方相机共同设立公司，乙方可享有管理股份。第三条：利益分配：在公司设立之前，乙方按基本工资加业绩方式取酬。公司设立之后，按双方的持股比例进行分配。乙方负责管理和经营，取酬方式：基本工资+业绩、奖励+股份分红。第四条：双方在运营过程中，未尽事宜由双方友好协商解决。第五条：本合同正本一式两份，公司股东各执一份。"协议签订后，聂美兰到该项目上工作，工作内容为负责《中国书画》艺术茶社的经营管理，主要负责接待、茶叶销售等工作。林氏兄弟公司的法定代表人林德汤按每月基本工资10 000元的标准，每月15日通过银行转账向聂美兰发放上一自然月工资。聂美兰请假需经林德汤批准，且实际出勤天数影响工资的实发数额。2017年5月6日林氏兄弟公司通知聂美兰终止合作协议。聂美兰实际工作至2017年5月8日。

聂美兰申请劳动仲裁，认为双方系劳动关系，要求林氏兄弟公司支付未签订书面劳动合同二倍工资差额；林氏兄弟公司则主张双方系合作关系。北京市海淀区劳动人事争议仲裁委员会作出京海劳人仲字（2017）第9691号裁决：驳回聂美兰的全部仲裁请求。聂美兰不服仲裁裁决，于法定期限内向北京市海淀区人民法院提起诉讼。

北京市海淀区人民法院于2018年4月17日作出（2017）京0108民初45496号民事判决：（1）确认林氏兄弟公司与聂美兰于2016年4月8日至2017年5月8日期间存在劳动关系；（2）林氏兄弟公司于判决生效后七日内支付聂美兰2017年3月1日至2017年5月8日期间工资22 758.62元；（3）林氏兄弟公司于判决生效后七日内支付聂美兰2016年5月8日至2017年4月7日期间未签订劳动合同二倍工

资差额 103 144.9 元；（4）林氏兄弟公司于判决生效后七日内支付聂美兰违法解除劳动关系赔偿金 27 711.51 元；（5）驳回聂美兰的其他诉讼请求。林氏兄弟公司不服一审判决，提出上诉。北京市第一中级人民法院于 2018 年 9 月 26 日作出（2018）京 01 民终 5911 号民事判决：（1）维持北京市海淀区人民法院（2017）京 0108 民初 45496 号民事判决第一项、第二项、第四项；（2）撤销北京市海淀区人民法院（2017）京 0108 民初 45496 号民事判决第三项、第五项；（3）驳回聂美兰的其他诉讼请求。林氏兄弟公司不服二审判决，向北京市高级人民法院申请再审。北京市高级人民法院于 2019 年 4 月 30 日作出（2019）京民申 986 号民事裁定：驳回林氏兄弟公司的再审申请。

法院生效裁判认为：申请人林氏兄弟公司与被申请人聂美兰签订的《合作设立茶叶经营项目的协议》系自愿签订的，不违反强制性法律、法规规定，属有效合同。对于合同性质的认定，应当根据合同内容所涉及的法律关系，即合同双方所设立的权利义务来进行认定。双方签订的协议第一条明确约定聘任聂美兰为茶叶经营项目经理，"聘任"一词一般表明当事人有雇佣劳动者为其提供劳动之意；协议第三条约定了聂美兰的取酬方式，无论在双方设定的目标公司成立之前还是之后，聂美兰均可获得"基本工资""业绩"等报酬，与合作经营中的收益分配明显不符。合作经营合同的典型特征是共同出资、共担风险，本案合同中既未约定聂美兰出资比例，也未约定共担风险，与合作经营合同不符。从本案相关证据上看，聂美兰接受林氏兄弟公司的管理，按月汇报员工的考勤、款项分配、开支、销售、工作计划、备用金的申请等情况，且所发工资与出勤天数密切相关。双方在履行合同过程中形成的关系，符合劳动合同中人格从属性和经济从属性的双重特征。故原判认定申请人与被申请人之间存在劳动关系并无不当。双方签订的合作协议还可视为书面劳动合同，虽缺少一些必备条款，但并不影响已约定的条款及效力，仍可起到固定双方劳动关系、权利义务的作用，二审法院据此依法改判是正确的。林氏兄弟公司于 2017 年 5 月 6 日向聂美兰出具了《终止合作协议通知》，告知聂美兰终止双方的合作，具有解除双方之间劳动关系的意思表示，根据《最高人民法院关于民事诉讼证据的若干规定》第六条，在劳动争议纠纷案件中，因用人单位作出的开除、除名、辞退、解除劳动合同等决定而发生的劳动争议，由用人单位负举证责任，林氏兄弟公司未能提供解除劳动关系原因的相关证据，应当承担不利后果。二审法院根据本案具体情况和相关证据所作的判决，并无不当。

（二）达到法定退休年龄，未依法享受基本养老保险待遇或领取退休金的用工，按劳动关系特殊情形处理

最高人民法院民一庭在《关于达到或者超过法定退休年龄的劳动者（含农民工）与用人单位之间劳动关系终止的确定标准问题的答复》（〔2015〕民一他字第 6 号）认为："对于达到或者超过法定退休年龄的劳动者（含农民工）与用人单位之间劳动关系的终止，应当以劳动者是否享受养老保险待遇或者领取退休金为标准。"《江苏省劳动人事争议疑难问题研讨会纪要》（苏劳人仲委〔2017〕1 号）中，对达到或超过法定退休年龄，但不符合享受基本养老保险待遇劳动者的用工关系问题作了明确："用人单位与其招用的已经依法享受基本养老保险待遇或领取退休金的人员发生的用工争议，按劳务关系处理。用人单位与其招用的已达到或超过法定退休年龄但未享受基本养老保险待遇或领取退休金的人员发生用工争议，双方之间用工情形符合劳动关系特征的，应按劳动关系特殊情形处理。劳动者请求享受《劳动法》《劳动合同法》规定的劳动报酬、劳动保护、劳动条件、

工作时间、休息休假、职业危害防护、福利待遇的应予支持。但劳动者请求签订无固定期限劳动合同、支付二倍工资、经济补偿、赔偿金及社会保险待遇的不予支持（其中社会保险待遇争议不包括本意见第十二条规定的情形）。双方另有约定的除外。"

（三）达到法定退休年龄，且依法享受养老保险待遇或领取退休金的用工，不再按劳动关系处理

《劳动合同法》第四十四条第二项规定，劳动者开始依法享受基本养老保险待遇时，劳动合同终止。《劳动合同法实施条例》第二十一条规定，劳动者达到法定退休年龄时，劳动合同终止。《最高人民法院关于审理劳动争议案件适用法律问题的解释（一）》（法释〔2020〕26号）第三十二条第一款规定："用人单位与其招用的已经依法享受养老保险待遇或者领取退休金的人员发生用工争议而提起诉讼的，人民法院应当按劳务关系处理。"如用人单位聘用已享受养老保险待遇的离退休人员，用人单位应与其签订书面协议，明确聘用期内的工作内容、报酬、医疗、劳保待遇等权利和义务，不再签订劳动合同。被返聘的劳动者与用人单位或者原工作单位之间不存在劳动关系，而是劳务关系。如被返聘人员与用人单位发生争议，应按照劳务关系的法律规定和程序处理。

（四）劳动关系的争议可经仲裁、诉讼解决

根据《劳动争议调解仲裁法》第二条、第五十条的规定，如果劳动者与用人单位就是否存在劳动关系而产生争议的，可以依法向有管辖权的劳动争议仲裁委员会申请仲裁；对仲裁裁决不服的，还可以向法院起诉。根据《劳动法》第九条和《工伤保险条例》第五条、第十八条的规定，劳动行政部门在工伤认定程序中，也可以对受到伤害

的职工与企业之间是否存在劳动关系作出认定。

（五）劳动法律规范并未禁止双重劳动关系

劳动者按用人单位岗位要求提供劳动，受用人单位管理，以自己的劳动获取劳动报酬，符合劳动法律关系的特征，应当认定劳动者与用人单位之间存在劳动关系。《最高人民法院关于审理劳动争议案件适用法律问题的解释（一）》（法释〔2020〕26号）第三十二条第二款规定："企业停薪留职人员、未达到法定退休年龄的内退人员、下岗待岗人员以及企业经营性停产放长假人员，因与新的用人单位发生用工争议而提起诉讼的，人民法院应当按劳动关系处理。"上述规定明确了企业停薪留职人员、未达到法定退休年龄的内退人员、下岗待岗人员以及企业经营性停产放长假人员可以与新用人单位成立劳动关系。实际上我国劳动法律规范并未禁止双重劳动关系的合法存在。《劳动合同法》第三十九条（四）规定，劳动者与其他单位存在劳动关系，对完成本单位的工作任务造成严重影响，或者经用人单位提出，拒不改正的，用人单位可以与劳动者解除劳动合同。但是对于不符合上述条件的，并不能产生解除劳动合同的法律后果。简言之，劳动者与其他单位存在劳动关系，没有影响完成本单位工作任务的，用人单位不得与其解除劳动合同。《劳动法》第九十九条、《劳动合同法》第九十一条都规定，用人单位招用尚未解除或终止劳动合同的劳动者，对原用人单位造成经济损失的，该用人单位应当依法承担连带赔偿责任。因此，《最高人民法院关于审理劳动争议案件适用法律问题的解释（一）》（法释〔2020〕26号）第二十七条规定："用人单位招用尚未解除劳动合同的劳动者，原用人单位与劳动者发生的劳动争议，可以列新的用人单位为第三人。原用人单位以新的用人单位侵权为由提起诉讼的，可以列劳动者为第三人。原用人单位以新的用人单位和劳动者共同侵权为由提起诉讼的,新的用人单位和劳动者列为共同被告。"

需要注意的是,双重劳动关系中的后一(当前)用人单位存在着较大的用工风险。一是对前用人单位连带赔偿责任风险。根据我国劳动法律法规的规定,先成立的劳动关系优先于后成立的劳动关系,若用人单位招用与其他用人单位尚未解除或者终止劳动关系的劳动者,给原用人单位造成损失的,应当承担连带赔偿责任。二是承担工伤赔付责任的风险。在原用人单位已为劳动者购买社会保险情况下,后用人单位难以为劳动者购买社会保险(尤其是工伤保险),这样一旦劳动者在未缴纳工伤保险费用的用人单位发生工伤,就不能从保险基金处获得工伤保险赔偿,只能由用人单位承担工伤赔付责任。因此,为避免双重劳动关系可能带来的用工风险,用人单位在招用劳动者时应当要求劳动者提供离职证明、档案和社保转移等手续,对尚未与其他单位解除或终止劳动关系的慎重录用。

二十五、新就业形态劳动者与雇用企业间存在着法律关系的多样性;依据双方间权利义务的事实,定性其法律关系

新就业形态劳动者是指依托互联网平台实现就业的网约配送员、网络主播、货车司机、互联网营销师等劳动者;新就业形态概念中的企业是指互联网平台企业及与其采取合作用工方式的企业。在新就业形态下,劳动者与雇佣企业的关系既可能是劳动关系,也可能不是劳动关系,存在着多样性。

人力资源和社会保障部等八部门于 2021 年 7 月印发的《关于维

护新就业形态劳动者劳动保障权益的指导意见》（人社部发〔2021〕56号）指出："符合确立劳动关系情形的，企业应当依法与劳动者订立劳动合同。不完全符合确立劳动关系情形但企业对劳动者进行劳动管理的，指导企业与劳动者订立书面协议，合理确定企业与劳动者的权利义务。个人依托平台自主开展经营活动、从事自由职业等，按照民事法律调整双方的权利义务。"根据人力资源和社会保障部等八部门"指导意见"，江苏省人力资源和社会保障厅等八部门2021年12月印发《关于维护新就业形态劳动者劳动保障权益的意见》（苏人社发〔2021〕125号）强调，平台企业应承担用工主体责任，合理制定平台规则和算法，履行用工报告义务，保障新就业形态劳动者利益，依法合规用工。对符合确立劳动关系情形的，应当依法与劳动者订立劳动合同。对不完全符合确立劳动关系情形但企业对劳动者进行劳动过程管理的，企业应当与劳动者协商订立书面协议，合规合理地确定双方的权利义务。平台企业采取劳务派遣、外包等合作用工方式的，与合作企业应承担各自相关法律责任。依托平台自主开展经营活动、从事自由职业等劳动者，与平台企业之间属于民事关系，双方权利义务适用民事法律调整。

需要明确的是，新就业形态中劳动者与平台企业间的法律关系，应当通过两者间事实上的权利义务关系，判断其是否具有人格从属性和经济从属性，具有人格从属性和经济从属性的，构成劳动关系；不具有人格从属性和经济从属性的，则不构成劳动关系。

下面两则案例说明承接平台业务的用人单位应当根据用工事实所蕴含的劳动法律关系承担相应的用工主体责任。

案例一，夏某与某平台公司之间符合劳动关系法律特征，构成劳动关系案。夏某与上海某公司签订电子版《自由职业者合作协议》

及书面《新业态自由职业者任务承揽协议》，两份协议均约定：夏某与公司通过协议建立合作关系，适用民事法律，不适用《劳动合同法》。其中《新业态自由职业者任务承揽协议》中约定，公司将根据经合作公司确认的项目服务人员服务标准及费用标准向夏某支付服务费用，无底薪、无保底服务费，实行多劳多得、不劳不得制。2019年7月5日至2019年8月13日某公司将夏某安排至"某网站"九亭站服务。2019年8月，公司向夏某转账九千余元，该笔款项银行账户交易摘要显示为"工资网上代发代扣"。2020年8月，夏某申请仲裁，请求确认其与公司自2019年7月5日至2019年8月13日存在事实劳动关系。公司认为，双方签订的《新业态自由职业者任务承揽协议》已经明确约定双方为承揽关系，故不同意夏某的仲裁请求。

劳动仲裁机构根据双方当事人陈述及查明的事实认为，公司从事的配送工作属于公司承揽业务的组成部分，夏某在"某网站"九亭站从事配送工作，需接受该站站长的管理，按照站长的排班准时到站，并需根据派单按时完成配送任务，夏某并无选择接单的自由；另外，从夏某的报酬组成来看，包含有基本报酬、按单计酬以及奖励等项目，表明公司对夏某的工作情况进行了考核和管理。因此，夏某与公司的法律关系符合劳动关系的基本特征。仲裁机构据此裁决双方存在劳动关系。

案例二，田某与某平台公司之间不符合劳动关系的法律特征，不构成劳动关系案。2020年7月，某公司与田某签订艺人独家经纪合约，约定双方合作范围包括但不限于网络演艺、线下演艺、商务经纪、明星周边及其他出版物、法律事务等与演艺事业相关的所有活动。双方基于合作产生收益，不谋求建立劳动关系，某公司向田某支付艺人签约费8万元。如田某因个人原因长期无法配合某公司安排的直播或其他活动，需要提前 30 天提出书面停播申请。因个人身体问题导致无法直播需提供相关病历，病假期间的损失双方共同承担。田某每月直播时长未达到最低规定的，公司有权暂扣分成，双方收益结算周期为平台结算到账后 10 个工作日内。2020 年 9 月，田某不再履行合同。某公司诉至法院，要求返还签约费。一审法院以本案属于劳动争议应先行申请仲裁为由裁定驳回起诉。某公司提起上诉。

二审法院认为，网络主播作为一种典型的新就业形态，其与协议相对人之间的合作方式是多元的，因而他们之间法律关系的属性也是不确定的，需要根据双方权利义务安排折射出的"合作关系"本质予以认定。本案中，"独家经纪合约"虽然约定了最低直播时长、直播纪律等，但合约对直播内容、直播时段、直播地点并无约定，田某是自行在第三方直播平台上注册从事网络直播活动，自主决定直播时间、直播地点和直播方式，某公司未对田某进行劳动管理；某公司未向田某支付劳动报酬，田某的收入全部来自网络直播吸引的粉丝打赏，双方按照约定比例进行收益分配；田某从事网络直播的平台由第三方所有和提供，网络直播活动并不是某公司业务的组成部分。总体而言，田某劳动的自主性、独立性比从属性更为显著，故双方之间不符合劳动关系的法律特征，不构成劳动关系。

二十六、用人单位可根据需要对员工进行岗位调整，但须具有必要性、合法性、合理性

用人单位基于经营管理需要，可以对员工进行岗位调整。但调整员工岗位须同时具备以下条件。

(一)有规章制度或合同依据

根据《劳动法》的规定,用人单位可以依据规章制度的规定或与劳动者的约定调整其工作岗位或薪酬。用人单位可在规章制度、劳动合同中,对工作岗位、劳动报酬变更的情形作出规定或约定,并构建一套完善的考核标准和用工管理制度,使得单位有权根据经营管理需要、员工工作能力、考评结果、工作业绩及健康状况等情况进行岗位调整。用人单位也可在与劳动者签订的劳动合同中约定,用人单位可根据需要对劳动者岗位适时进行调整。当然,这里适用的规章制度是经民主程序制定并公示、为员工所知悉的。

(二)调整岗位必须具有充分的合理性

在满足以下情况时,用人单位可以行使对劳动者合理调岗的权限:一是基于用人单位生产经营的需要;二是不属于对劳动合同约定的较大变更;三是对劳动者不具有歧视性、侮辱性;四是不对劳动者造成不利或明显不利变更,劳动报酬、劳动条件、劳动强度基本没有变化;五是劳动者能够胜任调整后的岗位;六是工作地点做出不便调整后,用人单位提供了必要协助或补偿措施等。简言之,只要岗位的调整基于用人单位的经营需要,没有对劳动合同约定作出较大变更,没有明显降低劳动者工资标准,岗位的调整不具有侮辱性和惩罚性,且不违反法律、法规的规定,即应被认定为合理的工作安排。

(三)可调整员工岗位的情形

(1)双方协商一致,调岗;(2)根据规章制度规定对有过错员工处罚的,可以调岗;(3)经协商沟通,员工在调岗后的新岗位工作满一个月没有提出异议的,视为默认调岗;(4)根据《劳动合同法》第四十条第一款、第二款,员工医疗期满不能从事原工作的可以调岗，员工不胜任工作的可以调岗；（5）员工自身出现一些禁忌或者需要提供工作保护的可以调岗，比如孕妇可以调岗到工作更轻松、更舒适的工作岗位上，并且其工资待遇不得因调岗降低。

用人单位基于用工自主权，有权根据经营的需要，依法对劳动者进行管理和工作安排，劳动者应当尊重用人单位的合理决定，配合用人单位进行合理的工作安排。如劳动者对岗位调整持有异议，应当采用协商方式解决，而不应以不到新岗位工作的方式进行消极对抗。向用人单位提供劳动是劳动者最基本的义务，旷工当然属于违反单位规章制度的行为，无论是否有单位规章制度的具体规定，长期旷工均应视为是严重违反单位规章制度的行为。单位有权依法将违规劳动者予以辞退，且无需支付任何经济补偿或赔偿金。

例如，蒋某拒绝公司调岗被解雇，还没有拿到补偿。蒋某与某公司于2018年9月30日签订劳动合同，合同约定：劳动合同期限为2018年9月30日至2021年12月31日；蒋某的岗位为管理岗位，因用人单位需要，用人单位可以变更劳动者岗位。2021年4月，公司生产经营调整，撤销了蒋某所在的销售及采购部门。公司分别于2021年4月7日、4月8日向蒋某发送《通知》，要求蒋某转岗到模具类管理岗位工作，负责模具车间生产计划、调度、采购工作；待遇不变；工作地点在原岗位同一大楼内。蒋某对此提出异议，未到新岗位工作。4月10日，公司向蒋某发送《通知》，催促蒋某在2021年4月12日前赴新工作岗位工作。蒋某再次提出异议，并未到新岗位工作。期间，蒋某一直在原工作办公室坚持考勤打卡。2021年4月29日，公司向蒋某发送《通知》，决定与蒋某解除劳动合同关系。蒋某不服，认为公司违法解除劳动合同，申请仲裁，要求公司支付经济赔偿金、代通知金。劳动仲裁委未支持蒋某请求。蒋某向人民法院起诉，请求公司支付经济赔偿金 30 612 元等。

  一审法院认为，公司单方解除劳动关系的行为符合双方合同的约定，具有合法性，主要理由如下：第一，公司对蒋某的工作岗位进行调整符合双方合同的约定。经审查，双方合同明确约定"原告的岗位为管理岗位，因用人单位需要，用人单位可以变更劳动者岗位"。第二，公司对蒋某工作岗位进行调整具有合法性。用人单位根据单位生产经营状况，合理调整劳动者的岗位系企业经营自主权的体现。公司根据经营需要，裁撤了蒋某原工作部门。在此情形下，蒋某要求留在原工作岗位继续上班的想法显然丧失了现实基础。换句话说，在原部门被裁撤的情况下，公司对蒋某工作岗位进行调整的理由正当，具有合法性。第三，调岗前后，双方一致认可，薪资没有变化，表明公司的调岗并未对蒋某的经济利益造成实质性损害。第四，调岗前后的岗位性质均为管理类，也不存在蒋某无法适应新岗位的问题。综上，蒋某以公司单方违法解除劳动关系为由，要求其支付经济赔偿金及代通知金的主张缺乏事实和法律依据，不予支持。一审法院判决：驳回蒋某的所有诉讼请求。

  蒋某不服，提起上诉称，涉案调岗并非公司生产经营需要，对劳动者具有强迫性、刁难性、侮辱性，是借调岗变相地解除劳动合同。要求法院依法改判公司违法解除劳动合同，需支付经济赔偿金 30 612 元；诉讼费由公司承担。

  二审法院认为，法律不禁止企业实施合法的调岗，但应满足两项要求，一是符合劳动合同或者规章制度关于调整工作岗位的约定、规定，二是岗位调整应当具有合理性。本案中，涉案劳动合同明确"因用人单位需要，用人单位可以变更劳动者岗位"，且公司安排蒋某的前后岗位均是管理岗，薪资待遇并无变化，故涉案蒋某岗位的调整具有合法性和合理性。经三次催促，蒋某无故拒绝涉案岗位调整，未到新岗位工作，不履行劳动义务。公司据此通知解除与蒋某间的劳动合同关系，并无不妥。综上，蒋某的上诉请求不能成立，应予驳回；一审判决认定事实清楚，适用法律正确，应予维持。判决：驳回上诉，维持原判。

当然，法律为了维护劳动者的合法权益，用人单位须承担调岗的合法性、合理性的举证责任，举证不能的，承担违法调整员工岗位的不利后果。

二十七、用人单位与劳动者间的劳动争议可通过调解、仲裁和诉讼等方式解决

《劳动法》第七十七条规定："用人单位与劳动者发生劳动争议，当事人可以依法申请调解、仲裁、提起诉讼，也可以协商解决。"《劳动争议调解仲裁法》第五条规定："发生劳动争议，当事人不愿协商、协商不成或者达成和解协议后不履行的，可以向调解组织申请调解；不愿调解、调解不成或者达成调解协议后不履行的，可以向劳动争议仲裁委员会申请仲裁；对仲裁裁决不服的，除本法另有规定的外，可以向人民法院提起诉讼。"

（一）劳动争议的范畴

《最高人民法院关于审理劳动争议案件适用法律问题的解释（一）》（法释〔2020〕26号）第一条规定："劳动者与用人单位之间发生的下列纠纷，属于劳动争议，当事人不服劳动争议仲裁机构作出的裁决，依法提起诉讼的，人民法院应予受理：（一）劳动者与用

人单位在履行劳动合同过程中发生的纠纷；（二）劳动者与用人单位之间没有订立书面劳动合同，但已形成劳动关系后发生的纠纷；（三）劳动者与用人单位因劳动关系是否已经解除或者终止，以及应否支付解除或者终止劳动关系经济补偿金发生的纠纷；（四）劳动者与用人单位解除或者终止劳动关系后，请求用人单位返还其收取的劳动合同定金、保证金、抵押金、抵押物发生的纠纷，或者办理劳动者的人事档案、社会保险关系等移转手续发生的纠纷；（五）劳动者以用人单位未为其办理社会保险手续，且社会保险经办机构不能补办导致其无法享受社会保险待遇为由，要求用人单位赔偿损失发生的纠纷；（六）劳动者退休后，与尚未参加社会保险统筹的原用人单位因追索养老金、医疗费、工伤保险待遇和其他社会保险待遇而发生的纠纷；（七）劳动者因为工伤、职业病，请求用人单位依法给予工伤保险待遇发生的纠纷；（八）劳动者依据劳动合同法第八十五条规定，要求用人单位支付加付赔偿金发生的纠纷；（九）因企业自主进行改制发生的纠纷。"

（二）劳动争议的调解

《劳动争议调解仲裁法》第十条规定，发生劳动争议，当事人可以到下列调解组织申请调解：（一）企业劳动争议调解委员会；（二）依法设立的基层人民调解组织；（三）在乡镇、街道设立的具有劳动争议调解职能的组织。企业劳动争议调解委员会由职工代表和企业代表组成。职工代表由工会成员担任或者由全体职工推举产生，企业代表由企业负责人指定。企业劳动争议调解委员会主任由工会成员或者双方推举的人员担任。经调解达成协议的，应当制作调解协议书。调解协议书由双方当事人签名或者盖章，经调解员签名并加盖调解组织印章后生效，对双方当事人具有约束力，当事人应当履行。自劳动争议调解组织收到调解申请之日起十五日内未达成调解协议的，当事人可以依法申请仲裁。达成调解协议后，一方当事人在协议约定期限内不履行调解协议的，另一方当事人可以依法申请仲裁。《最高人民法院关于审理劳动争议案件适用法律问题的解释（一）》（法释〔2020〕26号）第五十二条规定："当事人在人民调解委员会主持下仅就给付义务达成的调解协议，双方认为有必要的，可以共同向人民调解委员会所在地的基层人民法院申请司法确认。"《人力资源和社会保障部最高人民法院关于劳动人事争议仲裁与诉讼衔接有关问题的意见（一）》（人社部发〔2022〕9号）也明确："经依法设立的调解组织调解达成的调解协议生效后，当事人可以共同向有管辖权的人民法院申请确认调解协议效力。"

（三）劳动争议的仲裁

劳动争议纠纷原则上应仲裁前置，即劳动争议应当先向劳动争议仲裁委员会申请仲裁，经过仲裁程序后才能向法院起诉。

1. 劳动争议仲裁的时效。《劳动争议调解仲裁法》第二十七条规定："劳动争议申请仲裁的时效期间为一年。仲裁时效期间从当事人知道或者应当知道其权利被侵害之日起计算。前款规定的仲裁时效，因当事人一方向对方当事人主张权利，或者向有关部门请求权利救济，或者对方当事人同意履行义务而中断。从中断时起，仲裁时效期间重新计算。因不可抗力或者有其他正当理由，当事人不能在本条第一款规定的仲裁时效期间申请仲裁的，仲裁时效中止。从中止时效的原因消除之日起，仲裁时效期间继续计算。劳动关系存续期间因拖欠劳动报酬发生争议的，劳动者申请仲裁不受本条第一款规定的仲裁时效期间的限制；但是，劳动关系终止的，应当自劳动关系终止之日起一年内提出。"上述规定表明，劳动争议的时效计算有两种情况：一是除拖欠劳动报酬外的劳动争议自当事人知道或者应当知道其权利被侵害之日起算一年；二是劳动关系存续期间发生的拖欠劳动报酬争议，在劳动关系存续期间随时可以申请仲裁，如果劳动关系存续期间未申请仲裁的，可以在终止劳动关系后申请仲裁，时效为从劳动关系终止之日起算一年，也就是说有关劳动报酬的仲裁申请必须在终止劳动关系一年内提出。《劳动争议调解仲裁法》是规范处理劳动争议案件的专门法和特别法，其所规定的仲裁时效期间是一种特别时效，劳动争议不适用民事权利保护3年的时效。

2. 劳动仲裁案件的受理及审理期限。劳动争议由劳动合同履行地或者用人单位所在地的劳动争议仲裁委员会管辖。双方当事人分别向劳动合同履行地和用人单位所在地的劳动争议仲裁委员会申请仲裁的，由劳动合同履行地的劳动争议仲裁委员会管辖。《劳动争议调解仲裁法》第二十九条规定："劳动争议仲裁委员会收到仲裁申请之日起五日内，认为符合受理条件的，应当受理，并通知申请人；认为不符合受理条件的，应当书面通知申请人不予受理，并说明理由。对劳动争议仲裁委员会不予受理或者逾期未作出决定的，申请人可以就该劳动争议事项向人民法院提起诉讼。"第四十三条第一款规定："仲裁庭裁决劳动争议案件，应当自劳动争议仲裁委员会受理仲裁申请之日起四十五日内结束。案情复杂需要延期的，经劳动争议仲裁委员会主任批准，可以延期并书面通知当事人，但是延长期限不得超过十五日。逾期未作出仲裁裁决的，当事人可以就该劳动争议事项向人民法院提起诉讼。"

3. 劳动仲裁先行调解。《劳动争议调解仲裁法》第四十二条规定："仲裁庭在作出裁决前，应当先行调解。调解达成协议的，仲裁庭应当制作调解书。调解书应当写明仲裁请求和当事人协议的结果。

调解书由仲裁员签名，加盖劳动争议仲裁委员会印章，送达双方当事人。调解书经双方当事人签收后，发生法律效力。调解不成或者调解书送达前，一方当事人反悔的，仲裁庭应当及时作出裁决。"

4. 适用一裁终局的劳动争议案。根据《劳动争议调解仲裁法》第四十七条的规定，一裁终局适用的情形为：（1）追索劳动报酬、工伤医疗费、经济补偿或者赔偿金（包括：劳动者在法定标准工作时间内提供正常劳动的工资，停工留薪期工资或者病假工资，用人单位未提前通知劳动者解除劳动合同的一个月工资，工伤医疗费，竞业限制的经济补偿，解除或者终止劳动合同的经济补偿，《劳动合同法》第八十二条规定的第二倍工资，违法约定试用期的赔偿金，违法解除或者终止劳动合同的赔偿金，其他劳动报酬、经济补偿或者赔偿金等。作者注），不超过当地月最低工资标准12个月金额的争议；（2）因执行国家的劳动标准在工作时间、休息休假、社会保险等方面发生的争议。根据《最高人民法院关于审理劳动争议案件适用法律问题的解释（一）》（法释〔2020〕26号）第十九条的规定，劳动者追索劳动报酬、工伤医疗费、经济补偿或者赔偿金，如果仲裁裁决涉及数项，每一项数额均不超过当地月最低工资标准12个月金额的，即可认定该案属于一裁终局案件。意思就是如果劳动者和用人单位的劳动争议只有一项，那么只要这项争议涉及的金额不超过当地最低工资标准12个月金额的，即可一裁终局。如果劳动争议有两项、三项，每一个单独项都不超过当地最低工资标准12个月金额的才适用于一裁终局。

一裁终局的劳动争议案件，仲裁裁决为终局裁决，裁决书自作出之日起发生法律效力。劳动者不服一裁终局案件的裁决，可以自收到仲裁裁决书之日起15日内向人民法院提起诉讼。用人单位对一裁终局的劳动争议案件的裁决不能向人民法院起诉，但在具备法定情形时可向人民法院申请撤销。

5. 用人单位不服一裁终局裁决时，可申请撤销一裁终局案件裁决的法定情形。《劳动争议调解仲裁法》第四十九条规定了用人单位向人民法院申请撤销一裁终局案件裁决的法定情形，即用人单位要有证据证明一裁终局案件的仲裁裁决存在下列情形之一：（1）裁决适用法律、法规确有错误；（2）劳动争议仲裁委员会对该劳动争议无管辖权；（3）仲裁违反法定程序；（4）裁决所根据的证据系伪造；（5）对方当事人隐瞒了足以影响公正裁决的证据；（6）仲裁员在仲裁该案时有索贿受贿、徇私舞弊、枉法裁决行为。在上述情形下，用人单位可在收到仲裁裁决书之日起30日内向劳动争议仲裁委员会所在地的中级人民法院提出申请撤销裁决。

6. 不服仲裁的起诉期限。根据《劳动争议调解仲裁法》的规定，当事人对一裁终局劳动争议案件外的劳动争议案件的仲裁裁决不服的，可以自收到仲裁裁决书之日起15日内向人民法院提起诉讼；一裁终局劳动争议案件的裁决被人民法院裁定撤销的，当事人可以自收到撤销仲裁裁决裁定书之日起15日内就该劳动争议事项向人民法院提起诉讼。注意：前者提请法院审查的是仲裁裁决书，后者提请法院审查的是劳动争议事项。

（三）劳动争议的诉讼

1. 劳动争议案件管辖法院。《最高人民法院关于审理劳动争议案件适用法律问题的解释（一）》（法释〔2020〕26号）第三条规定："劳动争议案件由用人单位所在地或者劳动合同履行地的基层人民法院管辖。劳动合同履行地不明确的，由用人单位所在地的基层人民法院管辖。法律另有规定的，依照其规定。"劳动争议纠纷由用人单位所在地或者劳动合同履行地的基层人民法院管辖。劳动合同履行地不明确的,由用人单位所在地的基层人民法院管辖。

2. 劳动争议案件诉讼时效。《劳动争议调解仲裁法》第五十条规定:"当事人对本法第四十七条规定以外的其他劳动争议案件的仲裁裁决不服的,可以自收到仲裁裁决书之日起 15 日内向人民法院提起诉讼;期满不起诉的,裁决书发生法律效力。"如非终局裁决,当事人应自收到仲裁裁决书之日起 15 日内向人民法院起诉,期满不起诉的,裁决书发生法律效力。这里的"当事人"包括用人单位和劳动者双方。

3. 调解原则适用于诉讼程序。

二十八、用人单位依法制定并已向劳动者公示的规章制度可以作为处理劳动关系的依据;未按规章制度设定的程序处理的,用人单位需承担程序违法的责任

(一)用人单位制定规章制度应当依法、依规

用人单位规章制度是在本企业内部实施的、关于组织劳动过程和进行劳动管理的制度。《劳动法》第四条规定:"用人单位应当依法建立和完善规章制度,保障劳动者享有劳动权利和履行劳动义务。"《劳动合同法》第四条第二款、第四款规定:"用人单位在制定、修改或者决定有关劳动报酬、工作时间、休息休假、劳动安全卫生、保险福利、职工培训、劳动纪律以及劳动定额管理等直接涉及劳动者切身利益的规章制度或者重大事项时,应当经职工代表大会或者全体职工讨论,提出方案和意见,与工会或者职工代表平等协商确定";"用人单位应当将直接涉及劳动者切身利益的规章制度和重大事项决定公

示,或者告知劳动者"。根据上述规定,用人单位制定的与劳动者切身利益相关的规章制度经过合法合规的民主程序产生效力,经过公示程序适用于劳动者。具体而言,用人单位合法有效的规章制度应当同时具备:

1. 依法制定,内容具有合法性。依法制定规章制度,是保证其内容合法的基础。内容合法是指用人单位规章制度的内容符合宪法、法律、行政法规、地方法规、行政规章。法律有明文规定的,用人单位可以依据法律的规定,制定出符合本企业实际情况的细化、具体的规章制度,对于没有相关法律规定以及法律没有禁止性规定的,用人单位可以依据劳动法律立法的基本精神以及公平合理原则出台相应的规章制度。《劳动法》第八十九条规定:"用人单位制定的劳动规章制度违反法律、法规规定的,由劳动行政部门给予警告,责令改正;对劳动者造成损害的,应当承担赔偿责任。"如果用人单位的规章制度超越合理权限对劳动者设定义务,并据此解除劳动合同,属于违法解除,损害劳动者的合法权益,用人单位应当依法支付赔偿金。

2. 经过民主程序,具有正当性。劳动者参与规章制度制定的民主程序,是劳动者权益得到切实维护的重要保障。根据《劳动合同法》第四条的规定,规章制度的制定应当历经以下三个程序:(1)职工代表大会或者全体职工民主讨论,提出规章制度的具体方案和意见的讨论程序;(2)用人单位与工会或者职工代表平等协商确定规章制度具体内容的协商确定程序;(3)广而告之,让员工知悉规章制度的内容并予以遵守的公示程序。这三个程序缺一不可。只要缺少制定阶段的民主程序,规章制度就不能作为用人单位管理、处分劳动者的依据。

3. 为劳动者所知悉,具有公开性。用人单位规章制度未经公布不得作为对劳动者实施管理的依据。《劳动合同法》第四条第四款规定："用人单位应当将直接涉及劳动者切身利益的规章制度和重大事项决定公示，或者告知劳动者。"需要强调的是，本条所要求的是要确保每个劳动者都知悉用人单位的规章制度，用人单位应当通过可以证明的方式将规章制度周知每个员工。实践中，用人单位规章制度公示或告知方式可以多样，如：在实体公告栏公示，可以将规章制度在用人单位的公共区域内进行全文张贴公告；在用人单位网站公告栏告知；通过组织学习、培训、考试、制作员工手册的方式告知劳动者。但无论采取何种方式，对用人单位来说最安全也最为有效的方法是将规章制度的内容作为劳动合同的约定，让员工签字确认已全部知悉该规章制度并同意遵守。

（二）用人单位依法制定的规章制度，可以作为处理劳动关系的依据

《劳动合同法》第三十九条规定，劳动者严重违反用人单位的规章制度，用人单位可以解除劳动合同。最高人民法院《关于审理劳动争议案件适用法律问题的解释（一）》（法释〔2020〕26号）第五十条第一款规定："用人单位根据劳动合同法第四条规定，通过民主程序制定的规章制度，不违反国家的法律、行政法规及政策规定，并已向劳动者公示的，可作为确定双方权利义务的依据。"

在适用规章制度对劳动者进行处理时，用人单位需要注意以下三点：

一是用人单位适用规章制度对劳动者进行处理，负有举证责任。用人单位应当围绕劳动者构成严重违反规章制度的两个核心要件组织举证。劳动者的行为构成严重违反规章制度，必须符合以下两个核心要件：（1）劳动者存在故意或者重大过失。严重违反规章制度需要衡量劳动者在主观方面，是否存在故意或者重大过失。例如，劳动者故意损害企业财产、故意挑起事端及打架斗殴等。除了故意之外，重大过失也属于可以考虑的因素。当事人虽然不具有故意的主观因素，但是由于其重大过失导致了公司重大损失，该行为本身也属于企业可以考虑辞退的因素。(2) 违反规章制度的情节严重。劳动者的违规行为必须具备情节严重的特点。这种情节严重可以表现为给用人单位造成了重大损失，也可以是给用人单位造成了严重不良影响，也可以是给用人单位的管理带来很大不利等。但是无论哪一种情节严重，都需要用人单位来举证证明。用人单位如果不能举证，则主张不能成立。

二是应当按照规章制度设定的程序办理，否则同样构成程序违法需承担违法责任。例如，蒋某2016年入职北京某公司，从事设计工作。2020年年初，蒋某因病需时常请病假休息。蒋某请病假时有时提交病假条，经批准后休病假；有时跟领导说一声，就直接休病假。2020年7月，公司联系蒋某，告诉她有多次病假没有病假条，需补交病假条，如果不能补交病假条，公司将按旷工论处。蒋某未能补交病假条，公司便根据规章制度中"员工当年累计旷工超过5日，属于严重违纪"的规定，将蒋某辞退。蒋某不服，申请劳动仲裁，要求公司支付违法解除劳动关系赔偿金16万余元。仲裁查明，公司的规章制度中确有"员工当年累计旷工天数超过5天，经公司批评教育无效后可解除劳动合同"的规定；蒋某也确实存在累计旷工10余天的事实。但劳动仲裁裁决：公司构成违法解除，应赔偿蒋某违法解除赔偿金16万余元。劳动仲裁庭给出的理由是：公司的规章制度中写明了公司对员工的旷工行为"经公司批评教育无效后可解除劳动合同"，因此，公司解除与蒋某的劳动关系，就必须经过"批评教育"这个环节，否则解除程序就不合法。而是否有对蒋某的旷工行为进行过批评教育，公司却无法举证,也就是说公司的解除流程未按照规章制度规定的程序办理,构成解除劳动合同程序违法,需对违法解除劳动合同承担赔偿责任。

三是规章制度未经公示或者未告知劳动者的,即使劳动者有违反规章制度的行为,用人单位也不能依据该规章制度来处理劳动者。例如,某公司高管刘女士因多个严重过错在一个月内受到三次书面警告。公司依据《员工手册》中"员工在半年内收到3次警告处分,属于严重违反公司制度,公司有权与其解除劳动合同,并不用支付任何补偿"的规定,将其开除。刘女士不服申请仲裁,公司不服仲裁裁决提起诉讼,但劳动争议仲裁委员会以及法院一审、二审乃至再审均裁决公司解除劳动合同违法,需赔偿刘女士人民币76万元。究其原因,是刘女士在庭审中称:自己从未见过《员工手册》,也不知道所谓的"三次警告可以开除"的制度规定,公司解除其劳动合同的制度依据不存在。而庭审中,公司未能提供已对《员工手册》中相关规章制度进行过公示或已告知刘女士的证据。据此,劳动仲裁机构和法院均裁决:由于公司未能举证证明其《员工手册》中相关规章制度已经公示或已告知过刘女士,该规章制度对刘女士不具有约束力,不能作为公司解除与刘女士劳动合同的依据。公司提前解除刘女士的劳动合同属于违法解除劳动合同。根据《劳动合同法》第八十七条规定,公司应向刘女士支付赔偿金76万元。

二十九、非因劳动者的原因变更用人单位，工作年限应当合并计算；原用人单位未向劳动者支付经济补偿的，新用人单位在依法解除、终止劳动合同，计算支付经济补偿的工作年限时，应与原单位工作年限累计计算

实践中，有些用人单位以委派或任命的形式调动劳动者的工作单位，或者利用关联企业轮流与劳动者订立劳动合同，以图中断劳动者的工作年限，规避签订无固定期限劳动合同或支付经济补偿、赔偿金的计算年限等责任。对此，《最高人民法院关于审理劳动争议案件适用法律问题的解释（一）》（法释〔2020〕26号）第四十六条明确规定："劳动者非因本人原因从原用人单位被安排到新用人单位工作，原用人单位未支付经济补偿，劳动者依据劳动合同法第三十八条规定与新用人单位解除劳动合同，或者新用人单位向劳动者提出解除、终止劳动合同，在计算支付经济补偿或赔偿金的工作年限时，劳动者请求把在原用人单位的工作年限合并计算为新用人单位工作年限的，人民法院应予支持。用人单位符合下列情形之一的，应当认定属于'劳动者非因本人原因从原用人单位被安排到新用人单位工作'：（一）劳动者仍在原工作场所、工作岗位工作，劳动合同主体由原用人单位变更为新用人单位；（二）用人单位以组织委派或任命形式对劳动者进行工作调动；（三）因用人单位合并、分立等原因导致劳动者工作调动；（四）用人单位及其关联企业与劳动者轮流订立劳动合同；（五）其他合理情形。"

根据《劳动合同法实施条例》第十条"劳动者非因本人原因从原用人单位被安排到新用人单位工作的，劳动者在原用人单位的工作

年限合并计算为新用人单位的工作年限。原用人单位已经向劳动者支付经济补偿的，新用人单位在依法解除、终止劳动合同计算支付经济补偿的工作年限时，不再计算劳动者在原用人单位的工作年限"的规定，对于因用人单位的合并、兼并、合资、单位改变性质、法人改变名称等原因而改变工作单位的，其改制前的工作时间可以计算为"在本单位的工作时间"；另外，劳动者非因本人原因从原用人单位被安排到新的用人单位工作的，劳动者在原用人单位的工作年限合并计算为新用人单位的工作年限。但如果原用人单位已经向劳动者支付经济补偿的，则其在原单位的工作年限不再合并计算。

当然，变更用人单位同样也涉及到新用人单位未与劳动者签订书面劳动合同，是否需要支付2倍工资的问题。在新用人单位与原用人单位因分立、合并、混同等存在关联关系的情况下，劳动者被原用人单位安排到新用人单位工作，与原用人单位签订的劳动合同期限尚未届满的，新用人单位可以不承担支付2倍工资的责任。如果新用人单位与原用人单位不存在任何关联或混同关系，或者新用人单位不能证明劳动者系由原用人单位安排到新用人单位工作的，新用人单位应当支付2倍工资。

例如，姚某与某教育科技公司劳动争议案。2020年5月，姚某入职春雨教育科技公司（以下简称"春雨公司"）从事线上教学，双方签订劳动合同，合同约定劳动期限自2020年5月6日—2023年5月5日，工资2 000元/月+课时提成。2021年3月，春雨公司与姚某终止劳动合同，并将其安排至有关联的公司工作，工作内容、工资待遇等工作条件均不变，劳动合同主体变更为春雷公司。2021年12月，新公司以姚某未完成每月最低课时，违反公司规定为由单方面解除劳动合同。姚某向某区劳动争议仲裁委申请仲裁，因对仲裁结果不服，诉至法院，请求判令新公司向其支付经济赔偿金 26 000 元。

新公司辩称，姚某连续两个月上课课时低于规定的每月最少课时，违反公司规章制度，公司有权解除劳动合同，不应支付经济赔偿金，且姚某仅在公司工作 9 个月，其要求的赔偿年限有误。

一审人民法院审理认为，新公司以姚某严重违反公司规章制度为由解除劳动合同，应首先举证证明姚某未完成公司规章制度中规定的总课时，其次应证明该月度总课时未完成的原因系因姚某个人原因。但本案中，造成姚某月课时不足的原因系受公司排课数量及"双减"政策等因素影响，并非姚某本人原因造成。因此，公司以姚某违反《全职讲师管理手册》为由，单方面解除劳动合同构成违法解除，应当支付经济赔偿金。根据《最高人民法院关于审理劳动争议案件适用法律问题的解释（一）》第四十六条第一款规定，劳动者非因本人原因从原用人单位被安排到新用人单位工作，劳动者请求把在原用人单位的工作年限合并计算为新用人单位工作年限的，人民法院应予支持。本案中，姚某与前公司劳动合同终止后，仍在原工作场所、工作岗位工作，劳动合同主体由前公司变更为新公司，符合劳动者非因本人原因从原用人单位被安排到新用人单位工作的情形，且前公司未支付经济补偿金，故应将姚某在前公司工作的年限合并计算为其在新公司工作的年限，即计算 2 年。根据《劳动合同法》第四十七条、第八十七条计算用人单位支付违法解除劳动合同赔偿金的计算方式计算，姚某离职前十二个月的平均工资数额为 6 610 元，新公司应支付姚某解除劳动合同赔偿金为：6 610 元×2 月×2 倍＝26 440 元，姚某主张新公司支付解除劳动合同赔偿金 26 000 元，系当事人对自己权利的处分，法院予以支持。一审人民法院依法判决支持了姚某的诉讼请求，新公司不服判决，提起上诉，二审法院依法判决：驳回上诉，维持原判。

三十、参加工伤保险、及时为劳动者缴纳工伤保险费用是用人单位的法定义务;不参加工伤保险的,工伤待遇由用人单位支付

《社会保险法》规定,职工应当参加工伤保险,由用人单位缴纳工伤保险费。职工因工伤原因受到事故伤害或者患职业病,且经工伤认定的,享受工伤保险待遇。《公司法》第十七条规定,公司负有劳动保护的义务,公司必须保护职工的合法权益,参加社会保险,加强劳动保护。《中华人民共和国安全生产法》(2021年6月第三次修正)第五十一条规定,生产经营单位必须依法参加工伤保险,为从业人员缴纳保险费。《中华人民共和国工伤保险条例》第二条明确规定,用人单位应当按规定参加工伤保险,为本单位全部职工或者雇工缴纳工伤保险费。用人单位的职工或者个体工商户的雇工,均有依法享受工伤保险待遇的权利。

(一)用人单位需及时为劳动者办理工伤参保手续,否则出现工伤由用人单位按标准支付工伤费用

《劳动合同法》第七条规定:"用人单位自用工之日起即与劳动者建立劳动关系。"《工伤保险条例》第六十二条第二款规定,依照本条例规定应当参加工伤保险而未参加的,用人单位职工发生工伤的,由该用人单位按照本条例的工伤保险待遇项目和标准支付费用。《中华人民共和国职业病防治法》(2018年12月第四次修正)第五十九条规定:"劳动者被诊断患有职业病,但用人单位没有依法参加工伤保险的,其医疗和生活保障由该用人单位承担。"

需要强调的是,虽然根据《社会保险法》第五十八条"用人单

位应当自用工之日起 30 日内为其职工向社会保险经办机构申请办理社会保险登记"的规定，用人单位在用工之日起 30 日内为其职工缴纳社保的操作并不违反法定时限要求，但 30 日并非不缴纳社保的免责期限。

例如，员工上班第一天摔伤，公司被判支付工伤待遇案。2021 年 6 月 9 日，老杨应邀前往当地一家建设公司从事装模工作。他和公司提前约定，工资按天发放。没想到上班第一天，他就因施工过程中脚下打滑，不慎摔伤了右手。经工伤鉴定，构成八级伤残。事发后，老杨与公司就赔偿事宜沟通，但未达成一致。老杨向劳动争议仲裁委员会提出仲裁申请，仲裁委裁决公司赔偿老杨 107 498 元。老杨不服裁决，诉至法院。法院审理认为，用人单位自用工之日起即与劳动者建立劳动关系，老杨虽未签订书面劳动合同，但并不影响双方劳动关系的认定。为员工缴纳工伤保险是用人单位的法定义务，因建设公司未为老杨缴纳社保，老杨发生工伤，相应的工伤保险待遇应当由建设公司承担给付责任。而在各项工伤赔偿标准的确认上，法院认为，因老杨是临时工，又在上班第一天受伤，不能举证证明受伤前 12 个月平均工资。因此，仲裁委以该公司缴纳工伤保险的基数 4 931 元，作为老杨工资计算工伤赔偿数额，符合相关规定，应予认可。需要说明的是，本案中如果在老杨发生工伤事故后，建设公司及时在用工之日起 30 日内为老杨办理参保和缴费手续，则老杨的工伤保险待遇由社会保险机构支付。

（二）用工单位未按实际工资交纳工伤保险，导致工伤待遇降低，应由用工单位承担补差责任

《社会保险法》第三十五条、《工伤保险条例》第十条规定，用人单位应当按照本单位职工工资总额，根据社会保险经办机构确定的

费率缴纳工伤保险费。用人单位缴纳工伤保险费的数额为本单位职工工资总额乘以单位缴费率之积。单位工伤缴费工资低于实际工资的,社会保险机构按缴费基数补偿,差额由用人单位补足。就是说,用人单位少报职工工资,未足额缴纳工伤保险费,导致工伤职工享受的工伤保险待遇降低的,由用人单位补足差额。此外,根据《工伤保险条例》规定,职工因工负伤的,部分工伤待遇,如一次性伤残补助金、伤残津贴、供养亲属抚恤金均以本人工伤前12个月平均月工资为标准支付。工伤保险基金只按照工伤职工实际缴费工资计发相应的待遇。如果用人单位未按职工实际收入缴纳社会保险费,将导致工伤保险基金支付的相关待遇低于按职工实际工资核算的数额,用人单位对于工伤职工因此受到的差额损失负有赔偿责任。

(三)职工发生工伤事故后用人单位的责任

1. 用人单位具有申请工伤认定的法律义务。享受工伤待遇是工伤职工的法定利益,职工只要符合工伤条件便可以享受工伤待遇。《工伤保险条例》第十七条第一款、第四款规定:"职工发生事故伤害或者按照职业病防治法规定被诊断、鉴定为职业病,所在单位应当自事故伤害发生之日或者被诊断、鉴定为职业病之日起30日内,向统筹地区社会保险行政部门提出工伤认定申请。遇有特殊情况,经报社会保险行政部门同意,申请时限可以适当延长";"用人单位未在本条第一款规定的时限内提交工伤认定申请,在此期间发生符合本条例规定的工伤待遇等有关费用由该用人单位负担"。根据上述规定,申请工伤认定,对受伤职工是权利,对用人单位既是权利更是义务。即使没有申请工伤认定,员工仍可享有工伤待遇。用人单位未在法定时限内申请工伤认定,只是不能再适用工伤认定的行政程序,并不能剥夺劳动者应当享有和获得工伤待遇。由工伤保险经办机构支付的前提是用人单位已经办理工伤保险、经过法定程序认定为工伤，如果由于用人单位不积极履行义务导致申请工伤认定超期，所引发的后果只能由用人单位承担。

2. 用工单位对劳务派遣劳动者的工伤认定具有协助调查核实的义务。《劳务派遣暂行规定》（人力资源和社会保障部令第22号公布，自2014年3月1日起施行）第十条规定："被派遣劳动者在用工单位因工作遭受事故伤害的，劳务派遣单位应当依法申请工伤认定，用工单位应当协助工伤认定的调查核实工作。劳务派遣单位承担工伤保险责任，但可以与用工单位约定补偿办法。被派遣劳动者在申请进行职业病诊断、鉴定时，用工单位应当负责处理职业病诊断、鉴定事宜，并如实提供职业病诊断、鉴定所需的劳动者职业史和职业危害接触史、工作场所职业病危害因素检测结果等资料，劳务派遣单位应当提供被派遣劳动者职业病诊断、鉴定所需的其他材料。"根据此条规定，用人单位对所用劳务派遣工负有协助工伤认定的调查核实，负责处理职业病诊断、鉴定事宜，根据与劳务派遣单位的约定补偿工伤保险待遇的相关费用等义务。

3. 用人单位具有支付与工伤相关费用的义务。《社会保险法》第三十九条规定：因工伤发生的下列费用，按照国家规定由用人单位支付：（一）治疗工伤期间的工资福利；（二）五级、六级伤残职工按月领取的伤残津贴；（三）终止或者解除劳动合同时，应当享受的一次性伤残就业补助金。《工伤保险条例》第三十三条规定：职工因工作遭受事故伤害或者患职业病需要暂停工作接受工伤医疗的，在停工留薪期内，原工资福利待遇不变，由所在单位按月支付。生活不能自理的工伤职工在停工留薪期需要护理的，由所在单位负责。根据上述规定，用人单位缴纳了工伤保险，对于工伤员工还需承担其停工留薪期间的工资及住院需要陪护的陪护费。与五、六级伤残职工保留劳动关系，安排适当工作。难以安排工作的，由用人单位按月支付伤残津贴，金额不得低于当地最低工资标准。由保险基金支付的一次性伤残补助金，计算基数为该员工的缴费基数，如果企业的缴费基数和员工的实际收入是有差距的，对于这些由于基数差异导致的理赔金额差额部分，企业也应当承担补差责任。也就是说，单位为员工缴纳了工伤保险，仍然需要承担一次性伤残补助金差额部分，以及停工留薪期的工资福利及一次性伤残就业补助金。劳动合同到期终止时，用人单位应全额支付一次性伤残就业补助金。

（四）承担工伤保险责任的责任单位

《最高人民法院关于审理工伤保险行政案件若干问题的规定》（法释〔2014〕9号）第三条规定："社会保险行政部门认定下列单位为承担工伤保险责任单位的，人民法院应予支持：（一）职工与两个或两个以上单位建立劳动关系，工伤事故发生时，职工为之工作的单位为承担工伤保险责任的单位；（二）劳务派遣单位派遣的职工在用工单位工作期间因工伤亡的，派遣单位为承担工伤保险责任的单位；（三）单位指派到其他单位工作的职工因工伤亡的，指派单位为承担工伤保险责任的单位；（四）用工单位违反法律、法规规定将承包业务转包给不具备用工主体资格的组织或者自然人，该组织或者自然人聘用的职工从事承包业务时因工伤亡的，用工单位为承担工伤保险责任的单位；（五）个人挂靠其他单位对外经营，其聘用的人员因工伤亡的，被挂靠单位为承担工伤保险责任的单位。前款第（四）、（五）项明确的承担工伤保险责任的单位承担赔偿责任或者社会保险经办机构从工伤保险基金支付工伤保险待遇后，有权向相关组织、单位和个人追偿。"上述规定也表明，能否进行工伤认定和是否存在劳动关系，并不存在绝对的对应关系。

此外，原劳动和社会保障部《关于确立劳动关系有关事项的通知》（劳社部发〔2005〕12号）第四条规定："建筑施工、矿山企业等用人单位将工程（业务）或经营权发包给不具备用工主体资格的组织或自然人，对该组织或自然人招用的劳动者，由具备用工主体资格的发包方承担用工主体责任。"人力资源和社会保障部《关于执行〈工伤保险条例〉若干问题的意见》（人社部发〔2013〕34号）第七条规定："具备用工主体资格的承包单位违反法律、法规规定，将承包业务转包、分包给不具备用工主体资格的组织或者自然人，该组织或者自然人招用的劳动者从事承包业务时因工伤亡的，由该具备用工主体资格的承包单位承担用人单位依法应承担的工伤保险责任。"根据上述规定，具备用工主体资格的发包单位应对不具备用工主体资格的组织或者自然人，承担劳动者工伤保险责任。

三十一、应当认定或可以认定为工伤的情形；用人单位不认为是工伤的，由用人单位承担举证责任

（一）应当认定为工伤的情形

《工伤保险条例》第十四条规定，职工有下列情形之一的，应当认定工伤：（1）在工作时间和工作场所内，因工作原因受到事故伤害的；（2）工作时间前后在工作场所内，从事与工作有关的预备性或者收尾性工作受到事故伤害的；（3）在工作时间和工作场所内，因履行工作职责受到暴力等意外伤害的；（4）患职业病的；（5）因工外出期间，由于工作原因受到伤害或者发生事故下落不明的；（6）在上下

班途中，受到非本人主要责任的交通事故或者城市轨道交通、客运轮渡、火车事故伤害的；(7) 法律、行政法规规定应当认定为工伤的其他情形。

江苏省人力资源和社会保障厅《关于执行工伤保险有关政策的意见》(苏人社规〔2022〕7号，自2023年2月1日起施行，有效期至2028年1月31日）明确：职工劳动合同约定的工作时间或者用人单位规定的工作时间以及加班加点的工作时间，均视为工作时间；用人单位能够对从事日常生产经营活动进行有效管理的区域，职工为完成某项特定工作所涉及的单位以外的相关区域，以及职工因工作来往于多个与其工作职责相关的工作场所之间的合理区域，均视为工作场所；职工在工作时间和工作场所内，因从事生产经营活动直接遭受的事故伤害，以及在工作过程中职工临时解决合理必需的生理需要时由于不安全因素遭受的意外伤害，均视为工作原因；用人单位安排或者组织职工参加文体活动，视为工作原因；职工在上班前和下班后的一段合理时间内，搬运、清洗、准备、整理、维修、堆放或收拾其工具和工作服，或者根据法律法规、行业操作规程、用人单位规章制度规定，为完成工作所作的其他准备或者后续事务，视为预备性或者收尾性工作；职工受用人单位指派或者根据工作岗位性质要求自行到工作场所以外从事与工作职责有关活动的期间，视为因工外出期间。"上下班途中"包括：(1) 在合理时间内往返于工作地与经常居住地之间合理路线的上下班途中；(2) 在合理时间内往返于工作地与配偶、父母、子女居住地的合理路线的上下班途中；(3) 从事属于日常工作生活所必需的活动，且在合理时间和合理路线的上下班途中；(4) 在合理时间内其他合理路线的上下班途中。

(二) 可以视同工伤的情形

《工伤保险条例》第十五条规定，职工有下列情形之一的，视同工伤：(1) 在工作时间和工作岗位，突发疾病死亡或者在48小时之内经抢救无效死亡的；(2) 在抢险救灾等维护国家利益、公共利益活动中受到伤害的；(3) 职工原在军队服役，因战、因公负伤致残，已取得革命伤残军人证，到用人单位后旧伤复发的（此种情形享受除一次性伤残补助金以外的工伤保险待遇）。

《最高人民法院关于审理工伤保险行政案件若干问题的规定》（法释〔2014〕9号）第四条规定，以下四种情形可认定为工伤：(1) 职工在工作时间和工作场所内受到伤害，用人单位或者社会保险行政部门没有证据证明是非工作原因导致的；(2) 职工参加用人单位组织或者受用人单位指派参加其他单位组织的活动受到伤害的；(3) 在工作时间内，职工来往于多个与其工作职责相关的工作场所之间的合理区域因工受到伤害的；(4) 其他与履行工作职责相关，在工作时间及合理区域内受到伤害的。

人力资源和社会保障部《关于执行〈工伤保险条例〉若干问题的意见（二）》（人社部发〔2016〕29号）第二条规定，达到或超过退休年龄人员在以下两种情形下可享受工伤保险待遇：(1) 达到或超过法定退休年龄，但未办理退休手续或者未依法享受城镇职工基本养老保险待遇，继续在原用人单位工作期间受到事故伤害或患职业病的，用人单位依法承担工伤保险责任。(2) 用人单位招用已经达到、超过法定退休年龄或已经领取城镇职工基本养老保险待遇的人员，在用工期间因工作原因受到事故伤害或患职业病的，如招用单位已按项目参保等方式为其缴纳工伤保险费的，应适用《工伤保险条例》。

《工伤保险条例》第十九条第二款规定："职工或者近亲属认为

是工伤,用人单位不认为是工伤的,由用人单位承担举证责任。"根据本条规定,当职工或者职工的近亲属与用人单位就是否属于工伤发生争议时,由用人单位承担举证责任。

(三) 最高人民法院关于适用《工伤保险条例》和工伤认定的答复

1.《关于退休人员与现工作单位之间是否构成劳动关系以及工作时间内受伤是否适用〈工伤保险条例〉问题的答复》(最高法〔2007〕行他字第6号)认为,根据《工伤保险条例》第二条等有关规定,离退休人员受聘于现工作单位,现工作单位已经为其缴纳了工伤保险费,其在受聘期间因工作受到事故伤害的,应当适用《工伤保险条例》的有关规定处理。

2.《关于超过法定退休年龄的进城务工农民在工作时间内因公伤亡的,能否认定工伤的答复》(〔2012〕行他字第13号)认为,用人单位聘用的超过法定退休年龄的务工农民,在工作时间内、因工作原因伤亡的,应当适用《工伤保险条例》的有关规定进行工伤认定。

3.《关于职工因公外出期间死因不明应否认定工伤的答复》(〔2010〕行他字第236号)认为,职工因公外出期间死因不明,用人单位或者社会保障部门提供的证据不能排除非工作原因导致死亡的,应当依据《工伤保险条例》第十四条第(五)项和第十九条第二款的规定,认定为工伤。

4.《关于职工外出学习休息期间受到他人伤害应否认定为工伤问题的答复》(最高法〔2007〕行他字第9号)认为,职工受单位指派外出学习期间,在学习单位安排的休息场所休息时受到他人伤害的,应当认定为工伤。

5.《关于如何适用〈工伤保险条例〉第十四条第(六)项及第

十六条第（一）项如何理解的答复》（〔2004〕行他字第19号）认为，根据《工伤保险条例》第十四条第（六）项的规定，职工在上下班途中因违章受到机动车事故伤害的，只要其违章行为没有违反治安管理，应当认定工伤。

6.《关于因第三人造成工伤的职工或其亲属在获得民事赔偿后是否还可以获得工伤保险补偿问题的答复》（〔2006〕行他字第12号）认为，因第三人造成工伤的职工或其亲属，从第三人处获得民事赔偿后，可以按照《工伤保险条例》第三十七条的规定，向工伤保险机构申请工伤保险待遇补偿。

7.《关于非因工作原因对遇险者实施救助导致伤亡的情形是否认定工伤问题的答复》（〔2014〕行他字第2号）认为，非因工作原因对遇险者实施救助导致伤亡的，如未经有关部门认定为见义勇为，似不属于《工伤保险条例》第十五条（一）、（二）项规定的视同工伤情形。

三十二、用人单位给职工购买商业保险，并不能替代其工伤保险责任；劳动者因第三人侵权构成工伤的，可获双重赔偿

根据《工伤保险条例》规定，为职工缴纳工伤保险费是用人单位的法定义务，该法定义务不得通过任何形式予以免除或变相免除。《劳动和社会保障部办公厅关于参加商业保险中的人身意外伤害险是否还应当参加工伤保险问题的复函》（劳社厅函〔2001〕113号）中明确："中国境内的企业无论是否参加了商业保险中的人身意外伤害保险，都必须参加工伤险，并依法缴纳工伤保险费。人身意外伤害险

不能替代工伤保险。"用人单位为职工购买的商业性保险，性质上是用人单位为职工提供的一种福利待遇，不能因此免除用人单位负有的法定的缴纳工伤保险费的义务或支付工伤保险待遇的义务。职工获得用人单位为其购买的商业保险赔付后，仍然有权向用人单位主张工伤保险待遇，用人单位不能以职工已获得人身意外伤害赔偿为由拒绝工伤赔偿。

劳动者因第三人的原因导致工伤，劳动者有权向侵权人主张损害赔偿，且不影响其依法享有的工伤保险待遇，用人单位和侵权人应当依法承担各自所负的赔偿责任，不因劳动者先行获得一方赔偿或者损失得到弥补而免除责任。《安全生产法》（2021年6月第三次修正）第五十六条第二款规定："因生产安全事故受到损害的从业人员，除依法享有工伤保险外，依照有关民事法律尚有获得赔偿的权利的，有权提出赔偿要求。"《职业病防治法》（2018年12月第四次修正）第五十八条规定："职业病病人除依法享有工伤保险外，依照有关民事法律，尚有获得赔偿的权利的，有权向用人单位提出赔偿要求。"《最高人民法院关于因第三人造成工伤的职工或其亲属在获得民事赔偿后是否还可以获得工伤保险补偿问题的答复》（〔2006〕行他字第12号）中规定："因第三人造成工伤的职工或其近亲属，从第三人处获得民事赔偿后，可以按照《工伤保险条例》第三十七条的规定，向工伤保险机构申请工伤保险待遇补偿。"最高人民法院《第八次全国法院民事商事审判工作会议（民事部分）纪要》（法〔2016〕399号）"关于社会保险和侵权责任关系问题"中第9条也明确："被侵权人有权获得工伤保险待遇或者其他社会保险待遇的，侵权人的侵权责任不因受害人获得社会保险而减轻或者免除。根据社会保险法第三十条和四十二条的规定，被侵权人有权请求工伤保险基金或者其他社会保险支付工伤保险待遇或者其他保险待遇。"《最高人民法院关于审理工伤保险行政案件若干问题的规定》（法释〔2014〕9号）第八条第三款也规定："职工因第三人的原因导致工伤，社会保险经办机构以职工或者其近亲属已经对第三人提起民事诉讼为由，拒绝支付工伤保险待遇的，人民法院不予支持，但第三人已经支付的医疗费用除外。"可见，受害人在得到侵权赔偿后，再主张享受工伤待遇赔偿的，法律予以支持，但侵权第三人已经赔偿的医疗费，不在工伤赔偿范围内。也就是说，劳动者因第三人侵权造成人身损害并构成工伤，侵权人已经赔偿的，劳动者有权请求用人单位支付除医疗费之外的工伤保险待遇。用人单位先行支付工伤保险待遇的，可以就医疗费用在第三人应承担的赔偿责任范围内向其追偿。

因用人单位以外的第三人侵权造成劳动者人身损害，构成工伤的，劳动者具有双重主体身份——人身侵权的受害人和工伤事故中的受伤职工。基于双重主体身份，劳动者有权向侵权人主张人身损害赔偿，同时还有权向用人单位主张工伤保险赔偿，即有权获得双重赔偿。在这种情形下，侵权人和用人单位应当依法承担各自所负的赔偿责任，不因受伤职工（受害人）先行获得一方赔偿、实际损失得到全部或部分补偿而免除或减轻另一方的责任。对此，《最高人民法院关于审理人身损害赔偿案件适用法律若干问题的解释》（法释〔2020〕17号修正）第三条规定："依法应当参加工伤保险统筹的用人单位的劳动者，因工伤事故遭受人身损害，劳动者或者其近亲属向人民法院起诉请求用人单位承担民事赔偿责任的，告知其按《工伤保险条例》的规定处理。因用人单位以外的第三人侵权造成劳动者人身损害，赔偿权利人请求第三人承担民事赔偿责任的，人民法院应予支持。"由此可见，第三人侵权赔偿与工伤保险赔偿机制在法律上是并行不悖的，二者不能相互替代。工伤保险是一种隶属于劳动法体系下的社会保险制度，对劳动者而言是一种具有国家强制性的福利制度。用人单位为劳动者缴纳工伤保险费后，劳动者在发生工伤事故时有权依照法律规定享受工伤保险待遇，包括停工留薪待遇。国务院《工伤保险条例》并未对享受工伤保险待遇设置任何附加条件。例如，劳动者因第三人侵权造成人身损害并构成工伤的，在停工留薪期间内，原工资福利待遇不变，由所在单位按月支付，但这并不排斥劳动者从侵权人处获得误工费赔偿。受害人依据《工伤保险条例》获得工伤保险赔偿后，并不妨碍其应有的民事赔偿权利，可以获得双重赔偿。2021年第6期《最高人民法院公报》刊登的《吴江市佳帆纺织有限公司诉周付坤工伤保险待遇纠纷案》终审民事判决书明确：劳动者因第三人侵权造成人身损害并构成工伤的，在停工留薪期间内，原工资福利待遇不变，由所在单位按月支付。用人单位以侵权人已向劳动者赔偿误工费为由，主张无需支付停工留薪期间工资的，人民法院不予支持。

第三编
合同风险防控

合同是民事主体之间设立、变更、终止民事法律关系的协议。实践中,合同风险主要存在于合同本身和合同履行两方面。合同本身所带来的风险,即合同条款形成的风险;合同履行风险,即在合同执行过程中形成的风险。

三十三、订立合同应当主体合格、条款完备、内容明确,符合合同有效性规定

《民法典》第四百六十五条规定:"依法成立的合同,受法律保护。依法成立的合同,仅对当事人具有法律约束力,但是法律另有规定的除外。"签订合同的目的是约束双方的权利义务,并保障双方的利益。依法成立的合同,即对当事人具有法律约束力,因此订立合同时,一定要认真审查合同内容,尤其是规定己方权利义务的条款,慎重签名盖章。合同一经成立生效即具有法律约束力,任何一方未经双方同意就把合同撕毁,或者无故不履行合同,应承担相应的违约责任。

（一）合同有效性规定

《民法典》第一百四十三条规定："具备下列条件的民事法律行为有效：（一）行为人具有相应的民事行为能力；（二）意思表示真实；（三）不违反法律、行政法规的强制性规定，不违背公序良俗。"根据本条规定，合同只有在同时具备签订主体具有与所签订合同相"匹配"的民事行为能力，合同双方经平等、自由、自愿磋商，出于真实意愿签订，合同双方当事人签订合同的意愿不违反法律、行政法规的强制性规定，不违背公序良俗三个条件下才能有效。对于有资质要求的合同，签订主体还应当同时具备相应的资质能力。在订立合同时，不得有欺诈或其他违背诚实信用、公序良俗的行为；合同内容不得损害社会公共利益，不得恶意串通损害国家、集体、第三人的利益，不得含有造成对方人身伤害或因故意及重大过失造成对方财产损失的免责条款。《民法典》第四百九十条规定："当事人采用合同书形式订立合同的，自当事人均签名、盖章或者按指印时合同成立。在签名、盖章或者按指印之前，当事人一方已经履行主要义务，对方接受时，该合同成立。法律、行政法规规定或者当事人约定合同应当采用书面形式订立，当事人未采用书面形式但是一方已经履行主要义务，对方接受时，该合同成立。"

（二）合同应当条款完备、约定明确

《民法典》第四百六十五条规定，依法成立的合同，受法律保护。除法律另有规定的外，依法成立的合同，仅对当事人具有法律约束力。第五百零二条第一款规定，依法成立的合同，自成立时生效。可见，合同一经订立，双方当事人就应自觉接受合同约束，自觉履行合同义务。因此，在订立合同的磋商阶段，当事人要对合同条款逐条进行认真研究，在与合同相对方反复磋商后再做出相应承诺，努力使双方合同权利义务大致平衡。根据《民法典》第四百七十条的规定，合同内容一般应包括当事人的姓名或者名称和住所，标的，数量，质量，价款或者报酬，履行期限、地点和方式，违约责任，解决争议的方法等内容。在合同内容的文字表述上要做到准确，防止因理解歧义而产生纠纷。例如，商品质量条款对商品质量的表述必须明确、精准、无歧义，商品名称、型号、规格、性能、登记信息等应在合同中明确约定，对文字表述难于精准的可采用封存样品的方式对商品质量进行保全。又如货物验收条款要明确验收标准、验收期间、验收地点及方式。合同标的、数量、质量、价款、包装方式、交货方式、结算方式，履行期限、履行地等都要明确具体。由于"定金"具有金钱担保的特定法律含义，如果双方当事人意思明确，一方在履行前以预付一定金钱方式作为担保，则请务必注明"定金"字样，不可写成"订金""保证金"，否则不能依法适用定金罚则，起不到担保作用；在与相关客户签署保证合同时务必清晰表述由保证人为债务的履行提供保证担保的明确意思，避免使用含义模糊的表述；违约责任具体量化为违约金或确定违约赔偿金的计算方法；解决争议办法为协商、仲裁、诉讼，约定仲裁、诉讼的尽可能约定由己方公司所在地法院和就近的仲裁机构管辖。

依照《民法典》第五百一十条、第五百一十一条的规定，合同生效后，当事人就质量、价款或者报酬、履行地点等内容没有约定或者约定不明确的，可以协议补充；不能达成补充协议的，按照合同相关条款或者交易习惯确定。当事人就有关合同内容约定不明确，通过协商未能达成协议或按照合同相关条款或者交易习惯仍不能确定的，适用下列规定：（1）质量要求不明确的，按照强制性国家标准履行；没有强制性国家标准的,按照推荐性国家标准履行;没有推荐性国家标准的,按照行业标准履行;没有国家标准、行业标准的,按照通常标准或者符合合同目的的特定标准履行。(2)价款或者报酬不明确的,按照订立合同时履行地的市场价格履行;依法应当执行政府定价或者政府指导价的,依照规定履行。(3)履行地点不明确,给付货币的,在接受货币一方所在地履行;交付不动产的,在不动产所在地履行;其他标的,在履行义务一方所在地履行。(4)履行期限不明确的,债务人可以随时履行,债权人也可以随时请求履行,但是应当给对方必要的准备时间。(5)履行方式不明确的,按照有利于实现合同目的的方式履行。(6)履行费用的负担不明确的,由履行义务一方负担;因债权人原因增加的履行费用,由债权人负担。

　　下面这个案例就是因合同条款欠缺、条款内容约定不明引发的纠纷。甲、乙双方于2019年7月12日签订购销合同,约定乙方以交货时的市场价向甲方购买50万米麻绳,交货时间为2019年年底,除上述约定外,合同中便无其他条款。至2019年11月底甲方已生产40万米麻绳,征得乙方同意,甲方向乙方交付了已生产的40万米麻绳。货物送达乙方后,乙方根据相关验收标准进行了初步检验,认为这批麻绳存在一定的质量问题,但还是同意接收了该批货物,并对剩下的10万米货物提出了明确的质量要求。在收取货物的15天后,乙方向甲方按5元/米的价格汇去了200万元人民币货款。甲方收到货款后认为价格过低,提出市场价格为6.8元/米,按照双方合同约定的价格确定方式,乙方应按照市场价格6.8元/米补足全部货款,但是乙方一直未予回复。2019年12月20日,甲方向乙方发函提出剩下货物已经生产完毕,要求发货并要求乙方补足第一批货物货款。乙方提出该批货物质量太差,没有销路,要求退回全部货物,双方因此发生纠纷并诉至法院。

就本案而言,双方最后产生纠纷的原因可以在一定程度上归结为双方对合同条款约定的模糊和合同条款的不完备:(1)合同价格条款约定不明确。合同价格条款是买卖合同的必备条款,如果没有约定,则可能导致合同的无效。价格条款如果约定不明确,则可能会导致在履行期间双方互相扯皮。标准的、完备的合同应当明确规定价款数额、计价标准、结算方式和程序等,且双方对此约定的理解必须是一致的不产生歧义的。(2)质量标准及要求未约定。买卖合同的质量条款可以说是最为重要的合同条款之一,质量标准的明确约定,一方面可以使卖方在生产产品的时候有了一个确定的标准,另一方面可以在未来产品检验期间确定一个检验标准。本案中因未明确约定质量标准,也未确定产品检验的质量标准要求,导致乙方检验产品完全按照自己确定的标准,即使甲方生产的产品符合国家及行业要求,乙方也完全有可能提出产品质量不合格的要求。如果双方明确约定了质量标准及验收标准、方法,以及质量异议期限和条件等,那么就不会出现甲方完全被动的局面。(3)此外,本案例合同中缺乏合同标的,付款方式,交付方式、期限、地点,验收条款,风险承担,违约责任,争议解决等重要的合同条款,这些条款的缺乏或约定不明确,也极大地增加了合同风险,成为合同纠纷形成的隐患。

(三)合同争议解决方法条款

当事人在合同中约定的争议解决条款是日后发生争议时纠纷解决方式的指引。签订合同,要高度重视合同争议解决方法条款的订立。合同双方如果约定合同争议通过仲裁或者诉讼解决的,应当在相关条款中约定具体的仲裁机构或者管辖法院。需要注意,约定仲裁或约定管辖条款不得违反法律的强制性规定,违反的该约定无效;如果合同解决争议方法条款约定无效，当事人则只能根据法定管辖确定诉讼法院。

1. 选择仲裁与仲裁机构的条款。仲裁是一种准司法行为，仲裁条款是当事人在合同中约定的用仲裁方式解决双方争议的条款，是仲裁协议的一种外在表现形式。《仲裁法》（2017年第二次修正）第四条规定："当事人采用仲裁方式解决纠纷，应当双方自愿，达成仲裁协议。没有仲裁协议，一方申请仲裁的，仲裁委员会不予受理。"根据本条规定，合同双方当事人约定将仲裁作为解决合同纠纷方式的，应当在合同中订立仲裁条款或在出现纠纷后就纠纷解决方式订立仲裁协议。仲裁协议对仲裁事项或者仲裁委员会没有约定或者约定不明确的，当事人可以补充协议；达不成补充协议的，仲裁协议无效。合同仲裁条款中，必须明确由哪一个仲裁委员会仲裁，如"本合同纠纷双方协商不成的，由南京仲裁委仲裁"。仲裁协议独立存在，合同的变更、解除、终止或者无效，不影响仲裁协议的效力。合同约定纠纷解决方式时，仲裁与诉讼只能选其中之一，合同中切忌出现"发生争议时可向合同履行地仲裁机构申请仲裁，也可向有管辖权的人民法院起诉"的争议解决方法条款。如当事人在合同中订有仲裁条款，则发生争议时，不能向法院提出诉讼，当然在存在有效的仲裁协议情况下人民法院也不会受理当事人的起诉。如果当事人既约定仲裁又约定诉讼，那么该约定无效，一旦发生纠纷通常由有管辖权的人民法院管辖。需要明确的是，《仲裁法》第六条规定，仲裁委员会应当由当事人协议选定。且仲裁不实行级别管辖和地域管辖。因此，民商事仲裁不实行地域管辖，而是由当事人协议约定仲裁机构，如在江苏省内发生的合同争议，双方当事人可以协议选定省内的仲裁机构，也可选定上海的、北京的仲裁机构甚至还可以选定国外的仲裁机构仲裁。当然从仲裁成本考虑,在中国境内的当事人间的纠纷,一般不宜选择国外的仲裁机构,以选择就近的仲裁机构为宜。

2. 选择诉讼与受诉法院的条款。《民事诉讼法》(2021年12月24日,中华人民共和国第十三届全国人民代表大会常务委员会第三十二次会议第四次修正,自2022年1月1日起施行)规定,因合同纠纷提起的诉讼,由被告住所地或者合同履行地人民法院管辖。合同或者其他财产权益纠纷的当事人可以书面协议选择被告住所地、合同履行地、合同签订地、原告住所地、标的物所在地等与争议有实际联系的地点的人民法院管辖,但不得违反本法对级别管辖和专属管辖的规定。两个以上人民法院都有管辖权的诉讼,原告可以向其中一个人民法院起诉;原告向两个以上有管辖权的人民法院起诉的,由最先立案的人民法院管辖。根据上述规定,合同当事人可以书面协议选择被告住所地、合同履行地、合同签订地、原告住所地、标的物所在地等与争议有实际联系的地点的法院管辖。因此,在签署合同确定管辖人民法院时,除了存在专属管辖的情况之外,应当尽可能将管辖法院约定在对自己更便利的法院。

三十四、签订合同要通过前期调研、资格审核、诚信磋商、留存证据、加强印章和授权文书管理等措施,做好风险防控

(一)合同签订前要做好调查研究

1. 合同签订前要调查市场,市场调查和可行性研究是当事人在签订合同前必不可少的准备工作,通过市场调查和可行性研究,一方

面可以掌握市场行情，做到"知己知彼"，在合同磋商中占据主动；另一方面市场调查和可行性研究有助于避免盲目决策，可有效防止己方出现合同违约的情形。

2. 合同签订前要调查对方，一是调查对方的登记信息，通过全国企业信用公示系统、政府部门网站等权威渠道，查询对方的工商登记信息、行政处罚信息、年检信息、资质信息，因为对方是否依法登记、有效存续、具备资质，是决定能否交易的前提，也是防控风险的第一道屏障；二是调查对方的涉诉信息，通过中国裁判文书网、中国执行信息公开网等权威渠道，查询对方公司、对方公司控制人的案件信息、执行信息，以此评判对方的经营状况、管理水平、诚信度；三是调查对方的履约能力，尽可能通过实地考察了解对方的生产能力、经营状况、资产情况，通过对方的其他客户了解其商业信用，因为对方的履行能力、责任财产，是合同能否顺利履行的基础，也是后期违约救济的保障。

（二）合同磋商时要诚实守信，并严格保守磋商中获知的对方的商业秘密

《民法典》第五百条规定："当事人在订立合同过程中有下列情形之一，造成对方损失的，应当承担赔偿责任：（一）假借订立合同，恶意进行磋商；（二）故意隐瞒与订立合同有关的重要事实或者提供虚假情况；（三）有其他违背诚信原则的行为。"第五百零一条规定："当事人在订立合同过程中知悉的商业秘密或者其他应当保密的信息，无论合同是否成立，不得泄露或者不正当地使用；泄露、不正当地使用该商业秘密或者信息，造成对方损失的，应当承担赔偿责任。"根据上述规定，恶意磋商需承担缔约过失的赔偿责任，违反为对方当事人保密义务的需承担损失赔偿责任。

例如，新新公司为上市造势恶意磋商赔偿案。新新公司调整发展战略，拟通过上市融资。于是，新新公司在短期内以业务合作为由邀请多家公司来其主要办公地点洽谈，实际并无交易意图。其中，乐乐商贸公司安排授权代表往返十余次，每次都准备了详尽可操作的合作方案，新新公司佯装感兴趣并屡次表达将签署合同的意愿，但终未达成。期间，新新公司还将知悉的乐乐公司的部分商业秘密不当泄露，给乐乐公司造成损失。乐乐公司以新新公司恶意磋商为由将新新公司诉至法院，请求赔偿损失。法院审理认为，新新公司并无交易意图，却为了上市造势而邀请多家公司来其主要办公地点洽谈，属于恶意磋商的行为。且新新公司因为保管不善，将乐乐公司的商业秘密泄露，给乐乐公司造成了极大的损失。判令新新公司承担损害赔偿责任，赔偿乐乐公司的相关损失。

（三）合同签订时要核实相关主体资格

1. 核实确认合同主体资格。合同主体是实际承担合同权利义务的民事主体，是合同权利义务的实际承担者。法律规定的合同主体有自然人、法人和其他组织三类，法律赋予这三类合同主体的权利能力与行为能力是不一样的，不同的合同对合同主体的要求也是不一样的。这就要求我们在签订不同的合同时，根据不同合同的要求对合同主体的权利能力和行为能力进行核实，以保证合同主体合格。特别要高度关注，合同主体是否具有合同所要求的法定资格，是否违反法律禁止性规定。如在建筑、医药等技术性要求很强的行业，从事者必须具备相应的资质才可对外进行经营活动。如果企业与不具备相应资质的相对人签订合同，一旦发生纠纷，合同一般会被认定为无效。而与这些行业签订的合同一般所涉数额较大，如果风险出现遭受损失也将很大。再如我国法律禁止国家机关、学校、幼儿园、医院等以公益为目的的事业单位作为保证人,如果与上述主体签订担保合同,就会因违反法律强制性规定而无效,因而不会得到实质性的债权保证,一旦出现违约,因无担保损失难以避免。

2. 核实确认签约主体资格。签约主体是实际签署合同的人,他只是签署者,合同的权利义务与其无关,但签约主体是否合格,却关乎合同有效与否。签约主体一般可分为代理人与代表人。我国民法规定,代理人在代理权限内,以被代理人的名义进行民事活动,由被代理人直接承受其法律后果。但如果签约主体在无权代理、超越代理权限代理等情况下签署合同,在不被合同主体追认情况下合同主体不会承担相应的合同义务,所签合同是无效合同。当签约主体为代理人、代表人时,要核实其所提供的授权书的有效性及代理人、代表人的身份证明,确认其授权范围及代理期限是否有权签署合同。如果签约人是法定代表人,则要核实其出示的法定代表人证明书、法定代表人身份证明以及《营业执照》,而且一定要审查其公司章程,因为根据《民法典》第六十一条的规定"依照法律或者法人章程的规定,代表法人从事民事活动的负责人,为法人的法定代表人。法定代表人以法人名义从事的民事活动,其法律后果由法人承受"可知,法定代表人享有代表权,无需公司另行授权就可以代表公司从事民事活动,并且其代表权限来源于法律的明确规定。但我国法律允许公司章程对法定代表人的职权进行限定,如果公司章程不允许法定代表人对外签订合同,法定代表人超越或违反公司章程规定的权限对外签订合同,其所签订合同就有可能不被合同主体认可的风险。由于这种法律风险较为隐蔽,所以需要更加注意。

(四)平时要管理好公章、合同文本以及授权文书

最高人民法院(2020)最高法民申 1111 号民事裁定书认为,当

事人在空白合同上签字的行为应视为其清楚、理解合同内容，同时也表明其放弃核实债权人的身份信息，并愿意承担由此带来的法律后果，主观上具有与不特定的债权人成立借款关系的意思表示，空白合同的相关内容被明确后，理应具有约束力。《民法典》第一百七十条规定："执行法人或者非法人组织工作任务的人员，就其职权范围内的事项，以法人或者非法人组织的名义实施的民事法律行为，对法人或者非法人组织发生效力。法人或者非法人组织对执行其工作任务的人员职权范围的限制，不得对抗善意相对人。"第一百七十二条规定："行为人没有代理权、超越代理权或者代理权终止后，仍然实施代理行为，相对人有理由相信行为人有代理权的，代理行为有效。"根据上述规定，合同当事人一方根据另一方所担任的职务而与之订立的合同或被代理人的行为足以使第三人相信无权代理人具有代理权，并基于这种信赖而与其订立的合同，是合法有效的合同。实践中，一般认为下列情形行为人虽无代理权而实施代理行为，如果相对人有理由相信其有代理权，该代理行为有效：（1）行为人曾经是代理人并且与相对人发生过订立合同行为，订立的合同上加盖有被代理人公章或合同专用章。（2）行为人曾经是代理人并且与相对人发生过订立合同行为，在订立合同过程中提供了加盖有被代理人印鉴的介绍信。（3）行为人持有证明代理权的证书，并且按照一般商业习惯和理性认识无法从证书内容判定所订立的合同超越了代理权范围。（4）被代理人曾有授予行为人代理权的表示，按照一般理性判断该表示可以被相信。比如在公开场合声明授予行为人代理权或者有书面公开通知授予行为人代理权，实际上没有对该人进行授权，相对人难以知晓。（5）被代理人明知行为人以自己名义订立合同，但不表示反对。（6）被代理人应当知道行为人以自己名义订立合同，但不表示反对。比如，被代理人将介绍信、公章、合同书交给行为人，或者出借给行为人，就属于应当知道行为人会以自己名义订立合同的情形。另外，当相对人已经将订立的合同提交给被代理人，但因被代理人没有阅读而未向相对人表示反对，也属于"应当知道"的情形。司法实践中，工作人员利用职务便利，以法人名义与相对人签订、履行合同，诈骗相对人钱款，相对人对此存在过错的，相对人要求法人承担合同责任的，人民法院不应支持。但法人也存在明显过错，且该过错与相对人的损失之间存在因果关系的，法人应当承担相应赔偿责任。因此，企业有必要完善有关公章保管、使用的制度，以杜绝盗盖偷盖等可能严重危及企业利益的行为。企业业务人员对外签约需要获得授权时，在有关介绍信、授权委托书、合同等文件上尽可能明确详细地列举授权范围、时间，以避免不必要的争议。业务完成后应尽快收回尚未使用的介绍信、授权委托书、合同等文件。业务人员工作变动、代理权终止等要及时通知合作方。

（五）做好证据收集，以备不时之需

《民事诉讼法》（2021年12月24日第十三届全国人民代表大会常务委员会第三十二次会议第四次修正，自2022年1月1日起施行）第六十七条第一款规定："当事人对自己提出的主张，有责任提供证据。"《最高人民法院关于适用〈中华人民共和国民事诉讼法〉的解释》（法释〔2022〕11号第二次修正，自2022年4月10日起施行）第九十条规定："当事人对自己提出的诉讼请求所依据的事实或者反驳对方诉讼请求所依据的事实，应当提供证据加以证明，但法律另有规定的除外。在作出判决前，当事人未能提供证据或者证据不足以证明其事实主张的，由负有举证证明责任的当事人承担不利的后果。"根据上述规定，只要当事人在诉讼中提出于己有利的事实主张，就应

当提供证据。因此，在整个合同磋商、订立、履行过程中都要有证据意识，注意收集保存合同依法成立的相关证据材料。

最高人民法院《关于审理买卖合同纠纷案件适用法律问题的解释》（2020年12月修正）第一条规定："当事人之间没有书面合同，一方以送货单、收货单、结算单、发票等主张存在买卖合同关系的，人民法院应当结合当事人之间的交易方式、交易习惯以及其他相关证据，对买卖合同是否成立作出认定。对账确认函、债权确认书等函件、凭证没有记载债权人名称，买卖合同当事人一方以此证明存在买卖合同关系的，人民法院应予支持，但有相反证据足以推翻的除外。"根据该规定，合同形式以书面形式签订合同为原则，口头形式为例外。完备的书面合同对于保证交易安全乃至维系与客户之间的长久关系十分重要。同时，还应妥善保管对于证明双方之间合同具体内容具有证明力的资料，如与合同签订和履行相关的发票、送货凭证、汇款凭证、验收记录，以及在磋商和履行过程中形成的电子邮件、传真、信函等资料。如果在合同履行过程中双方变更数量、价款、交货期限、付款期限等约定的，也要以书面补充协议的形式变更，留下书面凭证。

三十五、签订合同时，可通过设置定金条款及违约金条款，防范风险、控制损失

（一）合同定金条款的设置

定金是双方当事人通过书面约定，由一方当事人向对方预先支付一定数额的金钱作为担保的方式，目的在于促使债务人履行债务，保

障债权人的债权得以实现。

1. 定金的基本特征。根据《民法典》的规定，定金有以下特征：（1）定金必须在合同签订时，以书面形式进行约定，同时还应约定定金的数额和交付期限。（2）定金担保是以金钱偿付方式，自己为自己提供担保。这种担保方式较为便捷，较为有效。（3）定金担保具有惩罚性。给付定金一方如果不履行债务，无权要求另一方返还定金；接受定金的一方如果不履行债务，须向另一方双倍返还定金。"无权要求返还定金和双倍返还定金"的规定都是定金担保具有惩罚性的具体表现。（4）定金数额由当事人约定，但最高不得超过主合同标的额的20%，超过的部分不产生定金的效力。（5）定金合同自实际交付定金时成立，实际交付的定金数额多于或者少于约定数额的，视为变更约定的定金数额。（6）定金具有双向担保功能，尽管只是一方当事人为一定金钱的给付行为，但定金担保可以约束双方当事人，任何一方违约，均可适用定金罚则。这也是定金担保优于其他担保方式的突出特点。（7）定金担保适用范围仅限于合同之债，而不适用于其他债的担保或者作为反担保。而且多为合同双方当事人无法同时履行而仅能先后分别履行债务的情形，一般给付定金的一方应为依约承担金钱支付义务的一方。

2. 定金罚则适用的前提、罚则的涵义及其适用限制。《民法典》第五百八十七条规定："债务人履行债务的，定金应当抵作价款或者收回。给付定金的一方不履行债务或者履行债务不符合约定，致使不能实现合同目的的，无权请求返还定金；收受定金的一方不履行债务或者履行债务不符合约定，致使不能实现合同目的的，应当双倍返还定金。"根据该规定：（1）定金罚则适用的前提是"违约致合同目的不能实现"，亦即违约方构成根本性违约，如果违约不足以构成根本性违约,则不能适用定金罚则。(2)定金罚则的涵义为:给付定金一方违约致使合同目的不能实现的,无权请求返还定金;收受定金一方违约致使合同目的不能实现的,应向支付定金一方双倍返还定金。(3)定金罚则适用的限制:一是不能与合同继续履行同时适用,定金罚则适用的前提是因合同目的无法实现而导致的根本违约,因此除非双方在合同中有明确约定,否则不能主张合同继续履行的同时适用定金罚则;二是定金罚则排除双方违约的情形,双方均不履行合同时不适用定金罚则,其违约损失依据双方责任大小,依法适用违约金或者赔偿金;三是定金与违约金不能并用,根据《民法典》第五百八十八条"当事人既约定违约金,又约定定金的,一方违约时,对方可以选择适用违约金或者定金条款。定金不足以弥补一方违约造成的损失的,对方可以请求赔偿超过定金数额的损失"的规定,定金与违约金不能并用。

3. 正确区分"定金"与"订金"、"保证金",确保定金条款正确无误。"定金""订金""保证金"三者在性质、功能方面截然不同。(1)订金是一方当事人为交易需要而向另一方当事人交纳的金钱,不具有担保的功能。一般情况下,交付的订金视为预付款,在交易成功时,订金充当货款;在交易失败时,订金应全额返还,收受订金的一方即使违约,仍应承担返还订金的义务。其目的不外乎解决收受订金的一方的资金周转短缺问题,从而增强其履约能力。(2)保证金,是合同当事人一方或双方为保证合同的履行而留存于对方或提存于第三人的金钱。保证金也具有类似定金一样的担保合同实现的作用,但其没有双倍返还的功能,而且保证金留存或提存的时间和数额是没有限制的,双方当事人自行约定在合同履行前、合同履行过程中皆可。保证金的数额可以相当于债务额,并不像定金那样,其总额不得超过主合同总价款的20%，而且必须是在合同约定时或者合同签订前给付。

（二）违约金条款的设置

《民法典》第五百八十五条规定，当事人可以约定一方违约时应当根据违约情况向对方支付一定数额的违约金，也可以约定因违约产生的损失赔偿额的计算方法。从法律规定来看，违约金实则是对损失赔偿额的一种相对明确的预先约定，是守约方对冲合同风险的重要救济方式。虽然，没有约定违约金，守约方也可以就违约索赔损失，但需要对所受损失承担举证责任，而实践中往往对损失举证较难、计算复杂，实则不利于守约方维权，更不利于威慑合同相对方以促使其诚信履约。因此，在合同中约定违约金十分必要，这有利于合同当事人减轻举证负担，确定赔偿金额，快速解决纠纷，提高交易效率。在签订合同时，违约金条款应在合同中单独列出，避免将违约金等违约责任条款混入权利义务或其他条款中，作为独立存在的清算条款。违约金条款要明确约定违约金的具体金额或违约金的计算方式，当然在设置时要考虑合同本身金额，金额较小的合同可以设置明确金额的违约金，金额较大的合同优先设置违约金金额的计算方式，计算基数可以合同总金额、未履行金额等为标准，违约金比例可设置总比例或日比例。如己方占优，可将己方的计算基数、违约金比例设置得低于对方。

《民法典》第五百八十四条规定："当事人一方不履行合同义务或者履行合同义务不符合约定，造成对方损失的，损失赔偿额应当相当于因违约所造成的损失，包括合同履行后可以获得的利益；但是，不得超过违约一方订立合同时预见到或者应当预见到的因违约可能造成的损失。"第五百八十五条第二款规定："约定的违约金低于造成的损失的，人民法院或者仲裁机构可以根据当事人的请求予以增加；

约定的违约金过分高于造成的损失的，人民法院或者仲裁机构可以根据当事人的请求予以适当减少。"《全国法院贯彻实施民法典工作会议纪要》（法〔2021〕94号）11.规定："约定的违约金超过根据民法典第五百八十四条规定确定的损失的百分之三十的，一般可以认定为民法典第五百八十五条第二款规定的'过分高于造成的损失'。"根据上述规定，违约金约定应合理，合同约定过分高于损失的违约金可能无法得到法院支持，从而产生诉讼风险。

三十六、签订合同中有格式条款的，应履行主动提示、被动说明的义务，且格式条款不得违反法律规定，否则该条款将不能成为合同的内容；格式条款应表述确切，否则发生解释争议，按不利于提供方解释

格式条款是当事人为了重复使用而预先拟定，并在订立合同时未与对方协商的条款。"未与对方协商"是指没有协商的余地或者条款的制定人明确提出其制作的条款不能协商。

（一）提供格式条款的一方应履行主动提示、被动说明的义务

《民法典》第四百九十六条第二款规定："采用格式条款订立合同的，提供格式条款的一方应当遵循公平原则确定当事人之间的权利和义务，并采取合理的方式提示对方注意免除或者减轻其责任等与对方有重大利害关系的条款，按照对方的要求，对该条款予以说明。提供格式条款的一方未履行提示或者说明义务，致使对方没有注意或者理解与其有重大利害关系的条款的，对方可以主张该条款不成为合同的内容。"根据本规定，格式条款提供人的义务包括三项：一是遵循

公平原则确定当事人之间的权利和义务;二是采取合理的方式提示对方注意免除或者减轻其责任等与对方有重大利害关系的条款;三是按照对方的要求,对该条款予以说明。主动提示,是指提示义务的履行不以对方要求为条件,格式条款提供方要主动履行提示义务。对方当事人在经提示知晓格式条款的存在后,如果对格式条款不理解,对方可以要求格式条款的提供者予以说明,也就是说,说明义务以对方提出要求为条件,对方未提出说明要求的,提供者没有说明的义务,即说明义务具有被动性。《全国法院贯彻实施民法典工作会议纪要》(法〔2021〕94号)第7条规定:"提供格式条款的一方对格式条款中免除或者减轻其责任等与对方有重大利害关系的内容,在合同订立时采用足以引起对方注意的文字、符号、字体等特别标识,并按照对方的要求以常人能够理解的方式对该格式条款予以说明的,人民法院应当认定符合民法典第四百九十六条所称'采取合理的方式'。提供格式条款一方对已尽合理提示及说明义务承担举证责任。"提供格式条款的一方未履行提示或者说明义务,致使对方没有注意或者理解与其有重大利害关系的条款的,对方可以主张该条款不成为合同的内容。

例如,某贷款公司未履行格式条款提示、说明义务案。2018年8月14日,周某玲与某贷款公司在线签订一份信用贷款合同,约定贷款金额15万元,期限24个月,执行贷款年化综合利率13.1%,还款方式为等额本息。2018年9月至2020年7月期间,周某玲已还第1至23期的贷款本息共18.1万元。在偿还第24期本息时,周某玲发现涉案合同是事先拟定并可重复适用的格式合同,在签订合同时某贷款公司并未与其协商修改条款,而合同约定的等额本息计算方式是以初始贷款本金作为基数计算每期还款金额,不符合等额本息的通常计算方式，导致其多还款。周某玲遂诉至法院，要求某贷款公司退回多收利息10 197元。

广州互联网法院对此案的生效判决认为，涉案贷款合同明示的贷款年化利率是13.1%，同时格式条款规定每期还款利息以初始贷款本金来计算，此规定改变了等额本息每期利息应按期初剩余本金计算的通常计算方式，年化利率近23.4%，导致实际贷款利率严重高于合同明示贷款利率，加重了借款人的还款负担。根据《民法典》第四百九十六条规定，提供格式条款的一方即贷款人应当采取合理的方式提示借款人注意关于利率、还款方式等与其有重大利害关系的条款。但某贷款公司没有提交相应的证据证明其采用合理方式向周某玲提示或者说明实际利率、还款方式，应当认为双方就该格式条款未达成合意，某贷款公司无权据此收取利息。2021年7月20日，判决某贷款公司向周某玲返还多收款项10 089.9元。

（二）避免出现导致格式条款无效的三种情形

对格式条款法律后果的规定除了《民法典》第四百九十六条可以主张不成为合同内容之外，《民法典》第四百九十七条还规定："有下列情形之一的，该格式条款无效：（一）具有本法第一编第六章第三节和本法第五百零六条规定的无效情形；（二）提供格式条款一方不合理地免除或者减轻其责任、加重对方责任、限制对方主要权利；（三）提供格式条款一方排除对方主要权利。"本条规定格式条款无效的三种情形：一是格式条款具有《民法典》第一编第六章第三节中规定的情形应认定为无效条款，即无民事行为能力人实施的民事法律行为无效；以虚假的意思表示实施的民事法律行为无效；违反法律、行政法规的强制性规定，违背公序良俗的民事法律行为无效；恶意串通，损害他人合法权益的民事法律行为无效。《民法典》第五百零六条规定的造成对方人身损害及因故意或者重大过失造成对方财产损失的免责条款无效。二是提供格式条款的一方若存在不合理地免除或者减轻其责任、加重对方责任、限制对方主要权利的，该条款亦无效。三是提供格式条款一方排除对方主要权利的，该条款同样属于无效条款。

（三）格式条款的理解应当具有唯一性

《民法典》第四百九十八条规定："对格式条款的理解发生争议的，应当按照通常理解予以解释。对格式条款有两种以上解释的，应当作出不利于提供格式条款一方的解释。格式条款和非格式条款不一致的，应当采用非格式条款。"据此规定，对格式条款有两种以上解释的，应当作出不利于提供格式条款一方的解释。

例如，某保险公司理赔案。2017年11月，冯某被选派到某山村担任驻村第一书记，2018年、2019年、2020年省委组织部均为全省扶贫干部交纳团体保险，其中包含20万元的重大疾病保险。驻村期间冯某常有腰疼，2021年4月，驻村工作接近尾声，冯某到北京某医院就诊，被诊断为右肾肿瘤。2021年5月，冯某向某保险公司提出理赔申请，某保险公司审核后，以省委组织部2020年6月为冯某投保的保险单特别约定的保险期间为226天，即2020年5月20日至2020年12月31日，冯某2021年4月确诊已超过保险期间，不予理赔。冯某认为保险合同首页标明的保险期间是一年，即2020年6月至2021年6月，自己在保险期间患病，应当理赔，冯某遂将某保险公司起诉到法院，要求支付保险理赔款。

法院审理认为，本案保险公司提供的是格式条款，保险合同生效日期为2020年6月19日，保险合同满期日为2021年6月18日，保险期间为1年。冯某于2021年4月9日确诊为右肾肿瘤，按照上述合同内容，冯某患病发生在保险期间内，应当理赔。虽然保险公司认为保险合同中特别约定保险期间为 226 天，但该特别约定与保险合同首页约定的保险期间不一致，且该特别约定也未使用特殊字体标注，现双方对保险合同条款理解存在争议，应当作出不利于保险公司的解释。依法判决保险公司支付 20 万元理赔款。

三十七、合同被确定为无效或被撤销，因合同取得的财产，负有返还义务的，应当返还；不能返还或者没有必要返还的，应当折价给予金钱补偿；如果造成损失，过错方应当赔偿对方因合同无效所受到的损失；双方都存在过错的，各自承担相应的责任

依法成立的含义，不仅包括合同订立过程应符合法律规定，而且包括已经成立的合同应当符合法律规定的生效要件。凡不符合法律规定的要件的合同，不能产生合同的法律效力，无效合同因其违反法律、行政法规的强制性规定以及违背公序良俗，欠缺生效要件而当然无效。合同一旦被确认无效，就产生溯及既往的效力，即自合同成立时起就不具有法律的约束力。合同撤销是指当事人基于法定事由，向人民法院或者仲裁机构请求撤销该合同，使其已经发生的法律效力归于消灭；合同的撤销具有溯及力，被撤销的合同自合同成立时起就不具有法律的约束力。

（一）合同无效的情形

根据《民法典》的规定，合同无效存在以下六种情形：

1. 与无民事行为能力人签订的合同无效。《民法典》第一百四十四条规定:"无民事行为能力人实施的民事法律行为无效。"所谓无民事行为能力人,指的是:不满8周岁的未成年人;不能辨认自己行为的成年人;不能辨认自己行为的8周岁以上的未成年人。不能辨认自己行为,指因智力、精神健康原因所致;因醉酒导致不能辨认自己行为的,不属于无民事行为能力人,不得以此为由主张行为无效。需要注意的是,无民事行为能力人实施的民事法律行为一律无效,没有例外。

2. 与限制民事行为能力人签订的非纯获益的,与其年龄、智力、精神状况等不相适应的或未得到法定代理人追认的合同无效。限制民事行为能力人是指8周岁以上不满18周岁的未成年人以及不能完全辨认自己行为的成年人,但年满16周岁未满18周岁以自己劳动作为主要生活来源的视为完全民事行为能力人。

3. 与合同相对人以虚假的意思表示签订的合同无效。《民法典》第一百四十六条第一款规定:"行为人与相对人以虚假的意思表示实施的民事法律行为无效。"所谓虚假通谋,是指行为人与相对人都知道自己所表示的意思并非真意,通过"通谋"作出与真意不一致的意思表示。其特征就在于,行为人与相对人都非常清楚地知道自己所表示的意思并不是双方的真实意思表示,民事法律行为本身欠缺效果意思,双方均不希望此行为能够真正发生法律上的效力。当事人通过虚假通谋签订的买卖合同是通谋故意而为虚伪意思表示的行为,有悖于当事人的真实意思,应为无效。本条第二款规定:"以虚假的意思表示隐藏的民事法律行为的效力,依照有关法律规定处理。"所谓隐藏行为,是指双方当事人真心所欲达成的民事法律行为,被虚伪的意思表示所隐藏。对于隐藏法律行为的效力,根据本款的规定,应当依据有关法律的规定处理。即应当去追寻双方当事人真实思想表示后面所实施的民事法律行为。如果隐蔽法律行为本身有效，符合《民法典》第一百四十三条规定的"行为人具有相应的民事行为能力""不违反法律、行政法规的强制性规定，不违背公序良俗"两个条件，那么按有效处理。如果隐蔽法律行为本身无效，那么按照无效处理。如果隐蔽法律行为本身为可撤销的民事法律行为，那么按照可撤销的民事法律行为处理。

4. 违反法律、行政法规效力性强制性规定的行为无效。《民法典》第一百五十三条第一款规定："违反法律、行政法规的强制性规定的民事法律行为无效。但是，该强制性规定不导致该民事法律行为无效的除外。"按照最高法院的司法解释，强制性规定分为效力性和管理性两种，只有违反了效力性强制性规定才导致合同无效。《全国法院民商事审判工作会议纪要》（法〔2019〕254号）30.【强制性规定的识别】明确下列强制性规定，应当认定为"效力性强制性规定"：强制性规定涉及金融安全、市场秩序、国家宏观政策等公序良俗的；交易标的禁止买卖的，如禁止人体器官、毒品、枪支等买卖；违反特许经营规定的，如场外配资合同；交易方式严重违法的，如违反招投标等竞争性缔约方式订立的合同；交易场所违法的，如在批准的交易场所之外进行期货交易。关于经营范围、交易时间、交易数量等行政管理性质的强制性规定，一般应当认定为"管理性强制性规定"。如《民法典》第六百八十三条第二款有关"以公益为目的的非营利法人、非法人组织不得为保证人"的规定，即为效力性强制性规定，违反此规定的保证合同无效。

5. 违背公序良俗的民事法律行为无效。民法典第一百五十三条第二款规定："违背公序良俗的民事法律行为无效。"公序良俗，包括公共秩序与善良风俗两个方面，其中公共秩序是指法律秩序，善良风俗是指法律秩序之外的道德。例如，最高人民法院指导案例170号（最高人民法院审判委员会讨论通过，2021年11月9日发布）：饶国礼诉某物资供应站等房屋租赁合同纠纷案（2019）（最高法民再97号）。民事判决认为，将经鉴定机构鉴定存在严重结构隐患，或将造成重大安全事故的应当尽快拆除的危房出租用于经营酒店，危及不特定公众人身及财产安全，属于损害社会公共利益、违背公序良俗的行为，应当依法认定租赁合同无效。

6. 与相对人恶意串通损害他人利益的合同无效。《民法典》第一百五十四条规定："行为人与相对人恶意串通，损害他人合法权益的民事法律行为无效。"所谓恶意串通，是指行为人与相对人互相勾结，为谋取私利而实施的损害他人合法权益的民事法律行为。恶意串通损害他人合法权益的民事法律行为，具有以下特点：一是各方当事人都出于恶意。即当事人明知其所实施的民事法律行为将造成他人的损害而故意为之，主观上具有损害第三人合法权益的故意。二是当事人之间互相串通，即当事人之间存在着意思联络或者沟通，都希望通过实施某种民事法律行为而损害特定第三人的合法利益。三是损害了特定第三人的合法权益。关于恶意串通的构成，最高人民法院通过司法解释和一些个案的复函或者裁判意见阐明了据以认定的关键要件：一是当事人之间均明知存在某种情形，二是合同当事人为一方之私利而相互串通，其后果是损害国家、集体或第三人的利益。

此外，不合理地免除或者减轻自己责任、加重对方责任、限制或者排除对方主要权利，与对方有重大利害关系的条款未履行提示或说明义务，致使对方没有注意或者理解的格式条款无效。造成对方人身损害的，因故意或者重大过失造成对方财产损失的免责条款无效。

(二) 合同可撤销的情形

根据《民法典》第一百四十七条、第一百四十八条、第一百四十九条、第一百五十条、第一百五十一条的规定，合同可撤销的情形有：

1. 基于重大误解签订的合同，当事人可以请求人民法院或仲裁机构撤销。需要明确的是，这里的"重大误解"必须是对行为人的民事权利义务产生重大影响的误解，如果误解不是重大，法律不允许行为人基于该误解行使撤销权。

2. 一方以欺诈手段，使对方在违背真实意思的情况下实施的民事法律行为，受欺诈方有权请求人民法院或者仲裁机构予以撤销。

3. 第三人实施欺诈行为，使一方在违背真实意思的情况下实施的民事法律行为，对方知道或者应当知道该欺诈行为的，受欺诈方有权请求人民法院或者仲裁机构予以撤销。

4. 一方或者第三人以胁迫手段，使对方在违背真实意思的情况下实施的民事法律行为，受胁迫方有权请求人民法院或者仲裁机构予以撤销。

5. 一方利用对方处于危困状态、缺乏判断能力等情形，致使民事法律行为成立时显失公平的，受损害方有权请求人民法院或者仲裁机构予以撤销。

《全国法院贯彻实施民法典工作会议纪要》（法〔2021〕94号）明确，行为人因对行为的性质，对方当事人，标的物的品种、质量、规格和数量等的错误认识，使行为的后果与自己的意思相悖，并造成较大损失的，人民法院可以认定为《民法典》第一百四十七条、第一百五十二条规定的重大误解；故意告知虚假情况，或者故意隐瞒真实情况，诱使当事人作出错误意思表示的，人民法院可以认定为《民法典》第一百四十八条、第一百四十九条规定的欺诈；以给自然人及其亲友的生命、身体、健康、名誉、荣誉、隐私、财产等造成损害或者以给法人、非法人组织的名誉、荣誉、财产等造成损害为要挟，迫使其作出不真实的意思表示的，人民法院可以认定为《民法典》第一百五十条规定的胁迫。

（三）行使合同无效确认之诉和合同撤销权的时效

1. 提起合同无效之诉，不受时效期间的限制。合同当事人不享有确认合同无效的法定权利，只有仲裁机构和人民法院有权确认合同是否有效。合同效力的认定，实质是国家公权力对民事行为进行的干预。合同无效系自始无效，单纯的时间经过不能改变无效合同的违法性。当事人请求确认合同无效，不受诉讼时效期间的限制。所以在原告提起合同无效之诉的情况下，被告方是不可以超过了诉讼时效为由对抗原告方主张合同无效的主张的。需要明确的是，依据《民法典》的规定，合同当事人已经履行了合同的，并不影响合同效力的认定。如果合同存在违反法律强制性规定、当事人没有民事行为能力、违反公序良俗等情形的，可以认定已经履行的合同无效。

2. 合同撤销权的行使受时效限制，当事人应当在时效内及时主张权利。《民法典》第一百五十二条规定："有下列情形之一的，撤销权消灭：（一）当事人自知道或者应当知道撤销事由之日起一年内、重大误解的当事人自知道或者应当知道撤销事由之日起九十日内没有行使撤销权；（二）当事人受胁迫，自胁迫行为终止之日起一年内没有行使撤销权；（三）当事人知道撤销事由后明确表示或者以自己的行为表明放弃撤销权。当事人自民事法律行为发生之日起五年内没有行使撤销权的，撤销权消灭。"根据该规定，当事人享有的撤销权必须在时效期限内行使，这个期间一旦经过，则撤销权消灭，可撤销的合同确定地变为有效的合同。

（四）合同被认定无效或被撤销后的法律后果

《民法典》第一百五十七条规定："民事法律行为无效、被撤销或者确定不发生效力后，行为人因该行为取得的财产，应当予以返还；不能返还或者没有必要返还的，应当折价补偿。有过错的一方应当赔偿对方由此所受到的损失；各方都有过错的，应当各自承担相应的责任。法律另有规定的，依照其规定。"根据该规定，合同被确定为无效或被撤销后的法律后果为：（1）合同自始无效，无效、被撤销的合同自始没有法律约束力。(2) 返还财产，因合同取得的财产，负有返还义务的，应当返还。不能返还或者没有必要返还的，应当折价给予金钱补偿。（3）赔偿损失，如果因合同无效或被撤销造成损失的，过错方应当赔偿对方因合同无效或被撤销所受到的损失；双方都存在过错的，按照过错程度、性质，根据过失相抵原则，由双方各自承担相应的责任，故意一方的责任应大于过失一方的责任。（4）追缴财产，对于违反国家利益和社会公共利益的无效合同，如果当事人双方都是故意的，就应当将双方已经取得或者约定取得的财产收归国家所有。如果只有一方是出于故意的，那么故意的一方应将从对方取得的财产返回给对方；非故意的一方已经从对方取得的或者约定取得的财产，应收归国家所有。需要强调的是，"合同无效，合同约定的违约金条款也无效"。

根据《全国法院民商事审判工作会议纪要》（法〔2019〕254号）33.：合同不成立、无效或被撤销后，在确定合同无效后财产返还或者折价补偿范围时，要根据诚实信用原则的要求，在当事人之间合理分配，不能使不诚信的当事人因合同无效而获益。合同无效情况下当事人所承担的缔约过失责任不应超过合同履行利益。合同被确认无效后，在确定财产返还时，要充分考虑财产增值或者贬值的因素。双务合同无效，双方因该合同取得财产的，应当相互返还。应予返还的股权、房屋等财产相对于合同约定价款出现增值或者贬值的，要综合考虑市场因素、受让人的经营或者添附等行为与购产增值或者贬值之间的关联性，在当事人之间合理分配或者分担，避免一方因合同无效而获益。本条规定仅返还财产不足以弥补损失的，一方还可以请求有过错的另一方承担损害赔偿责任。另外，又规定在确定损害赔偿范围时，既要根据当事人的过错程度合理确定责任，又要考虑在确定财产返还范围时已经考虑过的财产增值或者贬值因素，避免出现双重获利或者双重受损的现象发生。实践中，损害赔偿责任一般应具备以下要件：①有损害事实存在；②赔偿义务人具有过错；③过错行为导致了损失产生；④以对方的信赖利益损失为限。如果双方当事人故意违法，恶意串通，损害国家、集体或者第三人利益的，因此取得的财产收归国家所有或者返还集体、第三人。

合同无效后，若一方当事人对合同无效存在过错，且对方当事人因此遭受损失的，过错方应基于缔约过失行为向对方当事人承担赔偿损失的法律责任，所赔偿的损失限于信赖利益（包括直接损失和间接损失），不包括在合同有效情形下通过履行可以获得的利益。认定损失赔偿数额时，应根据案件具体情形判断各项损失应否全额赔偿，若受害人也存在过错的，受害人应根据自己的过错程度承担相应的责任。根据《全国法院民商事审判工作会议纪要》（法〔2019〕254号）32.：合同不成立、无效或被撤销情况下，当事人所承担的缔约过失责任不应超过合同履行利益。缔约过失责任是以补偿缔约相对人损害后果为特征的民事责任，既不同于违约责任，也有别于侵权责任，是一种独立的责任。信赖利益的损失是指因为信赖合同的成立和生效所支出的各种费用,具体包括:第一,因信赖对方要约邀请和要约有效而与对方联系、实地考察以及检查标的物等所支出的各种合理费用;第二,因信赖对方将要缔约,为缔约做各种准备工作并为此所支出的各种合理费用;第三,为支出上述各种费用所失去的利息。应当指出,各种费用的支出必须是合理的,而不是受损害方所任意支出的。按照"谁主张,谁举证"原则,直接损失的费用由受损害方举证。

三十八、依法成立的合同,可以通过双方协商或依双方的约定解除;因法定事由的出现,可单方解除;合同解除的,合同权利义务关系终止

合同解除,是指合同当事人一方或者双方依照法律规定或者当事人的约定,依法解除合同效力的行为。合同解除以有效合同为标的,其法律效果是使合同关系消灭。

(一) 合同解除的种类

合同解除包括当事人以意思自治的协商解除、约定解除和当法定事由出现时即可单方解除的法定解除。

1. 约定解除,是指当事人以合同形式,约定为一方或双方保留解除权的解除。其中,保留解除权的合意,称之为解约条款。解除权可以保留给当事人一方,也可以保留给当事人双方。保留解除权,可以在当事人订立合同时约定,也可以在以后另订立保留解除权的合同。《民法典》第五百六十二条规定:"当事人协商一致,可以解除合同。当事人可以约定一方解除合同的事由。解除合同的事由发生时，解除权人可以解除合同。"根据本条规定，约定解除包括协议解除和约定解除两种情况。协议解除是在合同成立后，未履行或未完全履行时，当事人双方通过协商解除合同，从而使合同效力消灭的行为，它不以解除权的存在为必要，解除行为也不是解除权的行使。约定解除是指当事人双方在合同中约定，在合同成立以后，没有履行或没有完全履行之前，由当事人一方在某种解除合同的条件成就时享有解除权，并可以通过行使合同解除权使合同关系消灭。约定解除是根据当事人的意思表示产生的，其本身具有较大的灵活性，作为市场主体，为了适应复杂多变的市场情况，当事人有必要把合同条款规定得更细致、更灵活、更有策略性，其中应包括保留解除权的条款，使自己处于主动而有利的地位。

约定解除权的事由发生，合同并不必然可以解除。《全国法院民商审判工作会议纪要》（法〔2019〕254号）47.规定："合同约定的解除条件成就时，守约方以此为由请求解除合同的，人民法院应当审查违约方的违约程度是否显著轻微，是否影响守约方合同目的实现，根据诚实信用原则，确定合同应否解除。违约方的违约程度显著轻微，不影响守约方合同目的实现，守约方请求解除合同的，人民法院不予支持；反之，则依法予以支持。"

2. 法定解除，是指在合同成立以后没有履行或者没有全部履行完毕之前，当事人一方通过行使法定的解除权而使合同效力消灭的行为。其特点在于，只要发生法律规定的可解除合同的情形，当事人即可解除合同，而无须征得对方当事人的同意。《民法典》第五百六十三条第一款对法定解除条件明确规定为：（1）因不可抗力致使不能实现合同目的；（2）在履行期限届满前，当事人一方明确表示或者以自己的行为表明不履行主要债务；（3）当事人一方迟延履行主要债务，经催告后在合理期限内仍未履行；(4)当事人一方迟延履行债务或者有其他违约行为致使不能实现合同目的；(5)法律规定的其他情形。需要注意的是，根据本条款第三项的规定，有效合同的解除，在拒绝履行或不履行场合，非违约方无需催告就可以直接解除合同，只有迟延履行才须经催告解除；而根据本条款第四项的规定，只要债务人陷入迟延，即可认为构成根本违约，非违约方不必再发催告，可立即解除合同。

此外，根据《民法典》第五百六十三条第一款第五项规定，有法律明文规定的其他合同解除的情形，当事人亦可以主张解除合同。这里的"法律明文规定的其他合同解除的情形"，既包括《民法典》所规定的当事人可以请求解除合同的情形，也包括其他民事特别法、司法解释所确立的法定解除情形。例如，《最高人民法院关于审理涉及国有土地使用权合同纠纷案件适用法律问题的解释》（法释〔2020〕17号修正）第四条规定，土地使用权出让合同的出让方因未办理土地使用权出让批准手续而不能交付土地，受让方可以请求解除合同。《最高人民法院关于审理融资租赁合同纠纷案件适用法律问题的解释》（法释〔2020〕17号修正）第五条规定，承租人未按照合同约定的期限和数额支付租金，符合合同约定的解除条件，经出租人催告后在合理期限内仍不支付的；合同对于欠付租金解除合同的情形没有明确约定，但承租人欠付租金达到两期以上，或者数额达到全部租金15%以上，经出租人催告后在合理期限内仍不支付的；承租人违反合同约定，致使合理目的不能实现的其他情形的，出租人可以请求解除融资租赁合同。

（二）"不能实现合同目的"是合同法定解除的实质性条件

单纯的违约并非合同解除的主要根据，只有在一方构成根本违约，使合同履行成为不必要或不可能时方可解除合同。根本违约，是指当事人一方迟延履行债务或者其他违约行为将导致合同相对方合同目的落空的违约方的严重违约行为。根本违约的构成要件是一般违约的构成要件，加上因违约行为导致的合同目的不能实现，其法律效果是当一方根本违约时，另一方当事人可以解除合同并要求对方承担违约责任。"不必要"是指订立合同所期望的经济利益不能实现，或者说主要合同意图不能实现。"不可能"是指按合同约定的给付，在事实上不可能。对此，《民法典》五百六十三条第一款第四项规定："当事人一方迟延履行债务或者有其他违约行为致使不能实现合同目的，当事人可以解除合同。"第六百一十条规定："因标的物不符合质量要求，致使不能实现合同目的的，买受人可以拒绝接受标的物或者解除合同。买受人拒绝接受标的物或者解除合同的，标的物毁损、灭失的风险由出卖人承担。"第七百二十四条规定，非承租人原因致使租赁物无法使用的，承租人可以解除合同。

合同目的能否实现是判断能否解除合同的实质性标准，即无论何种给付障碍形态，均须达到合同目的不能实现的程度，方能行使法定解除权。简言之，只有合同的履行达到缔约目的不可获得实现，方能行使法定解除权。因合同目的不能实现而解除合同，适用于迟延履行、不能履行、不适当履行、拒绝履行等各种违约形态；履行合同是否能实现盈利，仅为合同动机而并非合同目的，当事人不能仅以其盈利目的落空为由主张合同目的不能实现。根据最高人民法院《关于审理买卖合同纠纷案件适用法律问题的解释》第十九条"出卖人没有履行或者不当履行从给付义务，致使买受人不能实现合同目的，买受人主张解除合同的，人民法院应当根据民法典第五百六十三条第一款第四项的规定，予以支持"的规定，债务人不履行非合同主要债务的行为，只要满足能够认定违约方的行为构成根本违约之条件，严重影响债权人订立合同所期望的经济利益，均可导致合同的解除。对此，《民法典》第六百三十四条第一款规定："分期付款的买受人未支付到期价款的数额达到全部价款的五分之一，经催告后在合理期限内仍未支付到期价款的，出卖人可以请求买受人支付全部价款或者解除合同。"

（三）合同解除权的行使方式和行使时效

即使在符合法定或约定要件的情况下，也不产生当然解除的效力；只有通过一定的行为并在一定的时间内行使该行为才能产生合同被解除的法律效果。

1. 当事人行使解除权必须做出一定的意思表示。《民法典》第五百六十五条规定："当事人一方依法主张解除合同的，应当通知对方。合同自通知到达对方时解除；通知载明债务人在一定期限内不履行债务则合同自动解除，债务人在该期限内未履行债务的，合同自通知载明的期限届满时解除。对方对解除合同有异议的，任何一方当事人均可以请求人民法院或者仲裁机构确认解除行为的效力。当事人一方未通知对方，直接以提起诉讼或者申请仲裁的方式依法主张解除合同，人民法院或者仲裁机构确认该主张的，合同自起诉状副本或者仲裁申请书副本送达对方时解除。"根据《全国法院民商事审判工作会议纪要》（法〔2019〕254号）46.规定，只有享有法定或者约定解除权的当事人才能以通知方式解除合同。不享有解除权的一方向另一方发出解除通知，另一方即便未在异议期限内提起诉讼，也不发生合同解除的效果。

2. 解除权必须在约定期限或法律规定的期限内行使。解除合同的意思表示应在约定或者法律规定的期限内作出，如果没有在上述期间作出解除合同的意思表示，则产生解除权消灭的法律后果。《民法典》第五百六十四条规定："法律规定或者当事人约定解除权行使期限，期限届满当事人不行使的，该权利消灭。法律没有规定或者当事人没有约定解除权行使期限，自解除权人知道或者应当知道解除事由之日起一年内不行使，或者经对方催告后在合理期限内不行使的，该权利消灭。"根据本条规定，法律规定或当事人约定解除权行使期限，期限届满当事人不行使的，该权利消灭。法律没有规定或者当事人没有约定解除权行使期限，自解除权人知道或者应当知道解除事由之日起一年内不行使，或者经对方催告后在合理期限内不行使的，该权利消灭。根据《民法典》第九百三十三条的规定，委托人或者受托人可以随时解除委托合同。

（四）合同解除权由守约方享有，违约方原则上不享有解除权

根据《民法典》第五百六十三条第一款的规定，在合同一方当事人违约的情况下，享有合同解除权的民事主体仅限于合同的非违约方。即因合同一方违约而解除合同，是法律赋予非违约方可以采取的补救方式。合同解除权作为非违约方享有的法定权利，非违约方享有是否继续受到合同约束的选择权，而违约方则无此选择权。因此，即使合同一方违约，可能导致非违约方的合同目的难以实现，但非违约方仍然愿意继续履行合同的，其该项选择权应当得到法律保护。违约方不得以承担违约责任为代价要求解除合同。

最高人民法院（2020）最高法民申6019号民事裁定书明确：使用通知方式解除合同的权利属于享有法定或者约定解除权的当事人才能行使的权利，作为违约方，并不享有该单方通知解除权。如违约方认为合同的继续履行将给其自身造成重大损害而对其显失公平，则应当通过起诉的方式向法院提出解除合同的诉讼请求，违约方向守约方发送解除合同的通知,不能产生解除双方之间合同的法律后果。合同解除也不影响违约方违约责任的承担。最高人民法院2019年11月印发的《全国法院民商事审判工作会议纪要》(法〔2019〕254号)48.明确:"违约方不享有单方解除合同的权利。但是,在一些长期性合同如房屋租赁合同履行过程中,双方形成合同僵局,一概不允许违约方通过起诉的方式解除合同,有时对双方都不利。在此前提下,符合下列条件,违约方起诉请求解除合同的,人民法院依法予以支持:(1)违约方不存在恶意违约的情形;(2)违约方继续履行合同,对其显失公平;(3)守约方拒绝解除合同,违反诚实信用原则。人民法院判决解除合同的,违约方本应当承担的违约责任不能因解除合同而减少或者免除。"《民法典》第五百八十条第二款规定:有"法律上或者事实上不能履行;债务的标的不适于强制履行或者履行费用过高;债权人在合理期限内未请求履行"情形之一,致使不能实现合同目的的,人民法院或者仲裁机构可以根据当事人的请求终止合同权利义务关系,但是不影响违约责任的承担。《全国法院民商事审判工作会议纪要》和《民法典》的相关条款实际上赋予了违约方在特殊情形下享有请求人民法院或者仲裁机构解除合同的权利,只是其所享有的仅仅是申请司法解除合同的权利,而非解除合同的权利,该款并未规定违约方的解除权或者形成诉权,而是司法的解除权。在合同因违约方请求解除而合同终止以后,违约方因为违反合同约定应当承担的责任,不因合同终止而免除。

例如,某违约方起诉解除合同,法院判决解除合同、赔偿损失案。2022年2月24日,杜某与郑某签订《租赁合同》承租郑某的商铺,双方约定年租金3万元,押金5 000元。郑某于当天收取杜某房屋租金及押金共计35 000元。2月27日,杜某在装修房屋时发现商铺柱子开裂并告知房东郑某。3月1日，承租人杜某向郑某发出解除房屋租赁合同通知，郑某未同意。3月2日，房产公司对开裂问题进行了维修。同日，杜某将装修材料清理出承租房屋。3月7日，经当地建筑工程质量监督站调查和监督，开裂部位在构造柱，不影响主体结构安全，可进行维修。4月2日，承租人杜某诉至法院请求确认解除双方房屋租赁合同，并要求返还其交付的租金及押金。5月7日，出租人郑某亦诉至法院请求确认解除房屋租赁合同通知不产生解除合同的效力。

　　法院审理后认为：依法成立的合同，对当事人具有法律约束力，当事人应当按照约定履行自己的义务，不得擅自变更或者解除合同。原被告双方并未能通过协商一致的方式达成解除合意，案涉合同并未就合同解除情形进行约定，因此不存在约定解除的情形。根据《民法典》的规定，当事人一方迟延履行债务或者有其他违约行为致使不能实现合同目的，当事人才有权解除合同。杜某向政府主管部门就房屋质量问题进行了投诉，但在处理意见出来之前就提出解除租赁合同，不符合不能实现合同目的的情形，杜某亦不享有法定解除权。因此判决杜某向郑某发出的解除合同通知并不发生合同解除的效力。虽然杜某向郑某发出的解除合同的通知不发生合同解除的效力，但依据《全国法院民商事审判工作会议纪要》第48条之规定，违约方起诉解除合同需要同时具备三个条件：一是违约方不存在恶意违约的情形；二是违约方继续履行合同，对其显失公平；三是守约方拒绝解除合同，违反诚实信用原则。本案中，双方的房屋租赁合同属于持续性履行合同，合同解除的初始是因杜某认为开裂的系承重柱影响房屋安全导致，主观上认为自己有解除权，并无违约的故意。同时杜某已将装修材料搬离出承租房屋，合同履行形成僵局，案涉合同应予以解除，但合同解除并不影响杜某应承担的违约责任，考虑诉讼期间房租损失等因素，综合确定杜某承担年租金20%即6 000元的违约责任。鉴于杜某已向郑某支付房屋租金和押金共计35 000元，遂判令出租人郑某返还杜某租金及押金29 000元。案件判决后，承租人杜某不服提起上诉，二审审理后认为，原审判决认定事实清楚，适用法律正确，驳回上诉，维持原判。

（五）合同解除的法律后果

《民法典》第五百六十六条第一款规定："合同解除后，尚未履行的，终止履行；已经履行的，根据履行情况和合同性质，当事人可以请求恢复原状或者采取其他补救措施，并有权请求赔偿损失。"该条第二款规定："合同因违约解除的，解除权人可以请求违约方承担违约责任，但是当事人另有约定的除外。"合同解除后，尚未履行的，终止履行；已经履行的，根据履行情况和合同性质，当事人可以请求恢复原状或者采取其他补救措施，并有权请求赔偿损失；因对方违约而解除的，守约方可要求违约方承担违约责任。

三十九、当事人在合同履行中，应当秉持"及时"理念，以此防控合同风险

（一）及时履行，以避免价格风险

《民法典》第五百一十三条规定："执行政府定价或者政府指导价的，在合同约定的交付期限内政府价格调整时，按照交付时的价格计价。逾期交付标的物的，遇价格上涨时，按照原价格执行；价格下降时，按照新价格执行。逾期提取标的物或者逾期付款的，遇价格上

涨时，按照新价格执行；价格下降时，按照原价格执行。"根据本条规定，价格的执行，分为两种情况：第一种情况是，合同当事人均没有违约行为，在合同约定的交付期限内，政府价格进行了调整，则按照交付时的价格计价，即计价标准按照交付时为准，不以合同订立时约定的价格为准；第二种情况是，合同当事人出现了逾期违约行为，此时，如果政府价格调整，由逾期违约方承担相应的违约责任，即差价损失。具体来说，卖方逾期交付标的物的，价格上涨时，按原价格执行，价格下降时，按新价格执行；买方逾期付款或者逾期提取标的物的，价格上涨时，按照新价格执行，价格下降时，按原价格执行。需要强调的是，政府指导价和政府定价，属于强制性规定，对于定价目录内的商品和服务，合同双方当事人都需要遵守。

（二）及时验收，以避免质量纠纷风险

买方收货后及时检验，质量不合格时及时提出质量异议，是买方维护自身核心利益的基本要求。根据《民法典》的规定，买受人收到标的物时应当在约定的检验期间内检验。没有约定检验期间的，应当及时检验。当事人约定检验期间的，买受人应当在检验期间内将标的物的数量或者质量不符合约定的情形通知出卖人。买受人怠于通知的，视为标的物的数量或者质量符合约定。当事人没有约定检验期间的，买受人应当在发现或者应当发现标的物的数量或者质量不符合约定的合理期间内通知出卖人。买受人在合理期间内未通知或者自标的物收到之日起两年内未通知出卖人的，视为标的物的数量或者质量符合约定，但对标的物有质量保证期的，适用质量保证期，不适用该两年的规定。出卖人知道或者应当知道提供的标的物不符合约定的，买受人不受上述规定的通知时间的限制。验货不及时、提出质量异议形式不规范等，会给后期追偿带来很大障碍。有时甚至因为怠于行使权

利，不合格产品被法律推定为合格产品，造成不应有的损失。因此，作为买方应在约定期限或合理期限内及时验货，质量不合格时及时固定证据提出书面异议，保留卖方对质量异议的书面回复等证据。

（三）及时止损，避免损失扩大自负的风险

《民法典》第五百九十一条规定："当事人一方违约后，对方应当采取适当措施防止损失的扩大；没有采取适当措施致使损失扩大的，不得就扩大的损失请求赔偿。当事人因防止损失扩大而支出的合理费用，由违约方负担。"即当事人一方违约时，对方当事人负有防止损失扩大的减损义务；一方当事人在对方违约行为发生后，未能采取适当措施防止损失的扩大，致使损害扩大，违约方对扩大的损失不承担赔偿责任。

例如，甲公司于2019年5月在深圳市的中心地带租赁了一处商住物业，用于瑜伽馆经营，总面积300多平方米。由于新冠肺炎疫情的出现，瑜伽馆的生意一落千丈。2020年2月，甲公司决定关闭瑜伽馆，并希望单方终止与出租人乙公司之间的《租赁合同》，但经过与房东乙公司多番协商均无果。2020年9月，乙公司提起了诉讼，要求没收甲公司原先交付的保证金，并支付2020年1—9月的租金、滞纳金、违约金，共计110余万。法院认为：原告（乙公司）作为出租方，在被告（甲公司）违约未付租金，且已发出提前解除合同通知的情况下，负有止损义务，但原告直至2020年9月才发出解除合同通知，原告怠于行使合同解除权，放任损失的扩大，该扩大损失应由原告自行承担。法院酌情确定原告可行使合同解除权并另行出租涉案房产的合理时间为3个月。判决：原告有权没收保证金21万元，被告支付1—3月的租金及滞纳金，驳回原告其他诉讼请求。

(四) 及时对账确认，避免结算风险

对账单、确认书等法律文书，对货物交付、结算等阶段性履约事实，具有极强的证明力，能极大地压缩违约空间，可有效减少诉讼成本。因此，在实际操作上，当交易出现延期付款等违约行为时，要及时与对方签署对账单等法律文书，确认并固定债权证据；对双方持续交易要进行阶段性对账确认；对账确认后双方要就还款计划、违约责任、担保条款等作出书面安排。

需要注意的是，对账确认的欠条标明具体还款日期的，从还款日到期的次日（即还款日期的第二天）计算时效，时间3年。欠条上没有标明还款日期的，根据《最高人民法院关于债务人在约定的期限届满后未履行债务而出具没有还款日期的欠款条诉讼时效期间应从何时开始计算问题的批复》（法释〔2020〕17号修正，自2021年1月1日起施行）明确："双方当事人原约定，供方交货后，需方立即付款。需方收货后因无款可付，经供方同意写了没有还款日期的欠款条。根据民法典第一百九十五条的规定，应认定诉讼时效中断。如果供方在诉讼时效中断后一直未主张权利，诉讼时效期间则应从供方收到需方所写欠款条之日起重新计算。"简言之，欠条没有约定还款日期，这个欠条的诉讼就是从出具欠条之日计算时效了，比如2023年2月10日出具的，时效的起始期限就是从2023年2月10日起计算。根据《民法典》的规定：向人民法院请求保护民事权利的诉讼时效期间为3年。法律另有规定的，依照其规定。2023年2月10日出具的欠条诉讼时效最晚应为2026年2月9日。一旦过了时效，债权人的权利就难以得到法律保护。

(五) 及时收集证据，避免诉讼风险

发现对方存在违约时，要注意固定对方违约证据，民事诉讼秉持

"谁主张、谁举证"的证据规则，打"官司"凭的是证据。不注意固定对方违约证据，在不得已诉讼时，就有可能因无法有效提供对方违约证据，而承受不利的诉讼结果。

（六）全面履行合同，从根本上杜绝违约责任风险

当事人应当遵循诚信原则，全面履行合同义务。《民法典》五百七十七条规定："当事人一方不履行合同义务或者履行合同义务不符合约定的，应当承担继续履行、采取补救措施或者赔偿损失等违约责任。"第五百八十三条规定："当事人一方不履行合同义务或者履行合同义务不符合约定的，在履行义务或者采取补救措施后，对方还有其他损失的，应当赔偿损失。"第五百八十四条规定："当事人一方不履行合同义务或者履行合同义务不符合约定，造成对方损失的，损失赔偿额应当相当于因违约所造成的损失，包括合同履行后可以获得的利益；但是，不得超过违约一方订立合同时预见到或者应当预见到的因违约可能造成的损失。"根据上述规定，合同违约责任包括：(1) 继续履行，守约方可以要求违约方按照合同约定继续履行，直至达到合同目的。(2) 采取补救措施，在无须继续履行而只需要采取适当补救措施即可达到合同目的或守约方认为满意的目的时，守约方可要求违约方采取补救措施。(3) 支付违约金，违约方根据合同约定向守约方支付违约金，如果合同约定承担违约责任后，仍需继续履行合同的，合同继续履行。(4) 赔偿损失，一方因违约给对方造成实际损害的，按实际损害数额给予赔偿。

四十、合同履行过程中当事人可通过变更或解除合同，行使合同履行抗辩权、行使债权人的代位权和债权人的撤销权等，防控合同履行风险

（一）当情势发生重大变化，合同继续履行显失公平时，当事人可与合同相对方协商变更合同或请求人民法院、仲裁机构变更或解除合同

《民法典》第五百三十三条规定："合同成立后，合同的基础条件发生了当事人在订立合同时无法预见的、不属于商业风险的重大变化，继续履行合同对于当事人一方明显不公平的，受不利影响的当事人可以与对方重新协商；在合理期限内协商不成的，当事人可以请求人民法院或者仲裁机构变更或者解除合同。人民法院或者仲裁机构应当结合案件的实际情况，根据公平原则变更或者解除合同。"本条规定确立了情势变更原则。根据本条的规定，当出现情势变更的重大变化，使合同显失公平且该重大变化不能归入商业风险范畴时，当事人可以：（1）协商变更合同。法律优先考虑在最大的限度范围内维持原有的合同关系，这是民事法律规范意思自治、诚实信用的应有之义，协商变更合同即对双方权利义务重新进行调整，促使双方能够继续公平履行合同。（2）请求人民法院或仲裁机构变更或解除合同。因情势变更解除合同必须达到"继续履行合同对一方当事人明显不公平或者不能实现合同目的"的情形，否则无变更或解除的可能。

根据《民法典》的规定，适用情势变更原则应当同时符合：（1）具有情势重大的异常变动的客观事实，这是适用情势变更原则的前提条件。（2）情势重大变动是当事人在订立合同时主观上所不可预

见且不可避免的，合同双方当事人在心态上都不存在过错。不可预见，是以合同成立之时具有该类合同所需要的专业知识及正常思维在当时情况下不可能预见；不可避免，是指事前无法预防，事后尽一切措施也无法消除其影响。(3)情势变更的事实发生于合同有效成立后，履行完毕之前。(4)双方当事人对情势重大变动的发生都无过错无需担责，双方或一方当事人对情势变动的发生有过错的，不能适用情势变更原则。(5)因情势变更会导致合同的履行显失公平的结果出现，这是情势变更原则的核心要件。(6)当事人无法获得别的救济，减少或消除情势变更的影响。

需要强调的是，构成情势变更的"对于当事人一方明显不公平的"，应是指继续履行合同会造成一方当事人履约能力严重不足、履约特别困难、继续履约无利益并对其利益造成重大损害，以及明显违反公平、等价有偿原则等情形。情势变更原则只有在合同赖以成立的基础发生巨大变化，继续履行合同显失公平，双方当事人的利益严重失衡时才能适用。一方当事人主张适用情势变更原则的应提供充分证据证明合同履行受到难以克服的障碍从而无法履行。

（二）在双方具有对应合同义务关系情况下，当事人可行使合同履行中的抗辩权防控自身风险

合同履行抗辩权是指当事人一方在对方提出实现其合同权利的要求时，以法律规定和必要的事实条件对抗对方当事人的履行请求权，暂时中止履行其债务的权利。合同履行抗辩权包括：同时履行抗辩权、后履行抗辩权和不安抗辩权。

1. 同时履行抗辩权。《民法典》第五百二十五条规定："当事人互负债务，没有先后履行顺序的，应当同时履行。一方在对方履行之前有权拒绝其履行请求。一方在对方履行债务不符合约定时，有权拒绝其相应的履行请求。"同时履行抗辩权的效力，在于对方当事人未及时履行义务时，当事人可以暂时不履行自己的义务且不承担违约责任，但同时履行抗辩权的成立不导致合同终止，不能消灭对方的请求，也不能消灭自己所负的债务，当对方当事人履行后，同时履行抗辩权的效力即告终止，当事人须依合同履行自己一方的合同义务。例如，甲、乙公司签订了一项1亿元的房屋买卖合同，合同约定甲公司于当年9月1日向乙公司交付房屋，并办理登记手续，乙公司则向甲公司分三次付款：第一期支付2 000万元，第二期支付3 000万元，第三期则在9月1日甲公司向乙公司交付房屋时支付5 000万元。在签订合同后，乙公司按期支付了第一期、第二期款项共5 000万元。9月1日，甲公司将房屋的钥匙移交乙公司，但并未立即办理房产所有权移转登记手续。因此，乙公司表示剩余款项在登记手续办理完毕后再付。在合同约定付款日期（9月1日）7日后，乙公司仍然没有付款，甲公司遂以乙公司违约为由诉至法院，请求乙公司承担违约责任。乙公司则以甲公司未按期办理房产所有权移转登记手续为由抗辩。乙公司的抗辩得到法院支持。

2. 后履行抗辩权。《民法典》第五百二十六条规定："当事人互负债务，有先后履行顺序，应当先履行债务一方未履行的，后履行一方有权拒绝其履行请求。先履行一方履行债务不符合约定的，后履行一方有权拒绝其相应的履行请求。"可见，提出后履行抗辩权的一方必须是义务在后的一方。后履行抗辩权的行使在本质上是对违约的抗辩，发生后履行一方可暂时中止履行自己债务的效力，对抗先履行一方的履行请求，且对自己的逾期履行不承担违约责任，并不导致对方当事人债务的消灭。但在先履行一方履行不当时，后履行一方可拒绝履行的部分应当与此相当，不得超出必要的限度。当先履行一方纠正其违约行为，使合同的履行趋于正常，满足或基本满足另一方的履行利益时，后履行抗辩权消灭，行使后履行抗辩权的一方应当及时恢复履行，否则构成违约。

例如，永丰公司与顺风公司签订新闻造纸机合同一份。合同约定，永丰公司向顺风公司提供新闻造纸机一台，并负责安装调试，合同总价218万元。技术参数：车速90—180米/分；日产量15吨/天。顺风公司在合同签订后的第一个月付40万元，第二个月付50万元，发货后付50万元，安装后付30万元，安装调试验收后6个月内付清余款。合同定金20万元，签约后即付，且定金到账后合同生效。质量保证期限为一年。合同签订后顺风公司立即支付了定金。2018年4月设备安装调试完毕，顺风公司经验收签字接收。因未能达到合同约定的技术参数（车速90—180米/分，日产量15吨/天），永丰公司多次派员到顺风公司对新闻造纸机进行调试检修，但未能最终实现"提高车速，使日产量达到15吨"的目的。2019年6月，顺风公司为减少损失，自行将该造纸机拆除。2019年10月，永丰公司起诉顺风公司，要求支付未付货款、违约金及其他损失等。顺风公司提起反诉，以该设备质量不符合要求为由，要求判令退还设备、返还货款、赔偿损失。法院判决，顺风公司享有后履行抗辩权，不构成违约，但退货条件不具备，应向永丰公司支付货款余额。永丰公司未依约交付合格产品，应向顺风公司支付违约金。同时，驳回双方的其他诉讼请求。

3. 不安抗辩权。《民法典》第五百二十七条规定："应当先履行债务的当事人，有确切证据证明对方有下列情形之一的，可以中止履行：（一）经营状况严重恶化；（二）转移财产、抽逃资金，以逃避债务；（三）丧失商业信誉；（四）有丧失或者可能丧失履行债务能力的其他情形。"从本条规定可以看出，不安抗辩权的行使条件如下：

(1)双方当事人因合同互负债务;(2)只有先履行义务的一方当事人才享有不安抗辩权;(3)先履行的一方有确切的证据证明后给付义务人的履行能力明显降低,有不能对待给付的现实危险。"履行能力明显降低"是指对方经营严重恶化、转移财产、抽逃资金、丧失商业信誉等情形导致其有可能无法履行合同而不能对待给付的现实危险。值得注意的是,这种"现实危险"的事实应当发生在订立合同之后,否则,法律没有必要对在订立合同时就已经知道或应当知道上述事实存在的当事人给予特别保护。不安抗辩权的效力在于,先履行义务一方得以暂时中止履行合同债务,且不承担逾期不履行的违约责任。对于是否构成履行不能,由主张行使不安抗辩权的一方承担举证责任,当事人没有确切证据中止履行的,应当承担违约责任。不安抗辩权只有拥有确切的证据证明负债人没有能力履行其所需要履行的义务时才能有效。根据《民法典》第五百二十八条的规定,当事人依据不安抗辩权规定中止合同履行的,应当及时通知对方。对方提供适当担保的,应当恢复履行。中止履行后,对方在合理期限内未恢复履行能力且未提供适当担保的,视为以自己的行为表明不履行主要债务,中止履行的一方可以解除合同并可以请求对方承担违约责任。

例如,甲、乙两公司签订《铝锭加工合同》,约定乙公司帮助甲公司加工一批铝锭,甲公司最迟于合同签订之日起30日向乙公司预支加工费500万元,乙公司在收到预付款后一个月内完成全部铝锭的加工、交付,双方结清尾款。在合同约定预支加工费期限到来之前,乙公司突发火灾,生产车间遭到严重破坏。甲公司经现场实地考察并咨询有关专家后确认,乙公司短期内难以恢复铝锭加工能力,更不用说在合同约定期限内完成铝锭加工、交付。基于此,甲公司向乙公司发出通知,主张暂不支付合同所约定的预付款。甲公司的行为便是行使不安抗辩权的行为。

（三）合同履行过程中，当债务人的财产不当减少，危及债权人的债权实现时，债权人可通过诉讼行使债权人的代位权和债权人的撤销权，保护其债权的实现

债权人的代位权着眼于债务人的消极行为，当债务人有权利行使而不行使，以致影响债权人权利的实现时，法律允许债权人代债务人之位，以自己的名义向第三人行使债务人的权利；而债权人的撤销权则着眼于债务人的积极行为，当债务人在不履行其债务的情况下，实施减少其财产而损害债权人债权实现的行为时，法律赋予债权人有诉请法院撤销债务人所为的行为的权利。

1. 债权人的代位权。《民法典》第五百三十五条规定："因债务人怠于行使其债权或者与该债权有关的从权利，影响债权人的到期债权实现的，债权人可以向人民法院请求以自己的名义代位行使债务人对相对人的权利，但是该权利专属于债务人自身的除外。代位权的行使范围以债权人的到期债权为限。债权人行使代位权的必要费用，由债务人负担。相对人对债务人的抗辩，可以向债权人主张。"本条规定中"债务人怠于行使其债权或者与该债权有关的从权利，影响债权人的到期债权实现的"，是指债务人不履行其对债权人的到期债务，又不以诉讼方式或者仲裁方式向相对人主张其享有的债权或者与该债权有关的从权利，致使债权人的到期债权未能实现。依照本条规定，行使代位权应当符合四个条件：债权人对债务人的债权合法、确定，且必须已届清偿期；债务人怠于行使其到期债权；债务人怠于行使权利的行为已经对债权人造成损害；债务人的债权不是专属于债务人自身的债权。

例如，锦绣有限公司代位百富有限公司申报破产债权案。2022

年10月至11月，锦绣有限公司与百富有限公司签订10份采购合同，约定锦绣有限公司向百富有限公司销售铁矿、煤炭等货物，百富有限公司给付货款100万元。在合同履行过程中，锦绣有限公司按照合同约定交付了足量货物，但百富有限公司因资金周转出现问题，未按期支付货款。之后，双方达成补充协议，百富有限公司于2023年1月18日向锦绣有限公司一次性付清货款。2023年1月10日，百富有限公司账面资金仅有60万元，并且按照公司经营状况，无法按期支付100万元货款。但因之前的交易往来，其对芙蓉有限公司持有40万元的到期债权。同日，芙蓉有限公司宣布破产，进入破产清算程序，但作为债权人的百富有限公司没有及时申报破产债权。2023年1月15日，锦绣有限公司以芙蓉有限公司为被告，向人民法院提起代位权诉讼，请求代债务人百富有限公司之位，向破产管理人申报债权，将该债权纳入破产财产清偿范围。

人民法院审理认为，债权人代位权制度属于合同的保全制度，该制度的设立目的是防止债务人财产不当减少或者应当增加而未增加，给债权人实现债权造成障碍。本案中，锦绣有限公司对百富有限公司的债权虽未到期，但在芙蓉有限公司已经宣布破产的情况下，如果放任百富有限公司不及时申报破产债权，会直接损害到债权人锦绣有限公司的债权利益。此时突破主债权债务未到期的限制，允许债权人代债务人之位向破产管理人申报债权，对于保全债权人的债权具有十分重要的意义，也与合同保全制度的立法目的相契合。依照《民法典》第五百三十五条"因债务人怠于行使其债权或者与该债权有关的从权利，影响债权人的到期债权实现的，债权人可以向人民法院请求以自己的名义代位行使债务人对相对人的权利，但是该权利专属于债务人自身的除外。代位权的行使范围以债权人的到期债权为限。债权人行使代位权的必要费用，由债务人负担。相对人对债务人的抗辩，可以向债权人主张"的规定，依法支持原告锦绣有限公司的诉讼请求。

这个案例说明，债权人的债权到期前，债务人的债权或者与该债权有关的从权利存在未及时申报破产债权的情形，影响债权人的债权实现的，债权人提起代位权诉讼，向破产管理人申报的，人民法院应予支持。

需要注意的是，代位权仅限于以诉讼的方式行使；债权人为原告、次债务人为被告，债务人可以无独立请求权的第三人列明；代位权诉讼由被告住所地人民法院为管辖法院；债权人胜诉的，诉讼费用由次债务人而非债务人承担，其他必要费用如差旅费、律师费可由债务人承担；因仲裁条款的相对性，即使债务人、次债务人间的合同约定了仲裁协议，也不妨碍债权人以诉讼的方式行使代位权；代位权诉讼所涉及的主债权和次债权应均不超过法定的诉讼时效期间；根据《最高人民法院关于审理民事案件适用诉讼时效制度若干问题的规定》（2020年修正）第十六条"债权人提起代位权诉讼的，应当认定对债权人的债权和债务人的债权均发生诉讼时效中断的效力"的规定，提起代位权诉讼的，均发生诉讼时效中断的效力。债权人一经行使代位权，即对债务人和次债务人产生限制：一是限制债务人对次债务人的债权权能，债务人知晓债权人行使代位权后，债务人对债权人代位行使的权利，不得为抛弃、转让、免除、抵销等处分行为，不得提起行使权利的诉讼；二是限制次债务人对债务人的给付，债权人提起代位诉讼后，在债权人请求范围次债务人不能再向债务人履行给付，否则将不能对抗债权人。

根据《民法典》第五百三十七条"人民法院认定代位权成立的，由债务人的相对人向债权人履行义务，债权人接受履行后，债权人与债务人、债务人与相对人之间相应的权利义务终止。债务人对相对人的债权或者与该债权有关的从权利被采取保全、执行措施,或者债务人破产的,依照相关法律的规定处理"的规定,人民法院审理认定债权人代位权成立的,由次债务人向债权人履行清偿义务,债权人与债务人、债务人与次债务人之间相应的债权债务关系即予消灭。

2. 债权人的撤销权。当债务人的行为损害了债权人的债权的时候,债权人可以向人民法院申请撤销其行为。债权人撤销权具有保全债务人责任财产的功能。根据《民法典》第五百三十八条、第五百三十九条的规定,债务人以放弃其债权、放弃债权担保、无偿转让财产等方式无偿处分财产权益,或者恶意延长其到期债权的履行期限,影响债权人的债权实现的;债务人以明显不合理的低价转让财产、以明显不合理的高价受让他人财产或者为他人的债务提供担保,影响债权人的债权实现,债务人的相对人知道或者应当知道该情形的,债权人可以请求人民法院撤销债务人的行为。《全国法院贯彻实施民法典工作会议纪要》(法〔2021〕94号)9. 明确:"对于民法典第五百三十九条规定的明显不合理的低价或者高价,人民法院应当以交易当地一般经营者的判断,并参考交易当时交易地的物价部门指导价或者市场交易价,结合其他相关因素综合考虑予以认定。转让价格达不到交易时交易地的指导价或者市场交易价百分之七十的,一般可以视为明显不合理的低价;对转让价格高于当地指导价或者市场交易价百分之三十的,一般可以视为明显不合理的高价。当事人对于其所主张的交易时交易地的指导价或者市场交易价承担举证责任。"

例如,周某恶意转移房产逃避债务被债权人撤销权案。被告周某系农产品采购商,向原告郑某等50余户农户收购农产品,共计拖欠收购款100余万元。周某为逃避债务,将其所有的唯一住房以低于市场价超过 50% 的价格出售给其儿子，并迅速办理了过户手续。郑某等农户得知后，立即将债务人周某及其儿子起诉至法院，要求撤销周某和其儿子之间的房屋买卖协议，并将房屋回转至周某名下。

法院经审理认为，周某在对郑某等 50 余农户有 100 余万元债务的情况下，将其房屋以明显不合理低价转让给近亲属，该房屋为周某唯一房产，转让行为已导致周某责任财产严重减损，明显降低了其清偿能力，该转让行为存有恶意，有害于郑某等 50 余农户债权实现，依法作出撤销该售房协议，返还转让房产的判决。周某不服提起上诉，二审依法驳回上诉，维持原判。

需要强调的是，根据《民法典》第五百四十条、第五百四十一条、第五百四十二条的规定：撤销权的行使范围以债权人的债权为限；债权人行使撤销权的必要费用，由债务人负担。撤销权自债权人知道或者应当知道撤销事由之日起一年内行使。自债务人的行为发生之日起 5 年内没有行使撤销权的，该撤销权消灭。债务人影响债权人的债权实现的行为被撤销的，自始没有法律约束力。

四十一、发生合同纠纷可以通过协商、调解、仲裁、诉讼等方式解决

合同纠纷本质上是一种民事纠纷，民事纠纷应通过民事方式来解决，发生合同纠纷一般可通过合同当事方平等协商、提请第三方调解、申请仲裁或提起诉讼等方式解决。

（一）协商

合同双方当事人如果在履行合同过程中出现了纠纷，首先应按平

等互利、协商一致的原则加以解决。

（二）调解

合同纠纷的调解，是双方当事人自愿在第三者的主持下，在查明事实、分清是非的基础上，由第三者对纠纷双方当事人进行说明劝导，促使他们互谅互让，达成和解协议，从而解决纠纷的活动。

（三）仲裁。

仲裁是一种准司法行为，平等主体的公民、法人和其他组织之间发生的合同纠纷和其他财产权益纠纷，可以仲裁。当事人采用仲裁方式解决纠纷，应当双方自愿，达成仲裁协议。没有仲裁协议，一方申请仲裁的，仲裁委员会不予受理。当事人申请仲裁应当符合下列条件：（1）存在有效的仲裁协议；（2）有具体的仲裁请求、事实和理由；（3）属于仲裁委员会的受理范围。当事人申请仲裁，应当向仲裁委员会递交仲裁协议、仲裁申请书及副本。仲裁委员会收到仲裁申请书之日起5日内，经审查认为符合受理条件的，应当受理，并通知当事人；认为不符合受理条件的，应当书面通知当事人不予受理，并说明理由。

根据《仲裁法》的规定，仲裁不实行级别管辖和地域管辖，由双方当事人自愿协议约定管辖的仲裁机构。除非当事人协议公开，否则仲裁不公开进行。仲裁实行一裁终局制，仲裁裁决一经作出即具有法律效力，任何一方不能就同一纠纷再申请仲裁或向人民法院起诉。但是，当事人在收到裁决书之日起6个月内有证据证明裁决存在以下情形之一的，可以向仲裁委员会所在地的中级人民法院申请撤销裁决：（1）没有仲裁协议的；（2）裁决的事项不属于仲裁协议的范围或者仲裁委员会无权仲裁的；（3）仲裁庭的组成或者仲裁的程序违反法定程序的；（4）裁决所根据的证据是伪造的；（5）对方当事人隐瞒了足以影响公正裁决的证据的；（6）仲裁员在仲裁该案时有索贿受贿、徇私舞弊、枉法裁决行为等。人民法院审查核实裁决确有上述情形之一的，应当裁定撤销。人民法院认定该裁决违背社会公共利益的，应当裁定撤销。如当事人申请财产保全的，仲裁委员会须将当事人的申请依照民事诉讼法的有关规定提交人民法院，由人民法院审查实施；仲裁机构的裁决由当事人依照民事诉讼法的规定向人民法院申请执行。

（四）诉讼

诉讼实行地域管辖和级别管辖，因合同纠纷提起的诉讼，由被告住所地或者合同履行地人民法院管辖。起诉应当向人民法院递交起诉状，并按照被告人数提出副本。书写起诉状确有困难的，可以口头起诉，由人民法院记入笔录，并告知对方当事人。符合起诉条件的，应当在7日内立案，并通知当事人；不符合起诉条件的，应当在7日内作出裁定书，不予受理；原告对裁定不服的，可以提起上诉。起诉必须符合下列条件：（1）原告是与本案有直接利害关系的公民、法人和其他组织；（2）有明确的被告；（3）有具体的诉讼请求和事实、理由；（4）属于人民法院受理民事诉讼的范围和属于受诉人民法院管辖。

（五）仲裁和诉讼的时效规定

"法律不保护躺在权利上睡觉的人。"诉讼时效是指民事权利受到侵害的权利人在法定的时效期间内不行使权利，当时效期间届满时，人民法院对权利人的权利不再进行保护的制度。在法律规定的诉讼时效期间内，权利人提出请求的，人民法院就强制义务人履行所承担的义务。而在法定的诉讼时效期间届满之后，权利人行使请求权的，人民法院就不再予以保护。《民法典》第一百八十八条规定：

"向人民法院请求保护民事权利的诉讼时效期间为三年。法律另有规定的,依照其规定。诉讼时效期间自权利人知道或者应当知道权利受到损害以及义务人之日起计算。法律另有规定的,依照其规定。但是,自权利受到损害之日起超过二十年的,人民法院不予保护,有特殊情况的,人民法院可以根据权利人的申请决定延长。"从上述法律规定可看出,民事案件普通诉讼时效为3年,最长诉讼时效为20年,有特殊情况的,权利人可申请延长诉讼时效,由人民法院来决定是否同意延长诉讼时效。普通诉讼时效的起算点是权利人知道或者应当知道权利受到损害以及义务人之日起计算,最长诉讼时效起算点是自权利受到损害之日起计算20年,即在法律没有特殊规定的情况下,普通诉讼时效期间的起算采取主观标准,而最长诉讼时效期间的起算则采取客观标准,即无论权利人是否知道或应当知道权利受到损害及义务人,均自权利受到损害之日起计算诉讼时效期间。

民商事仲裁一般适用诉讼时效的规定,从当事人知道或者应当知道其权利被侵害之日起算3年。因国际货物买卖合同和技术进出口合同争议申请仲裁的时效为4年。

需要明确的是,根据《民法典》第一百九十三条"人民法院不得主动适用诉讼时效的规定"以及《最高人民法院关于审理民事案件适用诉讼时效制度若干问题的规定》(2020年修正)第二条,当事人未提出诉讼时效抗辩,人民法院不应对诉讼时效问题进行释明。当事人不以时效抗辩的,人民法院即使在时效已过情况下也不得主动适用时效规定对案件作出实体处理。在合同纠纷解决的四种方式中,协商和调解都并非解决合同争议必经的程序,即使合同当事人在合同争议条款中作了相应的规定,当事人也可不经协商和解或调解而直接申请仲裁或提起诉讼。

第四编
债权的保障与实现

四十二、保证人（合同外的第三人）以其信用向合同关系中的债权方保证合同关系中的债务方会履行债务，当债务人无力履行合同债务时，债权人可要求保证人履行，保证人应当履行债务人的债务；保证合同（保证条款）无效，担保人并不必然免责

根据《民法典》第六百八十一条、第六百八十二条的规定，保证合同是为保障债权的实现，保证人和债权人约定，当债务人不履行到期债务或者发生当事人约定的情形时，保证人履行债务或者承担责任的合同。保证合同是主债权债务合同的从合同。主债权债务合同无效的，保证合同无效，但是法律另有规定的除外。《最高人民法院关于适用〈中华人民共和国民法典〉有关担保制度的解释》（法释〔2020〕28号，自2021年1月1日起施行）第二条规定："当事人在担保合同中约定担保合同的效力独立于主合同，或者约定担保人对主合同无效的法律后果承担担保责任，该有关担保独立性的约定无效。主合同有效的，有关担保独立性的约定无效不影响担保合同的效力；主合同无效的，人民法院应当认定担保合同无效，但是法律另有规定的除外。"

（一）保证合同以当事人意思明示为成立要件

《民法典》第六百八十五条规定："保证合同可以是单独订立的书面合同，也可以是主债权债务合同中的保证条款。第三人单方以书面形式向债权人作出保证，债权人接收且未提出异议的，则保证合同成立。"债权人与保证人非书面约定保证责任，保证人不承担责任。保证的成立需以保证人具有明确的保证意思为前提，若欠缺保证意思，即使当事人在民间借贷合同上签字或盖章，仍不能认定其为保证人。特别是在借据、收据、欠条等债权凭证或者借款合同上签字或者盖章时，如果未表明其保证人身份或者承担保证责任，而仅发挥联系、介绍作用的人，属于典型的欠缺保证意思的情形，出借人无权要求其承担保证责任。若当事人之间并无明确的保证合同，或者未在借款合同上签字或盖章的，原则上不承担保证责任，但有其他事实可以明确推定其为保证人的除外。因此，《最高人民法院关于审理民间借贷案件适用法律若干问题的规定》（法释〔2020〕6号）第二十一条规定："他人在借据、收据、欠条等债权凭证或者借款合同上签名或者盖章，但是未表明其保证人身份或者承担保证责任，或者通过其他事实不能推定其为保证人，出借人请求其承担保证责任的，人民法院不予支持。"

根据《民法典》第六百九十条的规定，保证人与债权人可以协商订立最高额保证的合同，约定在最高债权额度内就一定期间连续发生的债权提供保证。即保证人可以对在最高债权额度内将有的债权提供保证。

(二) 保证方式包括一般保证和连带责任保证，当事人约定不明的推定为一般保证

《民法典》第六百八十六条规定："保证的方式包括一般保证和连带责任保证。当事人在保证合同中对保证方式没有约定或者约定不明确的，按照一般保证承担保证责任。"根据本条规定，当事人未约定保证方式的，即推定为一般保证责任。

《最高人民法院关于适用〈中华人民共和国民法典〉有关担保制度的解释》（法释〔2020〕28号）第二十五条规定："当事人在保证合同中约定了保证人在债务人不能履行债务或者无力偿还债务时才承担保证责任等类似内容，具有债务人应当先承担责任的意思表示的，人民法院应当将其认定为一般保证。当事人在保证合同中约定了保证人在债务人不履行债务或者未偿还债务时即承担保证责任、无条件承担保证责任等类似内容，不具有债务人应当先承担责任的意思表示的，人民法院应当将其认定为连带责任保证。"本条规定表明：保证合同含有债务人应当先承担责任的意思表示的，人民法院应当将其解释为一般保证；如约定保证人在债务人不能履行债务或者无力偿还债务时才承担保证责任等类似内容，保证合同含有债权人可以选择债务人或者保证人承担责任的意思表示的，应当将其解释为连带保证责任，如约定保证人在债务人不履行债务或者未偿还债务时即承担保证责任、无条件承担责任等类似内容。

1. 一般保证中的保证人所承担的责任是补充责任，债权人只有在通过法律途径向债务人主张债权并经法院强制执行，债务人财产不足以清偿债权人债务时，债权人才可要求保证人承担保证责任。

（1）一般保证具有先诉抗辩权。一般保证具有先诉抗辩权，即保证人有权要求债权人先向债务人主张债务，然后在债务人执行程序后，法院发现没有可供执行的财产或可供执行的财产不足以清偿债务时，债权人才可向保证人主张债权。即，一般保证的保证人在主合同纠纷未经审判或者仲裁，并就债务人财产依法强制执行仍不能履行债务前，有权拒绝向债权人承担保证责任。具体来说，比如 A 将一笔钱借给了 B，C 为 B 提供了担保，且为一般保证。如果 B 未能按时向 A 还款，A 要求 C 承担担保责任，但如果此时，A 还未通过诉讼或仲裁程序要求 B 回款且申请执行仍不能履行债务的，则 C 即可以"先诉抗辩权"为由，拒绝承担担保责任。但根据《民法典》第六百八十七条的规定，有债务人下落不明，且无财产可供执行；人民法院已经受理债务人破产案件；债权人有证据证明债务人的财产不足以履行全部债务或者丧失履行债务能力；保证人书面表示放弃先诉抗辩权利等情形之一的除外。

（2）债务人破产时，一般保证的保证人没有先诉抗辩权，债权人可以直接向其主张保证责任。需要强调的是，债务人破产并未排除保证期间的适用，即只有在保证期间尚未届满时债务人破产，债权人未向保证人主张保证责任的，在破产程序终结后 6 个月内仍可向保证人主张。但是，若在债务人破产时已经超过了保证期间，则债权人不可向债务人的保证人主张保证责任。

（3）一般保证人不得对赋予强制执行效力的公证债权文书行使先诉抗辩权。《最高人民法院关于适用〈中华人民共和国民法典〉有关担保制度的解释》（法释〔2020〕28 号）第二十七条规定："一般保证的债权人取得对债务人赋予强制执行效力的公证债权文书后，在保证期间内向人民法院申请强制执行，保证人以债权人未在保证期间内对债务人提起诉讼或者申请仲裁为由主张不承担保证责任的，人民法院不予支持。"根据本条的规定，如果债权人就赋予强制执行效力的公证债权文书向人民法院申请强制执行，执行未果后，一般保证的先诉抗辩权消灭，债权人有权请求一般保证人承担实体保证责任。

（4）保证人为被执行人提供保证时承担一般保证责任。最高人民法院《关于人民法院执行工作若干问题的规定（试行）》（法释〔2020〕21号修正）第54条规定："人民法院在审理案件期间，保证人为被执行人提供保证，人民法院据此未对被执行人的财产采取保全措施或解除保全措施的，案件审结后如果被执行人无财产可供执行或其财产不足清偿债务时，即使生效法律文书中未确定保证人承担责任，人民法院有权裁定执行保证人在保证责任范围内的财产。"根据本条文字表述，保证人是在"被执行人无财产可供执行或其财产不足清偿债务时"才承担保证责任，因此保证人承担的是一般保证责任。

2. 连带责任保证需由当事人在保证合同中明确约定，在连带责任保证情形下，连带责任保证的债务人，在主合同规定的债务履行期限届满没有履行债务的，债权人可以要求债务人履行债务，也可以要求保证人在其保证范围内承担保证责任。也就是说，只要债务人到期不履行债务，债权人既可以要求债务人履行债务，也可以直接要求保证人承担连带保证责任。连带保证不具有先诉抗辩权，即在债务人债务到期之时，债权人可以找债务人主张债权，也可以找其保证人主张债权，并且无先后之分。具体来说，比如A将一笔钱借给了B，C为B提供了担保，且为连带保证。如果B未能按时向A还款，A既可以要求B还款也可以要求C还款，对于A的要求C不得拒绝。

（三）保证人的保证责任范围包括主债权及其利息、违约金、损害赔偿金和实现债权的费用，如果当事人就保证人保证责任范围另有约定的，按照其约定

保证人承担保证责任后，除当事人另有约定外，有权在其保证责

任范围内向债务人追偿,并享有债权人对债务人的权利。

1. 保证合同约定的保证责任以主债务为限。《全国法院民商事审判工作会议纪要》(法〔2019〕254号)55.【担保责任的范围】明确:"担保人承担的担保责任范围不应当大于主债务,是担保从属性的必然要求。当事人约定的担保责任的范围大于主债务的,如针对担保责任约定专门的违约责任、担保责任的数额高于主债务、担保责任约定的利息高于主债务利息、担保责任的履行期先于主债务履行期届满,等等,均应当认定大于主债务部分的约定无效,从而使担保责任缩减至主债务的范围。"《最高人民法院关于适用〈中华人民共和国民法典〉有关担保制度的解释》(法释〔2020〕28号)第三条规定:"当事人对担保责任的承担约定专门的违约责任,或者约定的担保责任范围超出债务人应当承担的责任范围,担保人主张仅在债务人应当承担的责任范围内承担责任的,人民法院应予支持。担保人承担的责任超出债务人应当承担的责任范围,担保人向债务人追偿,债务人主张仅在其应当承担的责任范围内承担责任的,人民法院应予支持;担保人请求债权人返还超出部分的,人民法院依法予以支持。"本条明确当事人对保证责任的承担约定专门的违约责任,或者约定的担保责任范围超出债务人应当承担的责任范围,保证人有权主张仅在债务人应当承担的责任范围内承担责任。保证合同具有从属性,即保证合同是主合同的从合同,保证债务是主债务的从债务,主要表现为保证的范围从属于主债务,不得大于主债务,债权人虽可以与保证人协商保证担保的范围,但若保证合同约定的保证债务的范围大于主债务的,应减到主债务的限度。

2. 共同保证中当事人应当就保证责任的份额作出明确约定才能构成按份共同保证,否则推定为连带共同保证,在连带共同保证情况下，债权人可请求任一保证人承担保证责任。《民法典》第六百九十九条规定："同一债务有两个以上保证人的，保证人应当按照保证合同约定的保证份额，承担保证责任；没有约定保证份额的，债权人可以请求任何一个保证人在其保证范围内承担保证责任。"据此，数个保证人对同一债权人的同一债权同时或先后提供保证时，各保证人与债权人之间没有约定保证份额的，认定为连带共同保证，在连带共同保证情形下，债权人有权请求任何一个保证人承担保证责任，可以要求一个或数个保证人在其保证范围内承担保证责任。如果保证合同保证人与债权人约定了保证份额的，债权人应按约定份额向保证人主张保证责任。例如，甲、乙两人为丙贷款50万元承担保证责任，但两人并未与债权人约定各自担保的份额，在丙逾期不能偿还贷款时，银行可要求甲或乙承担偿还50万元贷款本息的责任。如果当初甲、乙两人与银行约定各为丙担保25万元，则银行只能要求甲、乙各承担25万元贷款本息的清偿责任。需要注意的是，即使保证人间约定了各自保证份额，但未与债权人约定，各保证人仍为连带共同保证。

3. 一般保证的保证人在主债务履行期限届满后，向债权人提供债务人可供执行财产的真实情况，债权人放弃或者怠于行使权利致使该财产不能被执行的，保证人在其提供可供执行财产的价值范围内不再承担保证责任。

4. 债务人对债权人享有抵销权或者撤销权的，保证人可以在相应范围内拒绝承担保证责任。

5. 债权人知道或者应当知道债务人破产，既未申报债权也未通知保证人，致使保证人不能预先行使追偿权的，保证人在该债权人在破产程序中可能受偿的范围内免除保证责任。

6. 债权人放弃物保，保证人在物的担保范围内免责。《民法典》

第四百零九条规定，在由第三人提供保证并由债务人以自己财产设定抵押的混合担保中，债权人未经保证人同意就为债务人办理了抵押登记注销并接受债务人另行提供的其他抵押物担保的，仍应认为债权人对债务人物保的放弃，保证人在相应范围内应免除保证责任。例如，2020年5月份，被告赵某因资金不足，向原告某银行申请贷款，双方签订《个人住房抵押借款及担保合同》。合同约定被告赵某以案涉房屋为本案借款进行抵押，向原告某银行贷款130万元整，贷款利率为年利率5.48%。被告王某系被告赵某的下属，其自愿作为连带责任担保人，并在合同担保人处签名捺印。保证范围为借款本息及实现债权的费用。后因原告贷款审批发放等环节出现疏忽，在遗漏办理房屋抵押登记手续的情况下先行放贷，原告也因此未能取得他项权证，导致被告赵某收到银行贷款后，将该房屋以150万元的价格出售给案外人。事后，原告就抵押物流失亦未采取相关补救措施。因被告赵某拖欠借款本息合计120万元，未能按期返还贷款本息，原告遂将借款人赵某、担保人王某诉至法院，请求依法判令：被告赵某立即向原告归还借款本息120万元；被告王某对上述借款承担连带清偿责任；诉讼费由两被告承担。法院审理认为，本案中债权人过错导致物保流失，未尽到谨慎注意义务，视为其放弃物保，保证人在债权人丧失优先受偿权益范围内（物保范围内）免除保证责任。鉴于保证人保证范围为120万元借款本息，而抵押物由债务人以150万元的价格出售给案外人，抵押物价值超出保证范围，故保证人无须承担任何责任。

《最高人民法院关于适用〈中华人民共和国民法典〉有关担保制度的解释》（法释〔2020〕28号）第十八条第二款规定："同一债权既有债务人自己提供的物的担保，又有第三人提供的担保，承担了担保责任或者赔偿责任的第三人，主张行使债权人对债务人享有的担保物权的，人民法院应予支持。"根据本条规定，保证人在履行保证责任后，可以债务人自己提供的担保物优先受偿。

7. 在连带共同保证中，债权人明确放弃部分保证人的保证责任的，其他保证人相应减免责任。《最高人民法院关于适用〈中华人民共和国民法典〉有关担保制度的解释》（法释〔2020〕28号）第二十九条第二款规定："同一债务有两个以上保证人，保证人之间相互有追偿权，债权人未在保证期间内依法向部分保证人行使权利，导致其他保证人在承担保证责任后丧失追偿权，其他保证人主张在其不能追偿的范围内免除保证责任的，人民法院应予支持。"同时根据《民法典》第五百二十条第二款"部分连带债务人的债务被债权人免除的，在该连带债务人应当承担的份额范围内，其他债务人对债权人的债务消灭"的规定，债权人免除其中一个或者部分连带债务人的债务的，债权人仍可以向其他债务人请求履行，但是其他债务人承担的连带债务数额要扣除被免除的连带债务人应当承担的内部份额。比如，A、B、C三人为D借款300万元承担连带保证责任，三人约定各承担100万元的保证责任，现债权人免除了C 100万元债务，债权人仍可向A、B两人主张连带保证责任，但其只能主张A、B两人对D 300万元债务中的200万元债务承担连带清偿责任。

8. **反担保责任应与保证责任同等。**保证人可以要求债务人提供反担保。反担保是对保证人承担保证责任的担保，故反担保人也应当在保证人实际承担的责任范围内承担担保责任，即反担保人承担的担保责任范围不应当大于担保人因承担担保责任产生的主债务。

9. **债权人转让债权未通知保证人或未经保证人书面同意的，对保证人不发生效力。**根据《民法典》第六百九十六条、第六百九十七的规定，债权人转让全部或部分债权，未通知保证人的，该转让对保证人不发生效力。保证人和债权人约定禁止债权转让，债权人未经保证人书面同意转让债权的，保证人对受让人不再承担保证责任。债权人未经保证人书面同意，允许债务人转移全部或者部分债务，保证人对未经其同意转移的债务不再承担保证责任，但是债权人和保证人另有约定的除外。例如，2017年1月10日，章某向夏某借款30万元，陈某在担保人处签名捺印。2018年12月19日，因章某未按期还款，双方约定将借款展期两年，但担保人陈某未签字确认，2021年10月19日，章某仍然未还款，双方再次约定2022年8月31日还款，担保人陈某亦未签字确认。到了约定还款期限，章某仍未履行还款义务，夏某多次催收无果，遂诉至法院，请求判令章某偿还借款30万元本息；判决陈某对上述借款本息承担连带偿还责任。法院审理认为，债权人与债务人协议变更主合同，应当取得保证人书面同意，未经保证人书面同意的，保证人不再承担保证责任。章某于2018年12月19日、2021年10月19日分别两次与夏某重新约定还款时间，系主合同变更，但双方在变更主合同时未取得陈某书面同意，且陈某也未在展期借条上签字确认继续承担连带保证责任，故陈某不再承担保证责任。

（四）保证期间是确定保证人承担保证责任的期间，债权人只有在保证期间内依法向保证人主张权利，才能要求保证人承担保证责任，否则保证人的保证责任消灭

保证期间是确定保证人承担保证责任的期间，不发生中止、中断和延长，如果债权人没有在约定或者法定的保证期间内向保证人要求其承担保证责任，那么保证人就无须承包保证责任了。与诉讼时效不同，在诉讼中即使保证人没有提出保证期间的抗辩，法庭也会主动审查保证期间，而如果涉及诉讼时效的问题，法庭是不能主动审查的。

根据《民法典》第六百九十二条、第六百九十三条、第六百九十五条的规定：

1. 保证期间没有约定或约定不明的，保证期间为主债务履行期限届满之日起 6 个月。法律上明确规定了债权人与保证人可以自由约定保证期间，但必须超过主债务履行期限，保证期间的截止时间系保证责任诉讼时效的起算时间。债权人与保证人可以约定保证人承担保证责任的期间，但是约定的保证期间早于主债务履行期限或者与主债务履行期限同时届满的，视为没有约定；保证合同约定保证人承担保证责任直至主债务本息还清时为止等类似内容的，视为约定不明。保证期间没有约定或约定不明的，保证期间为主债务履行期限届满之日起 6 个月。债权人与债务人对主债务履行期限没有约定或者约定不明确的，保证期间自债权人请求债务人履行债务的宽限期届满之日起计算。

2. 最高额保证合同对保证期间的计算方式、起算时间等没有约定或者约定不明，被担保债权的履行期限均已届满的，保证期间自债权确定之日起开始计算；被担保债权的履行期限尚未届满的，保证期间自最后到期债权的履行期限届满之日起开始计算。债权确定之日，依照《民法典》第四百二十三条的规定认定，即：约定的债权确定期间届满；没有约定债权确定期间或者约定不明确，抵押权人或者抵押人自最高额抵押权设立之日起满 2 年后请求确定债权；新的债权不可能发生；抵押权人知道或者应当知道抵押财产被查封、扣押；债务人、抵押人被宣告破产或者解散；法律规定债权确定的其他情形。债权人和债务人变更主债权债务合同的履行期限，未经保证人书面同意的，保证期间不受影响。保证人与债权人订立最高额保证合同的，对在约定的最高债权额度内就一定时期连续发生的债权提供保证。

3. 一般保证的债权人未在保证期间对债务人提起诉讼或者申请仲裁的，保证人不再承担保证责任。连带责任保证的债权人未在保证期间请求保证人承担保证责任的，保证人不再承担保证责任。《最高人民法院关于适用〈中华人民共和国民法典〉有关担保制度的解释》（法释〔2020〕28号，自2021年1月1日起施行）第二十九条第一款规定："同一债务有两个以上保证人，债权人以其已经在保证期间内依法向部分保证人行使权利为由，主张已经在保证期间内向其他保证人行使权利的，人民法院不予支持。"也就是说，在共同保证中，债权人在保证期间内只向部分保证人主张权利的行为，其效果不及于其他保证人。债权人未在保证期间向部分保证人主张权利导致其担保责任被免除的，在债权人免除该保证人债务的范围内，也免除其他保证人的责任。

4. 保证责任消灭后，保证人在催款书面通知上单纯签字、捺印或盖章，不发生保证人继续承担保证责任的后果。对此，《最高人民法院关于适用〈中华人民共和国民法典〉有关担保制度的解释》（法释〔2020〕28号）第三十四条第二款规定："债权人在保证期间内未依法行使权利的，保证责任消灭。保证责任消灭后，债权人书面通知保证人要求承担保证责任，保证人在通知书上签字、盖章或者按指印，债权人请求保证人继续承担保证责任的，人民法院不予支持，但是债权人有证据证明成立了新的保证合同的除外。"这说明，在原保证期限届满后保证人以担保人的身份继续在主债务合同上签字、捺印或盖章的，是有可能被认定为新的保证合同的，因此保证人在已过保证期间的主债务合同上签字、捺印或盖章，需持慎重态度。

（五）债权人请求保证人履行保证债务有时效限制，必须在 3 年诉讼时效内行使请求权；时效届满，保证人便可以已过时效抗辩，债权人不能获得胜诉判决

1. 一般保证的债权人在保证期间届满前对债务人提起诉讼或者申请仲裁的，从保证人拒绝承担保证责任的权利消灭之日起，开始计算保证债务的诉讼时效。

2. 连带责任保证的债权人在保证期间届满前请求保证人承担保证责任的，从债权人请求保证人承担保证责任之日起，开始计算保证债务的诉讼时效。

3. 债权人必须在保证期间主张权利，主张权利的，诉讼时效依据《民法典》第六百九十四条的规定开始起算；没有主张权利的，保证人不再承担保证责任。债权人主张权利：一般保证场合，是指债权人在保证期间届满前向债务人提起诉讼或申请仲裁，并就债务人的财产依法申请执行；连带保证场合，是指债权人必须在保证期间内向保证人主张权利。

4. 主债权诉讼时效期间届满，保证人对仍履行的保证责任反悔无效。《最高人民法院关于适用〈中华人民共和国民法典〉有关担保制度的解释》（法释〔2020〕28 号）第三十五条规定："保证人知道或者应当知道主债权诉讼时效期间届满仍然提供保证或者承担保证责任，又以诉讼时效期间届满为由拒绝承担保证责任或者请求返还财产的，人民法院不予支持；保证人承担保证责任后向债务人追偿的，人民法院不予支持，但是债务人放弃诉讼时效抗辩的除外。"本条规定也可理解为：在保证人不知道或者不应当知道主债权诉讼时效期间届满的情况下，保证人提供保证或者承担保证责任，其以诉讼时效期间届满为由拒绝承担保证责任或者请求返还财产的，人民法院应予支持；在债务人放弃时效抗辩的情况下，保证人承担保证责任后向债务人追偿的，人民法院应予支持。

（六）保证合同无效的情形及法律后果

1. 保证合同无效的情形包括：保证合同被认定无效的原因有多种，主要有：所保证的主合同无效导致保证合同无效；保证合同内容违反法律法规的强制性规定；保证人属于无民事行为能力人；保证合同存在恶意串通的情形。例如：（1）保证人不符合法律规定的，保证无效。如根据《公司法》第十六条"公司向其他企业投资或者为他人提供担保，依照公司章程的规定，由董事会或者股东会、股东大会决议。公司为公司股东或者实际控制人提供担保的，必须经股东会或者股东大会决议"的规定，公司未经董事会或者股东会、股东大会决议为他人提供担保的，保证无效；没有独立的法人资格的公司分支机构，未经公司股东会或者董事会决议以自己的名义作保证人的，保证无效，但是相对人不知道且不应当知道分支机构对外提供担保未经公司决议程序的除外。根据《最高人民法院关于适用〈中华人民共和国民法典〉有关担保制度的解释》（法释〔2020〕28号，自2021年1月1日起施行）第七条的规定，公司的法定代表人违反公司法关于公司对外担保决议程序的规定，超越权限代表公司与相对人订立担保合同，相对人善意的，担保合同对公司发生效力；相对人非善意的，担保合同对公司不发生效力。善意是指相对人在订立担保合同时不知道且不应当知道法定代表人超越权限。相对人有证据证明已对公司决议进行了合理审查，人民法院应当认定其构成善意，但是公司有证据证明相对人知道或者应当知道决议系伪造、变造的除外。这也提示债权人在公司作为保证人提供保证时，应当对公司章程、董事会决议或股东（大）会决议等材料进行审查，以此作为自身构成善意的依据。

(2) 主合同当事人双方串通，骗取保证人提供保证的，保证合同无效。(3) 主合同债权人一方采取欺诈、胁迫等手段，使保证人在违背真实意思的情况下提供保证的，保证无效。(4) 主合同债务人一方采取欺诈、胁迫等手段，使保证人在违背真实意思的情况下提供保证的，债权人知道或者应当知道欺诈、胁迫事实的，保证无效。

2. 保证合同无效，担保人并不必然无需承担责任。《民法典》第六百八十二条规定，保证合同被确认无效后，债务人、保证人、债权人有过错的，应当根据其过错各自承担相应的民事责任。《最高人民法院关于适用〈中华人民共和国民法典〉有关担保制度的解释》（法释〔2020〕28号）第十七条规定："主合同有效而第三人提供的担保合同无效，人民法院应当区分不同情形确定担保人的赔偿责任：（一）债权人与担保人均有过错的，担保人承担的赔偿责任不应超过债务人不能清偿部分的二分之一；（二）担保人有过错而债权人无过错的，担保人对债务人不能清偿的部分承担赔偿责任；（三）债权人有过错而担保人无过错的，担保人不承担赔偿责任。主合同无效导致第三人提供的担保合同无效，担保人无过错的，不承担赔偿责任；担保人有过错的，其承担的赔偿责任不应超过债务人不能清偿部分的三分之一。"第十八条第一款规定："承担了担保责任或者赔偿责任的担保人，在其承担责任的范围内向债务人追偿的，人民法院应予支持。"保证合同无效并不必然导致反担保合同无效。保证合同无效，承担了赔偿责任的保证人可以按照反担保合同的约定，在其承担赔偿责任的范围内请求反担保人承担担保责任。

下面这个案件，可以帮助理解"保证合同（保证条款）无效，担保人并不必然免责"。环球公司（出借方）与琼宇公司（借款方）、华朋公司（担保方）签署《借款合同》，三方约定，琼宇公司向环球公司借款 50 万元，借期 30 天，如琼宇公司到时不能偿还，由华朋公司承担还款责任。华朋公司陆某在《借款合同》上签字并加盖公司印章。合同约定还款期满后，琼宇公司迟迟未能还款。环球公司诉至法院，要求琼宇公司、华朋公司返还借款 50 万元以及自借款之日至还款日止的利息及违约金（合计按照月利率 2%的标准计算）。

华朋公司答辩称，华朋公司没有看到涉案借款合同的原件，且华朋公司法定代表人也未在合同上签字，根据华朋公司章程规定，公司对外担保需经股东会或董事会决议，涉诉担保合同未经公司法定代表人签字，担保行为未经公司股东会或董事会决议，陆某签字为无权代理，所作担保无效，对华朋公司没有效力。

法院审理认为，环球公司与琼宇公司签订的《借款合同》，没有违反法律、行政法规的规定，是当事人的真实意思表示，合法有效。环球公司向琼宇公司实际支付了借款，琼宇公司未按约还本付息的行为构成违约，应承担相应的法律责任。环球公司有权要求琼宇公司返还借款本金 50 万元，对于这一项诉讼请求法院予以支持。环球公司按照月利率 2%的标准计算利息及违约金，符合法律规定，对这项诉讼请求，法院予以支持。

关于环球公司主张华朋公司承担保证责任的诉讼请求，依照法律规定，公司对外提供担保应当经过相应的法定程序，本案中华朋公司为琼宇公司提供担保这一行为，未经华朋公司股东会或董事会决议，且从本案情形来看，环球公司在签订《借款合同》时，既未要求陆某提交华朋公司股东会或董事会决议，也没有审查华朋公司的章程。据此可以认定，环球公司在接受华朋公司提供担保时，在主观上存在过失。因此，华朋公司签订的涉案借款合同中的担保条款应为无效，不应承担担保责任，对环球公司该项主张，法院不予支持。但本案的借款合同上有华朋公司陆某的签字，并加盖了华朋公司印章，华朋公司存在印章管理不善的情况，对合同中加盖印章存在过错，根据"债权人与担保人均有过错的，担保人承担的赔偿责任不应超过债务人不能清偿部分的二分之一"的规定，最终法院判决，琼宇公司向环球公司偿还借款本金50万元并支付利息、违约金，华朋公司对琼宇公司不能偿还债务的一半承担付款义务，华朋公司承担赔偿责任后，可以在承担赔偿责任的范围内，向琼宇公司进行追偿。

这个案例提示我们：公司作为重要的市场行为主体，其行为需要按照公司法的规定经过严格的程序，行为的相对方也要尽到一定的审查注意义务。若未尽到相关义务，则有可能导致行为不具有法律效力。在接受其他公司为借款提供的担保时，不能仅因为经办人是公司的工作人员或者掌握公司公章就轻信其有权代表公司签订担保合同。公司对外提供担保需要经过董事会或股东会的同意，因此在签订合同时要审查相关的会议决议，并注意经办人是否有签订担保合同的代理权限，以确保担保合同的合法有效，这样才能使债权人的利益得到保障。另外，由于依照法律规定合同无效或者被撤销后，有过错的一方应当赔偿对方因此所受到的损失，双方都有过错的，应当各自承担相应的责任。因此，公司应当对自身人员及印章要严格管理，若由于公司的疏忽，导致印章被他人用于与他人签订担保合同，那么在借款人不还款，债权人向其主张担保责任的情况下，虽然担保条款可能被认定无效，但公司仍然因为存在过错，需要承担缔约过失责任，负担借款人不能偿还的一半的债务。

四十三、向债权人承诺和债务人一起偿还其债务的合同外的第三人是债务加入人,债权人无须先向债务人请求清偿,也不论债务人是否有清偿能力,可直接要求债务加入人清偿债务

债务加入是指第三人承诺由其履行债务人的债务,但同时不免除债务人履行义务的并存债务承担方式。

(一)债务加入的基本特征

最高法院在张某良、张某双借款合同纠纷再审〔(2019)最高法民再316号〕一案裁判说理中认为,以原债务人是否继续承担债务为标准,债务承担可以大体划分为免责式债务承担和并存式债务承担。债务承担人与债权人约定债务承担时,未明确约定原债务人是否脱离债权债务关系的,构成并存式债务承担。债务承担人以自己的名义另行向债权人出具债务凭据并承诺由其按期履行债务等行为表明由其独立承担原债务人的债务,债权人表示同意的,构成免责式债务承担。债务加入与保证的本质区别在于债务承担人并非从债务人,而是共同债务人,与原债务人无主次之分,债权人为实现其债权,可以直接选择由债务承担人偿还债务,无需待债务人迟延履行,债务承担人即具有完全清偿债务的义务,其履行的法律效果及于债务人,而保证人则是在主债务迟延履行时方承担责任。第三人以自己的名义另行向债权人出具债务凭据并承诺由其偿还,债权人同意第三人承担还款责任,但双方没有约定原债务人脱离债权债务关系,债权人没有明确表示免除原债务人的还款义务,也没有其他证据或行为表明债权人同意由第三人独立承担原债务人债务的,应认定为债务加入。

《民法典》第五百五十二条首次以成文法的形式对债务加入进行了定义:"第三人与债务人约定加入债务并通知债权人,或者第三人向债权人表示愿意加入债务,债权人未在合理期限内明确拒绝的,债权人可以请求第三人在其愿意承担的债务范围内和债务人承担连带债务。"其基本特征为:(1)债务加入是第三人与债务人就原债务的全部或部分共同承担清偿责任。债权人可以向原债务人主张权利,同时也可以直接向加入债务的第三人主张清偿,第三人及原债务人中的任何一方履行了清偿义务,债权人的债权即归于消灭。(2)第三人加入债务,原债务人并不脱离原债权债务关系,原债务人债务并不因第三人的债务加入而减免,其仍对债权人负有清偿责任,同时依然享有对债权人的合理抗辩权。(3)在债务加入依法成立的情况下,凡是债务人依法享有的针对债权人行使的抗辩权,如先履行抗辩权、不安抗辩权、诉讼时效抗辩权,加入债务的第三人同样享有。(4)债务加入不影响原债务的担保,原担保人的担保责任并未因债务加入而减损。第三人加入债务后,与原债务人一起成为共同债务人,是为自己的债务负责,不具有从属性。不享有法定的追偿权。法律也未规定债务加入人承担连带债务后可以向债权人的保证人追偿,因此,债务加入人无权向债权人的保证人追偿。(5)债务加入无须经过原债务人的同意。(6)债务加入须通知债权人,未通知债权人的对债权人不发生效力。

《最高人民法院关于民事执行中变更、追加当事人若干问题的规定》(法释〔2020〕21号修正)第二十四条规定:"执行过程中,第三人向执行法院书面承诺自愿代被执行人履行生效法律文书确定的债务,申请执行人申请变更、追加该第三人为被执行人,在承诺范围内承担责任的,人民法院应予支持。"债务加入,本质上是增加一个新的债务人来保障债权实现,在性质上具有担保债权实现的功能,但债务加入与保证担保、第三人代为履行、债务转移等法律构成要件有所不同，产生的法律后果存在差异。第三人加入债务后，作为连带债务人，即与债务人一起成为共同债务人，债权人请求第三人在其承诺的承担债务范围内履行债务，如果第三人不履行债务或者履行债务不符合约定，第三人作为债务人应当承担违约责任，因此民事主体在约定承担债务的范围和形式时应尽量明确具体，避免产生争议。第三人在清偿债务后，是否可以向债务人追偿，取决于其在债务加入时与债务人之间的具体约定。

（二）债务加入的认定

《最高人民法院关于适用〈中华人民共和国民法典〉有关担保制度的解释》（法释〔2020〕28号）第三十六条规定："第三人向债权人提供差额补足、流动性支持等类似承诺文件作为增信措施，具有提供担保的意思表示，债权人请求第三人承担保证责任的，人民法院应当依照保证的有关规定处理。第三人向债权人提供的承诺文件，具有加入债务或者与债务人共同承担债务等意思表示的，人民法院应当认定为民法典第五百五十二条规定的债务加入。前两款中第三人提供的承诺文件难以确定是保证还是债务加入的，人民法院应当将其认定为保证。第三人向债权人提供的承诺文件不符合前三款规定的情形，债权人请求第三人承担保证责任或者连带责任的，人民法院不予支持，但是不影响其依据承诺文件请求第三人履行约定的义务或者承担相应的民事责任。"根据上述规定：

1. 合同外的第三人向合同中的债权人承诺承担债务人义务的，如果没有充分的证据证明债权人同意债务转移给该第三人或者债务人退出合同关系，不宜轻易认定构成债务转移，一般应认定为债务加入。第三人向债权人表明债务加入的意思后，即使债权人未明确表示同意，但只要其未明确表示反对或未以行为表示反对，仍应当认定为债务加入成立，债权人可以依照债务加入关系向该第三人主张权利。

2. 第三人以自己的名义另行向债权人出具债务凭据并承诺由其偿还，债权人同意第三人承担还款责任，但双方没有约定原债务人脱离债权债务关系，债权人没有明确表示免除原债务人的还款义务，也没有其他证据或行为表明债权人同意由第三人独立承担原债务人债务的，应认定为并存式债务承担，第三人为债务加入。

3. 第三人明确表示对债务人的债务本金及利息承担还款责任，但未明确其承担的还款责任为担保责任，亦未体现债务人的债务与其所承担的还款责任之间存在主从关系的，第三人为债务加入。

4. 如第三人并未明确表示其行为是"债务加入"，且第三人愿意承担的债务事实上具有从属性的特征，或明确其债务应当在主债务人未清偿债务时承担，则该第三人对主债务承担的责任应当被认定为保证责任。

北京某通信公司诉甲物业公司债务加入案，可以帮助理解债务加入法律关系。2005年，乙物业公司与北京某通信公司签订协议，约定北京某通信公司租用乙物业公司的房屋用于建立通信基站。2015年3月15日，双方签订续租协议。2019年6月26日，乙物业公司、北京某通信公司和甲物业公司签署《终止协议》，约定：乙物业公司、北京某通信公司协商一致签订此终止协议，原协议于2016年10月31日终止，乙物业公司退还北京某通信公司2016年11月1日至2020年3月14日已支付但未履行的租金1 346 787.36元；本协议约定的退款由甲物业公司向北京某通信公司支付，甲物业公司同意代乙物业公司履行该协议约定的退款义务；甲物业公司需自本协议生效之日起15日内向北京某通信公司付清退款，北京某通信公司收到甲物业公司支付的款项，乙物业公司即履行完毕本协议约定的退款义务，北京某通信公司收款后需要向乙物业公司出具收款凭证。该协议签订后，乙物业公司、甲物业公司均未按照协议约定期限履行付款义务。北京某通信公司诉至法院，请求甲物业公司、乙物业公司连带退还租金1 346 787.36元及逾期退还租金的利息损失。庭审中，乙物业公司对应退还租金金额无异议，但以无支付能力为由不同意履行退款义务。

一审法院于2021年9月23日作出民事判决，判决甲物业公司、乙物业公司连带向北京某通信公司退还租金1 346 787.36元，并支付逾期退还租金的利息损失。一审判决后，甲物业公司以其仅构成由第三人履行债务为由，不服一审判决，提出上诉。二审法院于2021年12月27日作出终审民事判决，判决驳回上诉，维持原判。

法院生效裁判认为：甲物业公司与北京某通信公司、乙物业公司签订的《终止协议》合法有效，各方均应依约履行。该《终止协议》没有约定乙物业公司脱离债权债务关系，北京某通信公司亦没有明确表示免除乙物业公司的退款义务，也没有其他证据表明北京某通信公司同意由甲物业公司独立承担债务，且乙物业公司对应退还租金金额无异议，故该约定不属于债务转移，乙物业公司依然负有退款义务。该协议明确约定甲物业公司对乙物业公司应退的租金1 346 787.36元向北京某通信公司承担给付义务，甲物业公司作为该协议当事人，明确向北京某通信公司作出了负担债务的意思表示，符合《民法典》第五百五十二条规定的债务加入制度，甲物业公司应当依约履行还款义务。关于甲物业公司提出的其系第三人代为履行债务的上诉意见，根据法律规定，由第三人履行债务系当事人约定由第三人向债权人履行债务，该约定系存在于债权人和债务人之间。本案中三方签订的《终止协议》约定的债务承担方式不符合由第三人履行债务的构成要件，甲物业公司据此不承担给付义务的抗辩理由不能成立。

（三）公司法人债务加入需要经过公司股东会或者董事会决议，否则债务加入无效

《全国法院民商事审判工作会议纪要》（法〔2019〕254号）23.【债务加入准用担保规则】规定："法定代表人以公司名义与债务人约定加入债务并通知债权人或者向债权人表示愿意加入债务，该约定的效力问题，参照本纪要关于公司为他人提供担保的有关规则处理。"《公司法》第十六条对公司为他人提供担保明确了规则。该条第一款规定："公司向其他企业投资或者为他人提供担保，依照公司章程的规定，由董事会或者股东会、股东大会决议；公司章程对投资或者担保的总额及单项投资或者担保的数额有限额规定的，不得超过规定的限额。"该条第二款规定："公司为公司股东或者实际控制人提供担保的，必须经股东会或者股东大会决议。"该条第三款规定："前款规定的股东或者受前款规定的实际控制人支配的股东，不得参加前款规定事项的表决。该项表决由出席会议的其他股东所持表决权的过半数通过。"根据上述规定，涉《公司法》第十六条的公司担保，大体分为两种情形：一种是公司向其他企业投资或者为他人提供担保的，此情形，应经董事会或者股东（大）会等公司机关决议；另一种是公司为其股东或者实际控制人提供担保的，需经股东（大）会决议。本条规定了公司对外担保需要履行的内部决议程序，相较于担保责任，债务加入属于法律后果更为严重的责任形式，根据举轻以明重的原则，公司对外加入债务的，应当参照公司对外担保的相关规定，履行内部决议程序。因此，对于公司为履行股东或实际控制人的债务而加入债务的，债权人需证明在达成协议时对股东会决议进行了审查；对于公司为履行股东、实际控制人以外的非关联方的债务加入债务的，债权人需证明在达成协议时对股东会决议或董事会决议进行了审查。否则，该债务加入协议无效。对于不具有法人资格的公司分支机构，债务加入承诺必须得到企业法人授权，否则其对外加入债务承诺无效。

（四）公司法人债务加入无效的民事责任

债务加入因欠缺公司决议程序而不具有法律约束力后的民事责任，参照担保无效的规定处理。《最高人民法院关于适用〈中华人民共和国民法典〉有关担保制度的解释》（法释〔2020〕28号）第七条规定："公司的法定代表人违反公司法关于公司对外担保决议程序的规定，超越权限代表公司与相对人订立担保合同，人民法院应当依照民法典第六十一条和第五百零四条等规定处理：（一）相对人善意的，担保合同对公司发生效力；相对人请求公司承担担保责任的，人民法院应予支持。（二）相对人非善意的，担保合同对公司不发生效力；相对人请求公司承担赔偿责任的，参照适用本解释第十七条的有关规定。法定代表人超越权限提供担保造成公司损失，公司请求法定代表人承担赔偿责任的，人民法院应予支持。第一款所称善意，是指相对人在订立担保合同时不知道且不应当知道法定代表人超越权限。相对人有证据证明已对公司决议进行了合理审查，人民法院应当认定其构成善意，但是公司有证据证明相对人知道或者应当知道决议系伪造、变造的除外。"第十七条规定："主合同有效而第三人提供的担保合同无效，人民法院应当区分不同情形确定担保人的赔偿责任：（一）债权人与担保人均有过错的，担保人承担的赔偿责任不应超过债务人不能清偿部分的二分之一；（二）担保人有过错而债权人无过错的，担保人对债务人不能清偿的部分承担赔偿责任；（三）债权人有过错而担保人无过错的，担保人不承担赔偿责任。主合同无效导致第三人提供的担保合同无效，担保人无过错的，不承担赔偿责任；担保人有过错的，其承担的赔偿责任不应超过债务人不能清偿部分的三分之一。"

根据《民法典》第七十四条第二款"分支机构以自己的名义从事民事活动，产生的民事责任由法人承担；也可以先以该分支机构管理的财产承担，不足以承担的，由法人承担"的规定，分公司所应承担的责任，由分公司先以其管理财产承担，不足以承担的，由公司承担。

需要注意的是，对最高人民法院《关于超过诉讼时效期间当事人达成的还款协议是否应当受法律保护问题的批复》（法复〔1997〕4号）"对超过诉讼时效期间，当事人双方就原债务达成还款协议的，应当依法予以保护"的适用，根据最高法院民二庭的观点，债务加入法律关系中，在债务已过诉讼时效期间的情形下，如债务承担协议系只在债权人与第三人之间签订，则不适用批复的规定，第三人可行使原债务人的诉讼时效抗辩权；如果债务承担协议系由债权人、第三人、原债务人三方签订，则适用批复的规定，第三人不能行使原债务人的诉讼时效抗辩权。

四十四、物权担保人（债务人或合同外第三人）以其特定财产向债权人保证履行债务，若逾期不能履行则应当以该特定财产折价、拍卖、变卖所得清偿债务；物权担保人也可在约定的最高债权限额内对不特定债权提供担保

债权人在借贷、买卖等民事活动中，为保障实现其债权，需要担保的，可以依照《民法典》和其他法律的规定设立担保物权。担保物权人在债务人不履行到期债务或者发生当事人约定的实现担保物权的情形时，依法享有就担保财产优先受偿的权利，但是法律另有规定的除外。

(一) 设立物权担保应当订立担保合同

担保物权以债务人不履行到期债务或者发生当事人约定的实现担保物权的情形为行使条件，以物的交换价值作为债权实现的担保。根据《民法典》第三百八十八条的规定，设立担保物权，应当依照本法和其他法律的规定订立担保合同。债权人和债务人订立的主合同，是担保关系产生的基础，也是担保的对象。担保合同作为从合同，主要规定债权人和担保人的权利义务关系。担保合同应当包括：担保人和债权人的身份信息；主债权的种类、数额；债务人履行债务的期限；担保的方式、范围和时间；双方各自的权利义务；违约责任；等等。

1. 担保合同以债权人和债务人之间的主合同成立为前提。担保合同是从合同，依附于主合同的存在而存在，当主合同无效时，担保合同作为主合同的从合同自然也无效，但是法律另有规定的除外。若主合同发生移转，则担保合同原则上也相应地发生移转。主合同消灭，则担保合同也消灭。

2. 订立担保合同的主体应当符合法律规定，否则将导致担保合同无效。《最高人民法院关于适用〈中华人民共和国民法典〉有关担保制度的解释》（法释〔2020〕28号）第五条规定："机关法人提供担保的，人民法院应当认定担保合同无效，但是经国务院批准为使用外国政府或者国际经济组织贷款进行转贷的除外。居民委员会、村民委员会提供担保的，人民法院应当认定担保合同无效，但是依法代行村集体经济组织职能的村民委员会，依照村民委员会组织法规定的讨论决定程序对外提供担保的除外"。第六条第一款规定："以公益为目的的非营利性学校、幼儿园、医疗机构、养老机构等提供担保的，人民法院应当认定担保合同无效，但是有下列情形之一的除外：

（一）在购入或者以融资租赁方式承租教育设施、医疗卫生设施、养老服务设施和其他公益设施时，出卖人、出租人为担保价款或者租金实现而在该公益设施上保留所有权；（二）以教育设施、医疗卫生设施、养老服务设施和其他公益设施以外的不动产、动产或者财产权利设立担保物权。"根据上述规定，除非符合《最高人民法院关于适用〈中华人民共和国民法典〉有关担保制度的解释》（法释〔2020〕28号）第五条、第六条但书规定的条件，否则机关法人、居民委员会、村民委员会等以公益为目的的非营利法人不得为担保人。

3. 设立担保物权的特定财产应当合法，否则担保合同无效。如：学校、幼儿园、医院等以公益为目的的事业单位、社会团体的教育设施、医疗卫生设施和其他社会公益设施，所有权、使用权不明或者有争议的财产，依法被查封、扣押、监管的财产等，不得设立担保物权。

（二）物权担保人可与担保权人约定，在最高债权限额内，对不特定债权提供担保

1. 最高额担保的本质特征。《民法典》第四百二十条规定："为担保债务的履行，债务人或者第三人对一定期间内将要连续发生的债权提供担保财产的，债务人不履行到期债务或者发生当事人约定的实现抵押权的情形，抵押权人有权在最高债权额限度内就该担保财产优先受偿。最高额抵押权设立前已经存在的债权，经当事人同意，可以转入最高额抵押担保的债权范围。"本条规定对最高额担保就一定范围内不确定债权提供担保进行了必要的限制，即应该是在一定期间、连续发生的债权，并受到最高债权额限度的约束。上述三个限定条件体现了最高额担保的本质特征：其一，一定期间是被担保债权的确定期间，超过该期间而发生的主债权不能纳入担保的范围，而在起算点之前已经存在的债务则可以依当事人的约定纳入最高额担保的债权范围，可见最高额担保的本质不在于担保的债权为将来的债权，而在于所担保的债权为不特定债权，并受最高债权额限度的限制；其二，就债权连续发生而言，仅要求在确定期限内发生的债权次数不确定且连续，并不以交易类型和交易对象同一为要件，因为有最高额债权额限度的限制，其他债权人可以据此评判担保人的负债能力，不宜再以债权发生的原因进行限制；其三，最高债权额限度是指可行使担保权利的最高债权金额，也是最高额担保的核心内容，关系最高债权额的存在，也是其有别于一般担保的显著内容。

2. 最高额担保权人的优先受偿范围。《民法典》第三百八十九条规定："担保物权的担保范围包括主债权及其利息、违约金、损害赔偿金、保管担保财产和实现担保物权的费用。当事人另有约定的，按照其约定。"第六百九十一条规定："保证的范围包括主债权及其利息、违约金、损害赔偿金和实现债权的费用。当事人另有约定的，按照其约定。"《最高人民法院关于适用〈中华人民共和国民法典〉有关担保制度的解释》（法释〔2020〕28号，自2021年1月1日起施行）第十五条规定："最高额担保中的最高债权额，是指包括主债权及其利息、违约金、损害赔偿金、保管担保财产的费用、实现债权或者实现担保物权的费用等在内的全部债权，但是当事人另有约定的除外。登记的最高债权额与当事人约定的最高债权额不一致的，人民法院应当依据登记的最高债权额确定债权人优先受偿的范围。"根据上述规定，担保范围属于当事人可以自行约定的任意性规范，相较于法定担保范围而言，应当优先尊重当事人的选择，只有在当事人未明确约定担保范围的情况下，才能适用法定的担保范围。如果当事人在担保合同中明确约定了最高债权限额仅为本金最高限额，那么主债权产生的利息、违约金、损害赔偿金、保管担保财产和实现债权或者实现担保物权的费用则不能计入最高债权限额之中；如果上述从债权未依约排除在担保责任范围之外，则担保人仍应就上述从债权承担担保责任。如果当事人明确约定最高债权限额为债权总额最高限额，或者未在担保合同中明确约定最高债权限额的范围时，则应当认定主债权及其从债权均应纳入最高债权限额中一并计算。如果登记的最高债权额与当事人约定的最高债权额不一致时，应以登记簿的记载内容为准，以登记的最高债权额确定债权人优先受偿范围。

（三）担保物权的担保责任及担保物权人的优先受偿权的行使

1. 担保物权的担保范围。《民法典》第三百八十九条规定："担保物权的担保范围包括主债权及其利息、违约金、损害赔偿金、保管担保财产和实现担保物权的费用。当事人另有约定的，按照其约定。"本条规定表明，担保范围原则上及于全部债权，但当事人可通过约定对其范围进行限缩。当事人对于担保责任范围约定不明的，担保物权的担保范围应当包括主债权及其利息、违约金、损害赔偿金、保管担保财产和实现担保物权的费用。

2. 担保物权人在债务人不履行到期债务或者发生当事人约定的实现担保物权的情形时，依法享有就担保财产优先受偿的权利。《民法典》规定，担保物权人在债务人不履行到期债务或者发生当事人约定的实现担保物权的情形时，依法享有就担保财产优先受偿的权利，但法律另有规定的除外。即只要债务人不能履行到期债务或者发生当事人约定的实现担保物权的情形，担保物权人也即债权人有权就担保财产优先受偿。即使担保期间，担保财产毁损、灭失或者被征收等，担保物权人仍可以就获得的保险金、赔偿金或者补偿金等优先受偿。被担保债权的履行期限未届满的，也可以提存该保险金、赔偿金或者补偿金等。《破产法》第一百零九条也规定："对破产人的特定财产享有担保权的权利人，对该特定财产享有优先受偿的权利。"

3. 担保物权人优先受偿权不得对抗税收优先权。《税收征收管理法》（2015年4月24日第十二届全国人民代表大会常务委员会第十四次会议第三次修正）第四十五条第一款规定：税务机关征收税款，税收优先于无担保债权，法律另有规定的除外；"纳税人欠缴的税款发生在纳税人以其财产设定抵押、质押或者纳税人的财产被留置之前的，税收应当先于抵押权、质权、留置权执行"。根据上述规定，纳税人欠缴的税款发生在纳税人以其财产设定抵押、质押或者纳税人的财产被留置之前的，税收优先于担保物权。

4. 在既有第三人信用保证又有物权担保的混合担保中，债权人可以选择最有利于实现债权的方式。《民法典》第三百九十二条规定："被担保的债权既有物的担保又有人的担保的，债务人不履行到期债务或者发生当事人约定的实现担保物权的情形，债权人应当按照约定实现债权；没有约定或者约定不明确，债务人自己提供物的担保的，债权人应当先就该物的担保实现债权；第三人提供物的担保的，债权人可以就物的担保实现债权，也可以请求保证人承担保证责任。提供担保的第三人承担担保责任后，有权向债务人追偿。"根据本条规定，在混合担保情形下：（1）如有约定，债权人应当按照约定实现债权。（2）没有约定或约定不明，在债务人提供物的担保情形下，债权人应当首先就债务人提供的物的担保实现债权，在债务人提供的物权担保不足清偿债务时，债权人才可请求保证人承担清偿责任。（3）没有约定或约定不明，在第三人提供物的担保情形下，债权人可选择就保证或者第三人提供的物的担保实现债权。

（四）担保合同无效的法律责任

《民法典》第三百八十八条规定：担保合同是主债权债务合同的

从合同。主债权债务合同无效的，担保合同无效，但是法律另有规定的除外。担保合同被确认无效后，债务人、担保人、债权人有过错的，应当根据其过错各自承担相应的民事责任。根据《最高人民法院关于适用〈中华人民共和国民法典〉有关担保制度的解释》（法释〔2020〕28号）第十七条的规定，担保合同无效的法律责任分为两种情况确定：一是主合同有效而第三人提供的担保合同无效的，人民法院应当区分不同情形确定担保人的赔偿责任：（1）债权人与担保人均有过错的，担保人承担的赔偿责任不应超过债务人不能清偿部分的二分之一；（2）担保人有过错而债权人无过错的，担保人对债务人不能清偿的部分承担赔偿责任；（3）债权人有过错而担保人无过错的，担保人不承担赔偿责任。二是主合同无效导致第三人提供的担保合同无效，担保人无过错的，不承担赔偿责任；担保人有过错的，其承担的赔偿责任不应超过债务人不能清偿部分的三分之一。

需要注意的是，担保人承担的责任是担保物权性质的责任，担保人的责任范围不得超过担保物的价值。以公益为目的的非营利性法人提供担保的担保合同无效。

四十五、抵押人（债务人或合同外第三人）与债权人书面约定，虽不转移某一特定财产的占有，但以该特定财产担保债务履行，当债务人不履行债务时，债权人有权以该特定财产折价、拍卖、变卖所得价款优先受偿

抵押是以抵押人所有的实物形态为抵押主体，以不转移所有权和使用权为方式作为债务担保的一种法律保障行为。《民法典》第三百九十四条规定:"为担保债务的履行,债务人或者第三人不转移财产的占有,将该财产抵押给债权人的,债务人不履行到期债务或者发生当事人约定的实现抵押权的情形,债权人有权就该财产优先受偿。前款规定的债务人或者第三人为抵押人,债权人为抵押权人,提供担保的财产为抵押财产。"从本条规定可见,抵押的目的在于担保债权的实现,提供抵押担保的是主债务人或第三人,抵押不转移财产的占有,债权人对抵押财产有优先受偿权,抵押权的行使必须以债务人不履行到期债务或者发生当事人约定的实现抵押权的情形为前提。设立抵押权,当事人应当采用书面形式订立抵押合同。

(一) 实现抵押权应具备的条件

其应具备的条件,一是受担保债务履行期限已经届满,二是债务人未履行其到期债务,三是债权人的债权未受清偿,四是发生当事人约定的实现抵押权的情形。除此之外,在下列情形中,债务人的债务履行期虽未届满但债权人的债权确定不能实现或者有不能实现的现实危险,抵押权人也可以请求实现抵押权:一是债务人预期违约,即债务人于债务履行期届满前明确表示或者以自己的行为表明不履行债务;二是债务人被宣告破产;三是抵押人的行为使抵押财产价值减少,抵押权人请求抵押人恢复抵押财产或者提供相应担保而遭拒绝,要求债务人提前清偿债务,债务人没有清偿的。根据《民法典》第四百一十条"债务人不履行到期债务或者发生当事人约定的实现抵押权的情形,抵押权人可以与抵押人协议以抵押财产折价或者以拍卖、变卖该抵押财产所得的价款优先受偿"的规定,抵押权的实现只能通过折价、拍卖、变卖等方式,不能在抵押合同中预先约定当债务人不能履行债务时直接以抵押物抵债;当然,在债务履行期限届满后,当事人另行达成以物抵债协议,且以物抵债协议不存在违反法律、行政法规的强制性规定,恶意损害第三人合法权益等情形的,协议即为有效,债权人可直接请求履行以物抵债协议。

当抵押权人在符合法定的条件和程序下行使抵押权时,对抵押财产进行折价或者拍卖、变卖,变价款不足以清偿债务的,不足部分的债务与该设定抵押的第三人无关,该第三人不承担责任。此时,未受清偿的债权成为普通债权,应由债务人承担清偿责任。如果抵押人系债务人的,债务人对剩余的债权亦不再承担担保责任,剩余的债权仅能作为一般债权由债务人负清偿责任。

(二)抵押的种类和可用于抵押的财产

1. 抵押的种类。(1)不动产抵押,是指以不动产为抵押物而设置的抵押。所谓不动产是指不能移动或移动后会丧失其原有价值或失去其使用价值的财产,如土地、房屋、各种地上定着物等。(2)动产抵押,是指以动产作为抵押物而设置的抵押。动产是指可以移动并且移动后不影响其使用价值,不降低其价值的财产。(3)权利抵押,是指以法律规定的各种财产权利作为抵押物客体的抵押。(4)财团抵押又称企业抵押,是指抵押人(企业)以其所有的动产、不动产及权利的集合体作为抵押权客体而进行的抵押。(5)共同抵押又称总括抵押,是指为了同一债权的担保,而在数个不同的财产上设定的抵押。(6)最高额抵押是指抵押人和抵押权人协议,在最高额限度内,以抵押物对一定期间内连续发生的债权作担保。

2. 可用于抵押的财产。抵押财产即抵押人用于抵押担保的财产。根据现行法律的规定和抵押权的特性,可以设定抵押权的财产应当满足以下三个条件:一是具有独立交换价值且法律允许转让的财产;二是权属明晰且抵押人有权处分的财产;三是宜由抵押人占有、使用且符合社会公共利益的财产。根据《民法典》的规定,可用于抵押的财产包括：建筑物和其他土地附着物；建设用地使用权；海域使用权；生产设备、原材料、半成品、产品；正在建造的建筑物、船舶、航空器；交通运输工具；法律、行政法规未禁止抵押的其他财产。此外，企业、个体工商户、农业生产经营者可以将现有的以及将有的生产设备、原材料、半成品、产品抵押，债务人不履行到期债务或者发生当事人约定的实现抵押权的情形，债权人有权就抵押财产确定时的动产优先受偿。

3. 不可用于抵押的财产。《民法典》第三百九十九条规定："下列财产不得抵押：（1）土地所有权；（2）宅基地、自留地、自留山等集体所有土地的使用权，但是法律规定可以抵押的除外；（3）学校、幼儿园、医疗机构等为公益目的成立的非营利法人的教育设施、医疗卫生设施和其他公益设施；（4）所有权、使用权不明或者有争议的财产；（5）依法被查封、扣押、监管的财产；（6）法律、行政法规规定不得抵押的其他财产。"《最高人民法院关于适用〈中华人民共和国民法典〉有关担保制度的解释》（法释〔2020〕28号）第三十七条第一款对将"所有权、使用权不明或者有争议的财产"用于抵押的合同效力作了"经审查构成无权处分的，人民法院应当依照民法典第三百一十一条的规定处理"的规定，抵押合同效力虽不受无处分权的影响，但因抵押人无权处分时，抵押合同无法继续履行或者虽已履行，债权人却因抵押人无权处分而无法取得抵押权，从而可能造成债权人损失的，抵押人对于债权人的损失，须承担违约损害赔偿责任。因此，抵押人将"所有权、使用权不明或者有争议的财产"用于抵押，一旦构成无权处分，抵押人需对抵押权人的损失承担赔偿责任。

4. 被人民法院查封、扣押的财产仍可设定抵押。《最高人民法院关于适用〈中华人民共和国民法典〉有关担保制度的解释》（法释〔2020〕28号）第三十七条第二款规定："当事人以依法被查封或者扣押的财产抵押，抵押权人请求行使抵押权，经审查查封或者扣押措施已经解除的，人民法院应予支持。抵押人以抵押权设立时财产被查封或者扣押为由主张抵押合同无效的，人民法院不予支持。"标的物被设定抵押后，如果被抵押人的其他债权人申请人民法院查封、扣押，不仅抵押合同不受查封、扣押的影响，而且抵押权也不应受查封、扣押的影响。对此，《最高人民法院关于人民法院执行工作若干问题的规定（试行）》（法释〔2020〕21号修正）31.规定："人民法院对被执行人所有的其他人享有抵押权、质押权或留置权的财产，可以采取查封、扣押措施。财产拍卖、变卖后所得价款，应当在抵押权人、质押权人或留置权人优先受偿后，其余额部分用于清偿申请执行人的债权。"《最高人民法院关于首先查封法院与优先债权执行法院处分查封财产有关问题的批复》（自2016年4月14日起施行）明确，执行程序的债权对查封财产有顺位在先的担保物权等优先债权的，优先债权执行法院可以要求查封法院将该查封财产移送执行。《最高人民法院关于人民法院民事执行中查封、扣押、冻结财产的规定》（法释〔2020〕21号修正）第二十四条第一款规定："被执行人就已经查封、扣押、冻结的财产所作的移转、设定权利负担或者其他有碍执行的行为，不得对抗申请执行人。"即在人民法院对财产采取查封、扣押、冻结之后，财产权利人就标的物所作的处分仍属有效，且可以对抗除申请执行人之外的其他所有人，如被执行人或者财产的受让人等，只是不能对抗申请执行人而已。

（三）抵押人在抵押期间可以转让抵押财产，当事人也可约定限制或禁止抵押财产转让

我国法律允许抵押人在抵押期间转让抵押财产，抵押财产转让的抵押权不受影响，但也同时规定"当事人另有约定的，按照其约定"。《最高人民法院关于适用〈中华人民共和国民法典〉有关担保制度的解释》（法释〔2020〕28号）第四十三条第二款规定：当事人约定禁止或者限制转让抵押财产且已经将约定登记，抵押人违反约定转让抵押财产，抵押权人请求确认转让合同无效的，人民法院不予支持；抵押财产已经交付或者登记，抵押权人主张转让不发生物权效力的，人民法院应予支持，但是因受让人代替债务人清偿债务导致抵押权消灭的除外。根据该规定，无论当事人关于限制或者禁止抵押物转让的约定是否登记，都不影响抵押财产转让合同的效力。但如果当事人已将限制或禁止抵押物转让的约定登记于不动产登记簿，由于不动产登记具有公示公信力，因此对买受人亦有约束力，即使抵押人将抵押物转让给了买受人且已办理过户产权登记，但该抵押物所有权的变动对抵押权人不发生效力。相反，如果当事人未将限制或者禁止抵押物转让的约定予以登记，则不仅买卖合同的效力不受影响，抵押物所有权的变动也不受影响，抵押权人只能以抵押人违反约定为由向抵押人主张违约责任。这也提示债权人要及时将限制或禁止抵押物转让的约定登记于不动产登记簿，以此维护抵押权人的利益。

（四）抵押物担保范围以登记记载为原则，以合同约定为例外

根据《最高人民法院关于适用〈中华人民共和国民法典〉有关担保制度的解释》（法释〔2020〕28号）第四十七条"不动产登记簿就抵押财产、被担保的债权范围等所作的记载与抵押合同约定不一

致的，人民法院应当根据登记簿的记载确定抵押财产、被担保的债权范围等事项"的规定，抵押合同约定的抵押财产、被担保债权范围与不动产登记不一致时，应当以不动产登记簿的记载为准。当然，如果不动产登记簿记载的优先受偿范围大于担保合同约定的优先受偿范围，则应当依据担保合同的约定确定抵押权人优先受偿的范围。

但鉴于一些不动产登记簿和登记证书仅有"债权数额""被担保主债权数额"（最高债权数额）的栏目，没有"担保范围"栏目，且规定只能填写固定数，导致常有合同约定与登记不一致的情形出现。为此，《全国法院民商事审判工作会议纪要》（法〔2019〕254号）作了过渡性安排，58.【担保债权的范围】规定："以登记作为公示方式的不动产担保物权的担保范围，一般应当以登记的范围为准。但是，我国目前不动产担保物权登记，不同地区的系统设置及登记规则并不一致，人民法院在审理案件时应当充分注意制度设计上的差别，作出符合实际的判断：一是多数省区市的登记系统未设置'担保范围'栏目，仅有'被担保主债权数额（最高债权数额）'的表述，且只能填写固定数字。而当事人在合同中又往往约定担保物权的担保范围包括主债权及其利息、违约金等附属债权，致使合同约定的担保范围与登记不一致。显然，这种不一致是由于该地区登记系统设置及登记规则造成的该地区的普遍现象。人民法院以合同约定认定担保物权的担保范围，是符合实际的妥当选择。二是一些省区市不动产登记系统设置与登记规则比较规范，担保物权登记范围与合同约定一致在该地区是常态或者普遍现象，人民法院在审理案件时，应当以登记的担保范围为准。"即总原则是以登记簿记载为准；因不动产登记系统设置及登记规则不规范，造成合同约定的担保范围与登记不一致的，以合同约定为准；不动产登记系统设置与登记规则比较规范，担保物权登记范围与合同约定一致在该地区是常态或者普遍现象的,以登记的担保范围为准。

(五)抵押权自登记时设立,抵押登记具有抵押权人获得抵押权的公示效力,也是其取得抵押物优先受偿权的保证

抵押权的实质是债权人有权就抵押物优先受偿,如果债权人未取得抵押权,债权人就不能享有对抵押物的优先受偿权。

1. 不动产抵押,未办理不动产抵押登记的债权人未取得该不动产的抵押权。以不动产设定抵押的,签订了抵押合同但未办理抵押登记的,抵押合同有效,但抵押权因欠缺抵押登记而未设立,债权人对抵押物不享有优先受偿权。《全国法院民商事审判工作会议纪要》(法〔2019〕254号)60.【未办理登记的不动产抵押合同的效力】规定:"不动产抵押合同依法成立,但未办理抵押登记手续,债权人请求抵押人办理抵押登记手续的,人民法院依法予以支持。因抵押物灭失以及抵押物转让他人等原因不能办理抵押登记,债权人请求抵押人以抵押物的价值为限承担责任的,人民法院依法予以支持,但其范围不得超过抵押权有效设立时抵押人所应当承担的责任。"根据本条的规定:(1)不动产抵押物未进行抵押登记不影响抵押合同效力,抵押合同有效;(2)不动产抵押物未进行抵押登记,虽然抵押合同有效,但抵押权未设立,债权人对抵押物不享有优先受偿权;(3)抵押人应继续办理抵押登记以及承担不能登记情况下的损害赔偿责任。

《最高人民法院关于适用〈中华人民共和国民法典〉有关担保制度的解释》(法释〔2020〕28号)第四十六条规定:"不动产抵押合同生效后未办理抵押登记手续,债权人请求抵押人办理抵押登记手续的,人民法院应予支持。抵押财产因不可归责于抵押人自身的原因灭失或者被征收等导致不能办理抵押登记,债权人请求抵押人在约定的担保范围内承担责任的，人民法院不予支持；但是抵押人已经获得保险金、赔偿金或者补偿金等，债权人请求抵押人在其所获金额范围内承担赔偿责任的，人民法院依法予以支持。因抵押人转让抵押财产或者其他可归责于抵押人自身的原因导致不能办理抵押登记，债权人请求抵押人在约定的担保范围内承担责任的，人民法院依法予以支持，但是不得超过抵押权能够设立时抵押人应当承担的责任范围。"根据本条的规定：（1）不动产抵押物未进行抵押登记不影响抵押合同效力，债权人可以请求抵押人继续履行合同，以最终取得抵押权；（2）不动产抵押物因不可归责于抵押人的原因灭失而未登记的，债权人不享有抵押权，债权人仅可要求抵押人在取得的保险金、赔偿金或者补偿金等代位物范围内承担违约赔偿责任；（3）抵押合同生效但未办理抵押登记，且未登记原因可归责为抵押人的，抵押人应在约定的担保范围内承担违约赔偿责任，但不得超过抵押权有效设立时抵押人所应当承担的责任。譬如，抵押合同约定的担保债权为500万元，抵押物价值为300万元，那么抵押人只在300万元范围内承担责任；假设抵押合同约定的担保债权为500万元，抵押物价值800万元，那么抵押人只在500万元范围内承担责任。

需要强调的是，根据《民法典》第一百七十八条第三款的规定，连带责任须有明确的法定或者当事人约定依据，在双方并未约定抵押人承担连带责任的情况下，债权人不得请求抵押人承担连带责任，在不动产抵押物未进行抵押登记可归责为抵押人的情况下，抵押人只在约定的担保范围内承担违约赔偿责任。

2. 动产抵押，未经登记抵押权不得对抗善意第三人。根据《民法典》的规定，抵押期间，设定抵押的财产可以转让；以动产抵押的，抵押权未经登记不得对抗善意第三人。《最高人民法院关于适用

《中华人民共和国民法典》有关担保制度的解释》（法释〔2020〕28号）第五十四条第一项规定："抵押人转让抵押财产，受让人占有抵押财产后，抵押权人向受让人请求行使抵押权的，人民法院不予支持，但是抵押权人能够举证证明受让人知道或者应当知道已经订立抵押合同的除外。"可见，在动产抵押的情况下，如果当事人没有办理抵押登记，则抵押权不能对抗已取得抵押物所有权的善意买受人。买受人为善意取得抵押物所有权的，抵押权人只能要求抵押人重新提供担保。当然，如果买受人虽已交付转让对价，但未取得抵押物所有权的，抵押权人可以对抗买受人行使抵押权；如果买受人恶意取得抵押物所有权，抵押权人可以向其主张抵押权。在确定买受人是善意还是恶意上，实践中首先推定买受人为善意买受人，再由抵押权人举证证明买受人为恶意买受人，抵押权人不能举证证明买受人为恶意买受人的，承担不利后果。

3. 在办理抵押登记条件尚未成就时，债权人可以先办理抵押预告登记，限制抵押物所有权转移，并取得登记抵押权优先顺位。根据《民法典》第二百二十一条之规定，预告登记具有保全效力。抵押预告登记，是在抵押登记暂时无法办理时当事人为确保将来取得抵押权而办理的一种特殊登记。预告登记后，未经预告登记的权利人同意，处分该不动产的，不发生物权效力。当能够办理抵押登记时，预告登记权利人能够获得较之其他担保物权人或者债权人更加优先办理抵押登记的顺位。也就是说，即使抵押人在办理抵押预告登记之后对标的物进行了处分，只要具备办理抵押登记的条件，预告登记权利人即可申请办理抵押登记，抵押权可追溯到预告登记之日设立。预告登记并不直接导致抵押权的设立，仅办理抵押预告登记，抵押权并不成立。预告登记后，应在具备登记条件之日起90日内办理抵押登记，否则预告登记即失效。抵押权预告登记权利人，若最终未完成抵押登记，则其对抵押财产处置所得价款不享有优先受偿权。在抵押人破产的情形下，人民法院可直接赋予预告登记权利人就预告登记的抵押财产优先受偿的权利。对此，《最高人民法院关于适用〈中华人民共和国民法典〉有关担保制度的解释》（法释〔2020〕28号）第五十二条第二款规定："当事人办理了抵押预告登记，抵押人破产，经审查抵押财产属于破产财产，预告登记权利人主张就抵押财产优先受偿的，人民法院应当在受理破产申请时抵押财产的价值范围内予以支持，但是在人民法院受理破产申请前一年内，债务人对没有财产担保的债务设立抵押预告登记的除外。"此外，根据《企业破产法》第三十一条的规定，在人民法院受理破产申请前一年内，如果债务人对没有财产担保的债务提供财产担保的，则管理人有权请求人民法院予以撤销该行为。根据该规定，本条款将"在人民法院受理破产申请前一年内，债务人对没有财产担保的债务设立抵押预告登记"作为预告登记权利人对抵押财产享有优先受偿权的除外情形。

例如，某银行与陈某等金融借款预抵押权人优先受偿案。2009年5月8日，陈某作为借款人、吴某作为借款人配偶向某银行出具《个人贷款申请书》，申请贷款17万元，品种为个人住房按揭贷款。同年6月4日，陈某以其购买的房屋办理了抵押权预告登记手续。

6月9日，陈某、吴某作为共同借款人和抵押物共有人，某房产公司作为保证人，与某银行签订一份《个人购房借款担保合同》，约定借款金额为17万元，借款用于购买第1套住房。由陈某、吴某以其购买的案涉房屋作为抵押物。同日，陈某以案涉房屋为某银行设定了抵押预告登记，某银行发放了借款，此后案涉房屋未办理所有权登记。借款发放后第二个月陈某即开始逾期。截至2021年3月21日，陈某、吴某尚欠某银行贷款本金 50 312.72 元、利息 590.98 元。某银行遂起诉请求判决陈某还款、对案涉房屋享有优先受偿权。

人民法院根据《最高人民法院关于适用〈中华人民共和国民法典〉有关担保制度的解释》（法释〔2020〕28 号）第五十二条第一款，预抵押权人在满足建筑物已办理所有权首次登记、预告登记财产与办理建筑物所有权首次登记财产一致、抵押预告登记未失效情况下，就抵押财产享有优先受偿权的规定，认定预告登记权利人对预抵押房产享有优先受偿权。依法判决某银行对案涉房屋拍卖、变卖所得价款享有优先受偿权。

（六）抵押权优先受偿的顺序规则

1. 同一财产设定数个抵押权的以登记确定优先受偿的顺序。《民法典》第四百一十四条第一款规定：同一财产向两个以上债权人抵押的，拍卖、变卖抵押财产所得的价款依照下列规定清偿：（1）抵押权已经登记的，按照登记的时间先后确定清偿顺序；（2）抵押权已经登记的先于未登记的受偿；（3）抵押权未登记的，按照债权比例清偿。抵押权的优先受偿效力体现在以下两个方面：一是抵押权人对抵押物的变价有优先于无担保物权的债权人而获得清偿的权利；二是在同一抵押物上存在数个抵押权时，公示在先的抵押权优先于公示在后的担保物权受偿。因此，确定抵押权顺位的主要依据是登记，登记在先的优先于登记在后的；已登记的优先于未登记的；均未登记的按债权比例平等受偿。

2. 同一动产同时存在抵押权和质权的受偿顺序。根据《民法典》第四百一十五条"同一财产既设立抵押权又设立质权的，拍卖、变卖该财产所得的价款按照办理抵押登记、质物交付的时间先后确定清偿顺序"的规定，在同一动产上存在抵押权和动产质权的：（1）如果质权有效设立、抵押权也办理了登记的，质权设立在先的，质权人先受偿；抵押权登记在先的，抵押权人先受偿；抵押权和质权同一天设立的，视为顺序相同，按照债权比例清偿。（2）如果质权有效设立，抵押权未办理抵押登记的，有效设立的质权优先于抵押权。（3）质权未有效设立，抵押权未办理抵押登记的，抵押权人优先受偿。

3. 动产的正常经营买受人优先于动产抵押权人。《民法典》第四百零四条规定："以动产抵押的，不得对抗正常经营活动中已经支付合理价款并取得抵押财产的买受人。"这里所谓正常经营买受人，指的是已经支付合理价款从以出卖某类动产为业的人处购买商品的买受人。本条规定，已经支付合理价款的正常经营买受人，可以无负担地取得担保物的所有权，无论动产抵押权是否进行了登记，也无论买受人是否知晓动产抵押权的存在。《最高人民法院关于适用〈中华人民共和国民法典〉有关担保制度的解释》（法释〔2020〕28号）第五十六条规定："买受人在出卖人正常经营活动中通过支付合理对价取得已被设立担保物权的动产，担保物权人请求就该动产优先受偿的，人民法院不予支持，但是有下列情形之一的除外：（一）购买商品的数量明显超过一般买受人；（二）购买出卖人的生产设备；（三）订立买卖合同的目的在于担保出卖人或者第三人履行债务；（四）买受人与出卖人存在直接或者间接的控制关系；（五）买受人应当查询抵押登记而未查询的其他情形。前款所称出卖人正常经营活动，是指出卖人的经营活动属于其营业执照明确记载的经营范围，且出卖人持续销售同类商品。前款所称担保物权人，是指已经办理登记的抵押权人、所有权保留买卖的出卖人、融资租赁合同的出租人。"由上述规定可知，《民法典》第四百零四条所称正常经营活动既指出卖人的经营活动是在其营业执照明确记载的经营范围内且持续销售同类商品，也要求从买受人的角度看,交易本身没有异常性。如果交易本身具有异常性,买受人不能被豁免查询抵押登记。

4. 动产价款抵押权人优先于该抵押物上的其他担保物权人优先受偿。动产价款超级优先权是《民法典》新增的内容,《民法典》第四百一十六条规定:"动产抵押担保的主债权是抵押物的价款,标的物交付后十日内办理抵押登记的,该抵押权人优先于抵押物买受人的其他担保物权人受偿,但是留置权人除外。"该条规定了价款优先权,即动产价款的抵押权,其效力优先于抵押物上的其他抵押权;但当动产被留置权人合法留置时,留置权的效力优先于价款抵押权。需要注意的是,价款抵押权人需举证证明价款抵押权所担保的主债权,是用于购买抵押物的价款;价款抵押权要获得相比于该动产上其他抵押权的优先效力,应当依法办理价款抵押权登记,而且应当在标的物交付后10日内完成登记。同一动产上存在多个价款优先权的人民法院应当按照登记的时间先后确定清偿顺序。未办理登记的动产抵押权人对于抵押物拍卖、变卖或折价所得价款应当享有同等权利,即按照各个债权比例受偿。相对于"正常经营活动中"的买受人,价款抵押权属于一般动产抵押权,不具有优先效力。

《最高人民法院关于适用〈中华人民共和国民法典〉有关担保制度的解释》(法释〔2020〕28号)第五十七条规定,担保人在设立动产浮动抵押并办理抵押登记后又购入或者以融资租赁方式承租新的动产,下列权利人为担保价款债权或者租金的实现而订立担保合同,并在该动产交付后10日内办理登记,主张其权利优先于在先设立的浮动抵押权的,人民法院应予支持:(1)在该动产上设立抵押权或者保留所有权的出卖人;(2)为价款支付提供融资而在该动产上设立抵押权的债权人;(3)以融资租赁方式出租该动产的出租人。买受人取得动产但未付清价款或者承租人以融资租赁方式占有租赁物但是未付清全部租金，又以标的物为他人设立担保物权，前款所列权利人为担保价款债权或者租金的实现而订立担保合同，并在该动产交付后10日内办理登记，主张其权利优先于买受人为他人设立的担保物权的，人民法院应予支持。该规定明确动产价款超级优先权的权利主体除动产的出卖人外，还包含所有权保留买卖的出卖人、融资租赁交易中的出租人、为动产买卖价款支付提供融资的出借人。

5. 抵押财产被刑事查封，善意抵押权人仍能优先受偿。根据《刑事诉讼法》的规定，刑事查封仅限于赃款赃物，对于犯罪嫌疑人、被告的合法财产不能查封。所以，如果有证据证明刑事查封的并非赃物，是可以向查封机关提出申请，请求解除对抵押物的刑事查封。如果刑事查封的抵押物（不动产或动产）最终被依法认定为赃物，则根据抵押权人是否为善意取得抵押权，决定其是否具有以抵押物优先受偿的权利。根据《最高人民法院关于刑事裁判涉财产部分执行的若干规定》（法释〔2014〕13号）第十一条规定，第三人善意取得涉案财物的，执行程序中不予追缴。也就是说若抵押权人取得抵押物抵押权是符合善意取得要件的，法院就不能通过刑事案件执行程序进行追缴，抵押权人也就能正常对抵押物享有优先受偿权。根据《民法典》第三百一十一条善意取得的构成要件，不动产抵押物善意取得应包括三个要件：抵押权人须为善意，主债权合法有效，已完成不动产抵押权登记。动产抵押权的善意取得仅需一个要件，即抵押权人主观上须为善意。在实践操作中，只要没有证据证明抵押权人知道或应当知道抵押物为赃物（包括抵押物为赃款购置）以及抵押权人没有尽到注意义务的情况下，抵押权人可作为善意第三人取得抵押物的抵押权并优先受偿。《最高人民法院关于刑事裁判涉财产部分执行的若干规定》(法释〔2014〕13号)第十三条规定:"被执行人在执行中同时承担刑事责任、民事责任,其财产不足以支付的,按照下列顺序执行:(一)人身损害赔偿中的医疗费用……债权人对执行标的依法享有优先受偿权,其主张优先受偿的,人民法院应当在前款第(一)项规定的医疗费用受偿后,予以支持。"根据该规定,在刑民交叉的案件中善意取得的抵押权,在支付人身损害赔偿中的医疗费用后可以优先受偿。

《最高人民法院关于人民法院办理执行异议和复议案件若干问题的规定》(法释〔2020〕21号修正)第二十七条规定:"申请执行人对执行标的依法享有对抗案外人的担保物权等优先受偿权,人民法院对案外人提出的排除执行异议不予支持,但法律、司法解释另有规定的除外。"据此,在申请执行人对执行标的享有抵押权的情况下,人民法院对案外人提出的排除执行异议不予支持。但在法律、司法解释另有规定的情况下,如果申请执行人的抵押权不能对抗案外人权利的,人民法院对案外人的异议则应予以支持。

此外,不动产抵押在先,租赁在后的,人民法院在征得抵押权人同意后拍卖该不动产,对抵押权人而言是行使抵押权以实现债务清偿的具体方式。拍卖所得价款优先清偿抵押权人的债权,租赁权本身并未对在先的抵押权实现造成不利影响,不适用《最高人民法院关于人民法院民事执行中拍卖、变卖财产的规定》关于租赁权"继续存在于拍卖财产上,对在先的担保物权或者其他优先受偿权的实现有影响的,人民法院应当依法将其除去后进行拍卖"的规定,无需征得承租人或次承租人的同意并去除承租权后再进行拍卖。

需要注意的是,抵押人将已经出租且承租人已经占有的房屋抵押给债权人的,抵押权人在行使抵押权时,不得影响承租人对房屋的使用。对于设定居住权的房屋用于抵押的，抵押权人行使抵押权时，亦不得影响居住权人的居住权。因此，抵押权人在与抵押人签订抵押合同时要对抵押物作必要的调查，尽可能不要接受已设有他项权利登记的不动产作为抵押物，否则权益行使将受到限制。

（七）抵押权人应当在主债权诉讼时效期间行使抵押权

抵押权作为一种担保物权，一旦被担保的主债权因诉讼时效期间经过或者未在民事诉讼法规定的申请执行时效期间内对债务人申请强制执行而成为自然债务，担保物权也随之不再受到人民法院的保护。反之，只要主债权依然受到人民法院的保护，债权人要求行使抵押权的主张都应当得到支持。对此，《民法典》第四百一十九条规定："抵押权人应当在主债权诉讼时效期间行使抵押权；未行使的，人民法院不予保护。"据此，抵押权的行使期间与主债权的诉讼时效期间相同。我国法律规定，向人民法院请求保护民事权利的诉讼时效期间为3年。抵押担保的行使期间是主债权的诉讼时效期间，超过该期限再行使抵押权的，法院将不予支持。抵押权人应当在主债权受到法律保护的期间内行使抵押权。即使债权人仅起诉债务人，未起诉抵押人，判决后债权人申请执行未果的情况下才起诉抵押人，只要主债权的诉讼时效期间没有经过，债权人的请求都会得到法律支持。当主债权经诉讼程序被生效裁判确定后，抵押权的保护期间为申请执行期间；在债务人破产时，抵押权的保护期间为法律规定的申报债权期间。只要当事人在此期间内依法行使权利，抵押权就受到保护。当然，主债权诉讼时效期间届满，债权人主张行使抵押权的，人民法院不应支持。

《最高人民法院关于适用〈中华人民共和国民法典〉有关担保制度的解释》（法释〔2020〕28号）第四十四条第一款、第二款、第三款分别规定:"主债权诉讼时效期间届满后,抵押权人主张行使抵押权的,人民法院不予支持;抵押人以主债权诉讼时效期间届满为由,主张不承担担保责任的,人民法院应予支持。主债权诉讼时效期间届满前,债权人仅对债务人提起诉讼,经人民法院判决或者调解后未在民事诉讼法规定的申请执行时效期间内对债务人申请强制执行,其向抵押人主张行使抵押权的,人民法院不予支持";"主债权诉讼时效期间届满后,财产被留置的债务人或者对留置财产享有所有权的第三人请求债权人返还留置财产的,人民法院不予支持;债务人或者第三人请求拍卖、变卖留置财产并以所得价款清偿债务的,人民法院应予支持";"主债权诉讼时效期间届满的法律后果,以登记作为公示方式的权利质权,参照适用第一款的规定;动产质权、以交付权利凭证作为公示方式的权利质权,参照适用第二款的规定"。根据上述规定,在主债权诉讼时效期内,如果抵押权人仅起诉债务人且获得胜诉判决,但未在法定的申请执行时效期间申请强制执行,则其再向抵押人主张行使抵押权的,人民法院不予保护。主债权诉讼时效期届满后,财产被留置的债务人或者对留置财产享有所有权的第三人请求债权人返还留置财产的,人民法院不予支持;债务人或者第三人请求拍卖、变卖留置财产并以所得价款清偿债务的,人民法院应予支持。以登记作为公示方式的权利质权与抵押权相似,可能发生因主债权已过诉讼时效而不再受人民法院保护的问题,以交付权利凭证为公示方式的权利质权,则参照动产质权的规则。

(八)抵押人在主债权诉讼时效期间届满后有权请求抵押权人协助办理注销抵押登记,抵押权人应当配合

《全国法院民商事审判工作会议纪要》(法〔2019〕254号)59. 规定:抵押权人在主债权诉讼时效届满前未行使抵押权,抵押人在主

债权诉讼时效届满后请求涂销抵押权登记的，人民法院依法予以支持。需要注意的是，根据《民法典》第二百二十条第一款"权利人、利害关系人认为不动产登记簿记载的事项错误的，可以申请更正登记。不动产登记簿记载的权利人书面同意更正或者有证据证明登记确有错误的，登记机构应当予以更正"的规定，抵押人在主债权诉讼时效期间届满后有权请求注销抵押登记，并不是向登记机关提出请求，而是向抵押权人提出，请求抵押权人同意、协助抵押人向登记机构申请注销抵押登记。

四十六、建设用地使用权和地上建筑物可以分别抵押，但须一并处分；以违法建筑物设定抵押的，抵押合同无效，但当事人在一审法庭辩论终结前补正的抵押合同有效；以划拨建设用地使用权实现抵押权的，在缴纳土地出让金后才可优先受偿

（一）建筑物和建设用地使用权都可以作为抵押物，在实现抵押权时，以建设用地使用权抵押的，该土地上的建筑物一并处分；以建筑物抵押的，该建筑物占用范围内的建设用地使用权一并处分；抵押人未一并处分的，未抵押的财产视为一并处分

《民法典》第三百九十七条规定："以建筑物抵押的，该建筑物占用范围内的建设用地使用权一并抵押。以建设用地使用权抵押的，该土地上的建筑物一并抵押。抵押人未依据前款规定一并抵押的，未抵押的财产视为一并抵押。"《最高人民法院关于适用〈中华人民共和国民法典〉有关担保制度的解释》（法释〔2020〕28号）第五十

一条第一款也规定："当事人仅以建设用地使用权抵押，债权人主张抵押权的效力及于土地上已有的建筑物以及正在建造的建筑物已完成部分的，人民法院应予支持。"可见，抵押建设用地使用权必须同时抵押土地上的建筑物，反之抵押建筑物也必须同时抵押该建筑物所占用的建设用地使用权。也就是说，即使抵押人只办理了房屋所有权抵押登记，没有办理建设用地使用权抵押登记，实现房屋抵押权时，建设用地使用权也一并作为抵押财产。同样，只办理了建设用地使用权抵押登记，没有办理房屋所有权抵押登记，实现建设用地使用权的抵押权时，房屋所有权也一并作为抵押财产。但法律也允许当事人以约定排除适用。比如抵押合同约定仅以建设用地使用权设定抵押，并且明确约定不包括其上建筑物的，应当认为抵押权仅及于建设用地使用权；反之，如抵押合同约定仅以建筑物设定抵押，并且明确约定不包括建设用地使用权的，应当认为抵押权仅及于建筑物。在明确约定仅对建筑物设定抵押而不包括建设用地使用权或者仅对建设用地使用权设定抵押而不包括建筑物的，由于"房地一体"，实现抵押权时，应将房地产同时拍卖，分别计价，建筑物或者建设用地使用权抵押权人只能就建筑物或者建设用地使用权卖得价金优先受偿。

根据《国务院办公厅关于完善建设用地使用权转让、出租、抵押二级市场的指导意见》（国办发〔2019〕34号）第12条"……以租赁方式取得的建设用地使用权，承租人在按规定支付土地租金并完成开发建设后，根据租赁合同约定，其地上建筑物、其他附着物连同土地可以依法一并抵押"的规定，以租赁方式取得的国有土地使用权可以设定抵押。

需要注意的是，当事人以合法取得的建设用地使用权抵押后，不能以该建设用地上的建筑物系违法建筑物为由主张抵押合同无效。通过出让等方式取得的集体经营性建设用地使用权可以设定抵押。以集体所有土地的使用权依法抵押的，实现抵押权后，未经法定程序，不得改变土地所有权的性质和土地用途。根据《民法典》第二百零九条关于"不动产物权的设立、变更、转让和消灭，经依法登记，发生效力；未经登记，不发生效力，但是法律另有规定的除外"的规定，只有依法办理抵押登记才产生抵押效力，所以不能以与土地管理部门签订的建设用地使用权抵押合同替代不动产抵押登记。

（二）房地分别抵押时抵押权清偿顺序为：登记在先的先清偿；同时登记的，按债权比例清偿

建筑物所有权和建设用地使用权可以分别单独抵押。当出现房地分别抵押的情形时，两个抵押权均应属合法有效，其抵押范围均包括建设用地使用权和建筑物。如果抵押人将建筑物所有权与建设用地使用权分别抵押给不同主体，即抵押人将建筑物所有权抵押给一个债权人，把建设用地使用权抵押给另一个债权人的情况，依据《民法典》第三百九十七条的规定，在此情形下两个债权人将成为同一建筑物所有权和该建筑物占用范围内的建设用地使用权的抵押权人。对此，《民法典》第四百一十四条规定："同一财产向两个以上债权人抵押的，拍卖、变卖抵押财产所得的价款依照下列规定清偿：（一）抵押权已经登记的，按照登记的时间先后确定清偿顺序；（二）抵押权已经登记的先于未登记的受偿；（三）抵押权未登记的，按照债权比例清偿。其他可以登记的担保物权，清偿顺序参照适用前款规定。"《最高人民法院关于适用〈中华人民共和国民法典〉有关担保制度的解释》（法释〔2020〕28号）第五十一条第三款规定："抵押人将建设用地使用权、土地上的建筑物或者正在建造的建筑物分别抵押给不同债权人的，人民法院应当根据抵押登记的时间先后确定清偿顺序。"

《全国法院民商事审判会议纪要》（法〔2019〕254号）61. 对此种情形下抵押权人实现抵押权的顺序作了规定："根据《物权法》第182条（对应《民法典》第三百九十七条。作者注）之规定，仅以建筑物设定抵押的，抵押权的效力及于占用范围内的土地；仅以建设用地使用权抵押的，抵押权的效力亦及于其上的建筑物。在房地分别抵押，即建设用地使用权抵押给一个债权人，而其上的建筑物又抵押给另一个人的情况下，可能产生两个抵押权的冲突问题。基于'房地一体'规则，此时应当将建筑物和建设用地使用权视为同一财产，从而依照《物权法》第199条（对应《民法典》第四百一十四条。作者注）的规定确定清偿顺序：登记在先的先清偿；同时登记的，按照债权比例清偿。同一天登记的，视为同时登记。应予注意的是，根据《物权法》第200条（对应《民法典》第四百一十七条。作者注）的规定，建设用地使用权抵押后，该土地上新增的建筑物不属于抵押财产。"

（三）以建设用地使用权抵押的，抵押权的效力不及于土地上正在建造的建筑物的续建部分以及新增建筑物

《民法典》第四百一十七条规定："建设用地使用权抵押后，该土地上新增的建筑物不属于抵押财产。该建设用地使用权实现抵押权时，应当将该土地上新增的建筑物与建设用地使用权一并处分。但是，新增建筑物所得的价款，抵押权人无权优先受偿。"《最高人民法院关于适用〈中华人民共和国民法典〉有关担保制度的解释》（法释〔2020〕28号）第五十一条第二款进一步明确："当事人以正在建造的建筑物抵押，抵押权的效力限于已办理抵押登记的部分。当事人按照担保合同的约定，主张抵押权的效力及于续建部分、新增建筑物以及规划中尚未建造的建筑物的，人民法院不予支持。"所以，以建设

用地使用权抵押的,抵押权的效力仅及于土地上已有的建筑物以及正在建造的建筑物已完成部分,债权人不得主张抵押权的效力及于正在建造的建筑物的续建部分以及新增建筑物。当然,对于该土地上正在建造的建筑物的续建部分以及新增建筑物,在实现抵押权时,可以将其与建设用地使用权一并处分。但处分该续建部分和新增建筑物所得的价款,抵押权人没有优先受偿的权利,只能作为普通债权人行使权利。

(四)以划拨建设用地使用权实现抵押权时应先补缴土地出让金

《国务院办公厅关于完善建设用地使用权转让、出租、抵押二级市场的指导意见》(国办发〔2019〕34号)指出,以划拨方式取得的建设用地使用权可以依法依规设定抵押权,划拨土地抵押权实现时应优先缴纳土地出让收入。《城市房地产管理法》第五十一条规定:"设定房地产抵押权的土地使用权是以划拨方式取得的,依法拍卖该房地产后,应当从拍卖所得的价款中缴纳相当于应缴纳的土地使用权出让金的款额后,抵押权人方可优先受偿。"据此,划拨的土地使用权可以直接设定抵押,只是在抵押权实现时应将所得价款优先用于缴纳应缴纳的土地使用权出让金。《最高人民法院关于适用〈中华人民共和国民法典〉有关担保制度的解释》(法释〔2020〕28号)第五十条规定:"抵押人以划拨建设用地上的建筑物抵押,当事人以该建设用地使用权不能抵押或者未办理批准手续为由主张抵押合同无效或者不生效的,人民法院不予支持。抵押权依法实现时,拍卖、变卖建筑物所得的价款,应当优先用于补缴建设用地使用权出让金。当事人以划拨方式取得的建设用地使用权抵押,抵押人以未办理批准手续为由主张抵押合同无效或者不生效的,人民法院不予支持。已经依法办理抵押登记,抵押权人主张行使抵押权的,人民法院应予支持。抵押权依法实现时所得的价款，参照前款有关规定处理。"

（五）当事人以违法建筑物抵押的，抵押合同并非必然无效

根据《最高人民法院关于适用〈中华人民共和国民法典〉有关担保制度的解释》（法释〔2020〕28号）第四十九条第一款"以违法的建筑物抵押的，抵押合同无效，但是一审法庭辩论终结前已经办理合法手续的除外。抵押合同无效的法律后果，依照本解释第十七条的有关规定处理"的规定，当事人以违法的建筑物抵押而签订的抵押合同无效，但当事人在一审法庭辩论终结前已经办理合法手续的，抵押合同有效。需要注意的是，"一审法庭辩论终结前"是当事人补正效力的最后时点。

违法建筑物抵押合同被认定无效的，抵押人以违法建筑物本身的价值承担赔偿责任。违法建筑物抵押合同被认定无效的，并不意味着抵押人不承担任何法律责任。根据《最高人民法院关于适用〈中华人民共和国民法典〉有关担保制度的解释》（法释〔2020〕28号）第十七条的规定，因担保合同无效担保人需承担的责任分为两种情况确定：一是主合同有效而抵押合同无效的，人民法院应当区分不同情形确定抵押人的赔偿责任：（1）债权人与抵押人均有过错的，抵押人承担的赔偿责任不应超过债务人不能清偿部分的二分之一；（2）抵押人有过错而债权人无过错的，抵押人对债务人不能清偿的部分承担赔偿责任；（3）债权人有过错而抵押人无过错的，抵押人不承担赔偿责任。二是主合同无效导致抵押合同无效，抵押人无过错的，不承担赔偿责任；抵押人有过错的，其承担的赔偿责任不应超过债务人不能清偿部分的三分之一。由于抵押人承担的责任是物保性质的责任，因此，抵押人的责任范围不得超过抵押物的价值，违法建筑物抵押合同被认定无效的，抵押人以违法建筑物本身的价值承担赔偿责任。

需要注意的是，根据《民法典》第三百五十二条"建设用地使用权人建造的建筑物、构筑物及其附属设施的所有权属于建设用地使用权人，但是有相反证据证明的除外"的规定，一般情况下，建设用地使用权人与建筑物所有权人是同一的，但实际中确实也有不一致的情况。这种情况下，如果土地使用权人单独以其享有的土地使用权设定抵押，即使该抵押权合法有效，抵押权人在行使抵押权时，也不得影响建筑物所有权人行使，人民法院在拍卖、变卖土地使用权时，应告知受让人该土地上存在他人的合法建筑物，且在建筑物所有权消灭或者房地归属同一人之前，受让人无法取得对该土地的占有、使用权能。所以，对抵押权人而言，建设用地使用权和建筑物所有权分属不同主体的，对抵押人以建设用地使用权作为抵押物的要慎重决定，否则优先受偿权的实现会存在困难，甚至会"虚设"。

四十七、债务人或第三人可将动产或者权利转移给债权人占有，以此作为债权的担保，当债务人不能清偿到期债务时，债权人以其占有的动产或者权利优先清偿；在债务履行期限届满前，约定债务人不履行到期债务时，质押财产归债权人所有的条款无效

债务人或者第三人将其动产或权利移交债权人占有，将该动产或权利作为债权的担保的法律行为是质押。这其中，提供动产或权利的债务人或第三人为出质人，占有动产或权利并以此实现债权的债权人为质权人，移交的动产或权利为质物。当债务人不履行债务时，债权人有权依照法律规定，以其占有的动产或权利优先受偿。当债务人责任履行完毕时，质押的财产归还给债务人或者第三人。质押的财物，应符合法律的规定，即法律允许流通和可以强制执行的财物。

（一）质权设立

当事人应当采取书面形式订立质押合同，质押合同自质物或质权移交于质权人占有时生效。根据《民法典》第四百二十七条的规定，质押合同一般包括下列条款：（1）被担保债权的种类和数额；（2）债务人履行债务的期限；（3）质押财产的名称、数量等情况；（4）担保的范围；（5）质押财产交付的时间、方式。质押关系除可单独签订质押合同外，也可以由主合同的质押条款体现。需要强调的是，质押担保的范围，可以由当事人约定，如果没有约定或约定不明时，适用有关法定的质押担保的范围。质押担保的范围一般包括：主债权及利息、违约金、损害赔偿金、质物保管费用和实现质权的费用。被担保债权的数额是限定出质人负担保责任的认定标准，特别是在当事人未约定所担保的范围时往往就依被担保债权的数额来界定出质人的担保范围，因此在合同中必须明确。

质权具有担保功能，质权人的优先受偿权表现为：（1）有质权担保的债权，该债权人可以就出质物卖得的价款，优于普通债权人受到清偿；（2）在债务人受到破产宣告时，质权成立在破产宣告前的，该项质权不受破产宣告影响，质权人仍然可以就该特定的出质物在行使别除权（债权人因其债权设有物权担保，而就破产人特定的担保财产在破产程序中享有的优先受偿权利）的基础上实现其质权，并可以就其卖得的价款优先受偿；（3）如果同一个出质物上设定有两个以上的质权，先次序的质权人能够优先于后次序质权人而受到清偿。

（二）动产质押

动产质押的标的物是可以依法出质的动产，质权的成立以动产转移占有为要件。法律、行政法规禁止转让的动产不得出质。

1. 动产质押的质权人在质权存续期间，可以为担保自己的债务，以其所占有的质物，为第三人设定质权。但是，未经出质人同意转质，造成质押财产毁损、灭失的，应当向出质人承担赔偿责任。

2. 动产质押的质权人负有妥善保管质物的义务，因保管不善致使质物灭失或毁损的，质权人要承担赔偿责任。例如，2021年4月9日，王某向某寄卖行的老板洪某借款3万元，并将价值15万余元的车辆交付洪某作为担保。双方约定三个月后（7月9日）一次性还本付息。2021年7月9日，王某还清本息，洪某返还车辆。王某发现返还车辆已经严重损坏，遂向法院提起诉讼，要求洪某赔偿。法院审理认为，王某向洪某借款，并将车辆交付给洪某，根据双方的合意及收据能够证实王某将车辆质押给洪某用于担保借款，本案的法律关系应为质押合同纠纷。经查，车辆质押期间因洪某管理不善，王某车辆被人私自开出发生碰撞事故，毁损严重。根据《民法典》第四百三十二条"质权人负有妥善保管质押财产的义务；因保管不善致使质押财产毁损、灭失的，应当承担赔偿责任"的规定，洪某应负赔偿责任。法院结合第三方对车辆损失鉴定及该车辆的二手车市场价值，依法判决，洪某在判决生效10日内赔偿王某车辆损失7万元。洪某不服提起上诉。二审法院驳回上诉，维持原判。

3. 质权实现的途径主要是折价、拍卖或变卖，质押财产折价或拍卖、变卖价款不足以偿还所担保债权范围的，债务人应当继续承担剩余债务的清偿责任；如果该质押财产折价或拍卖、变卖价款超过所担保债权范围，则超出部分应当归出质人所有。质押财产折价或者变卖的，应当参照市场价格。

4. 质权人在债务履行期限届满前，与出质人约定债务人不履行到期债务时质押财产归债权人所有的流质条款无效，质权人只能以该标的物折价、拍卖、变卖所得价款优先受偿。《民法典》第四百二十八条规定："质权人在债务履行期限届满前，与出质人约定债务人不履行到期债务时质押财产归债权人所有的，只能依法就质押财产优先受偿。"《最高人民法院关于适用〈中华人民共和国民法典〉有关担保制度的解释》（法释〔2020〕28号）第六十八条第二款规定："债务人或者第三人与债权人约定将财产形式上转移至债权人名下，债务人不履行到期债务，财产归债权人所有的，人民法院应当认定该约定无效，但是不影响当事人有关提供担保的意思表示的效力。当事人已经完成财产权利变动的公示，债务人不履行到期债务，债权人请求对该财产享有所有权的，人民法院不予支持；债权人请求参照民法典关于担保物权的规定对财产折价或者以拍卖、变卖该财产所得的价款优先受偿的，人民法院应予支持；债务人履行债务后请求返还财产，或者请求对财产折价或者以拍卖、变卖所得的价款清偿债务的，人民法院应予支持。"流质条款无效，但质押合同仍然有效。

例如，李某向贾某借款8万元，用自己名下的一辆高档轿车作为质押，签订质押合同并交付该质押物，合同中约定借款期限为1年，如到期不履行债务的，该车辆直接归贾某所有。一年后，债务到期，但李某因生意失败，无法向贾某按时还款，贾某便直接将该车辆占为己有。因该车辆价值远远高于借款金额，李某多次和贾某协商，由二人将该车辆出售，车款除归还贾某借款外，剩余车款由李某自己处分，但贾某不同意，认为已约定好车辆归自己所有，不需要再次出卖该车辆，贾某诉至法院。

法院审理认为，根据《民法典》第四百二十八条"质权人在债务履行期限届满前，与出质人约定债务人不履行到期债务时质押财产归债权人所有的，只能依法就质押财产优先受偿"，以及第四百三十六条第二款"债务人不履行到期债务或者发生当事人约定的实现质权的情形，质权人可以与出质人协议以质押财产折价，也可以就拍卖、变卖质押财产所得的价款优先受偿"、第三款"质押财产折价或者变卖的，应当参照市场价格"的规定，提前约定质押物归质权人所有的条款属于无效条款。质权人依质押合同在出质人无法履行债务时，可参照市场价格协议以质押财产折价，也可以就拍卖、变卖质押财产所得的价款优先受偿。法院在此基础上结合双方当事人意愿进行了调解，作出了将涉案车辆按照市场价格折价给贾某，多余车款由贾某直接支付给李某的民事调解书。

需要强调的是，法律之所以禁止流质契约，旨在避免债权人乘债务人之危而滥用其优势地位，压低担保物价值，谋取不当利益。法律并不禁止债务履行期限届满后出质人与质权人通过市场价值合理估价，约定以出质物转移给债权人以清偿债务。此时，遵循"多退少补"的原则，当出质物的价值高于债权额时，质权人在取得出质物的所有权时要给予出质人以合理的补偿，若出质物的价值低于其所担保的债权额，债务人要对余额继续履行清偿义务。

5. 因不可归责于质权人的事由可能使质押财产毁损或者价值明显减少，足以危害质权人权利的，质权人有权请求出质人提供相应的担保；出质人不提供的，质权人可以拍卖、变卖质押财产，并与出质人协议将拍卖、变卖所得的价款提前清偿债务或者提存。债务人以自己的财产出质，质权人放弃该质权的，其他担保人在质权人丧失优先受偿权益的范围内免除担保责任；因质权人怠于行使权利造成出质人损害的，由质权人承担赔偿责任。

6. 动产质权人的行为可能使质押财产灭失或毁损的，出质人可以要求质权人将质物提存或提前清偿债务而返还质物,而质权人则可以要求出质人提供相应的担保,出质人不提供的,质权人可以对质物拍卖或变卖后用于优先受偿或者向与出质人约定的第三人提存。

(三) 权利质押

1. 权利质押的标的是各种财产权利,如汇票、本票、支票、债券、存单,仓单、提单,可以转让的基金份额、股权,可以转让的注册商标专用权、专利权、著作权等知识产权中的财产权,现有的以及将有的应收账款,法律、行政法规规定可以出质的其他财产权利,等等。

2. 权利质权的设定,需订立书面质押合同,并在此基础上交付权利凭证或者办理登记。权利质押,有权利凭证的经交付权利凭证质权成立;没有权利凭证的经办理质押登记质权成立。例如,以依法可以转让的基金份额、股权以及注册商标专用权、专利权、著作权等知识产权中的财产权出质的,出质人与质权人应当在签订书面合同后向证券登记机构或向其管理部门办理出质登记,质押合同自登记之日起生效。商标专用权、专利权、著作权中的财产权出质后,出质人不得将出质的权利转让或许可他人使用,但出质人与质权人协商同意的除外。出质人将出质的权利转让或许可他人使用所得的价款应当提前向质权人清偿或向约定的第三人提存。

根据《国务院关于实施动产和权利担保统一登记的决定》(国发〔2020〕18号)规定,生产设备、原材料、半成品、产品抵押,应收账款质押,存款单、仓单、提单质押,融资租赁,保理,所有权保留,其他可以登记的动产和权利担保等纳入统一登记范围的动产和权利担保,由当事人通过中国人民银行征信中心动产融资统一登记公示系统自主办理登记,并对登记内容的真实性、完整性和合法性负责。

登记机构不对登记内容进行实质审查。

3. 应收账款质押权人需对办理出质登记时应收账款真实存在承担举证责任。根据《最高人民法院关于适用〈中华人民共和国民法典〉有关担保制度的解释》（法释〔2020〕28号）第六十一条第四款"以基础设施和公用事业项目收益权、提供服务或者劳务产生的债权以及其他将有的应收账款出质，当事人为应收账款设立特定账户，发生法定或者约定的质权实现事由时，质权人请求就该特定账户内的款项优先受偿的，人民法院应予支持；特定账户内的款项不足以清偿债务或者未设立特定账户，质权人请求折价或者拍卖、变卖项目收益权等将有的应收账款，并以所得的价款优先受偿的，人民法院依法予以支持"的规定，凡是《应收账款质押登记办法》（中国人民银行令〔2019〕第4号，自2020年1月1日起施行）第二条第二款所列举的"销售、出租产生的债权，包括销售货物，供应水、电、气、暖，知识产权的许可使用，出租动产或不动产等；提供医疗、教育、旅游等服务或劳务产生的债权；能源、交通运输、水利、环境保护、市政工程等基础设施和公用事业项目收益权；提供贷款或其他信用活动产生的债权；其他以合同为基础的具有金钱给付内容的债权"，都可以在人民银行征信中心办理应收账款出质登记，作为应收账款用于质押。特许经营权的收益权可以质押，并可作为应收账款进行出质登记；特许经营权的收益权依其性质不宜折价、拍卖或变卖，质权人主张优先受偿权的，人民法院可以判令出质债权的债务人将收益权的应收账款优先支付质权人。

需要注意的是，权利质押的质权人不可以将权利质押再转质他人。质权人对权利质押载明兑现日期或提货日期的各种票单日期先于债务履行期的，可以在债务履行期届满前兑现或者提货，并与出质人协议将兑现的价金或提取的货物用于提前清偿债务或向与出质人约定的第三人提存。

四十八、债务人不履行到期债务，债权人可以留置已经合法占有的债务人的动产，并有权就该动产优先受偿

留置权是法定担保物权，直接依照法律的规定而产生，而不是依当事人的协议设立，因此它是一种法定权利而非基于当事人协议约定产生的权利，在具备法律规定的条件时，留置权就当然成立，不受当事人的意志左右。当事人不可协商约定留置权的适用，但可以通过事先协商的方式约定排除留置权的适用。留置财产为可分物的，留置财产的价值应当相当于债务的金额。

（一）留置权的效力主要体现为留置权人的占有权和优先受偿权

1. 留置担保的范围包括主债权及利息、违约金、损害赔偿金、留置物保管费用和实现留置权的费用。留置权所担保的是债权的全部，只要债权未受全部清偿，留置权人就可以对留置物的全部行使权利。

2. 债务人逾期未履行债务的，留置权人可以与债务人协议以留置财产折价，也可以就拍卖、变卖留置财产所得的价款优先受偿。留置财产折价或者拍卖、变卖后，其价款超过债权数额的部分归债务人所有，不足部分由债务人清偿。留置权人只能从留置财产中优先受偿根据本合同应得的款项，对于其他债务，不得利用本合同的财物行使留置权。

3. 留置权人有权收取留置财产的孳息，所收取的孳息应当先充

抵收取孳息的费用。留置权人负有妥善保管留置财产的义务，因保管不善致使留置财产毁损、灭失的，应当承担赔偿责任。

4. 同一动产上已经设立抵押权或者质权，该动产又被留置的，留置权人优先受偿。

5. 留置权人与债务人应当约定留置财产后的债务履行期限；没有约定或者约定不明确的，留置权人应当给债务人60日以上履行债务的期限，但是鲜活易腐等不易保管的动产除外。债务人逾期未履行的，留置权人可以与债务人协议以留置财产折价，也可以就拍卖、变卖留置财产所得的价款优先受偿。留置财产折价或者变卖的，应当参照市场价格。债务人可以请求留置权人在债务履行期限届满后行使留置权；留置权人不行使的，债务人可以请求人民法院拍卖、变卖留置财产。

（二）留置权适用条件

根据《民法典》第四百四十七条、第四百四十八条的规定，留置权适用条件为：（1）债权人已合法占有债务人的动产。留置权的标的物只能是动产，并以占有为成立和存续要件。（2）债权的清偿期届满，债务人仍未履行债务。只有当留置权所担保的主债权的清偿期限已经届满，留置权才具备了相应的实现条件。当债权清偿期届满而债务人不履行债务时，留置权仅产生留置的效力，权利人仅有权留置标的物，但尚不发生优先受偿效力。债权人的债权未过清偿期，其交付或返回所占有标的物的义务已届履行期的，不能行使留置权，债权人能够证明债务人无支付能力的除外。（3）留置的动产与债权属于同一法律关系。亦即债权人占有动产是基于与其债权发生的同一法律关系发生。如加工承揽人对加工成果物的占有和其加工费之债权都是基于加工承揽合同关系而产生；运输合同中运费之债权与承运人对货物的占有都是基于运输合同关系而产生；保管合同中的保管费用之债权与保管人对保管物的占有是基于保管合同关系而产生。但如果在房屋租赁合同中，因租客欠缴房租，房东扣留租客个人日常生活物品，即不属同一法律关系，房东行为不能获得法律支持。

（三）留置权成立的前提

《最高人民法院关于适用〈中华人民共和国民法典〉有关担保制度的解释》（法释〔2020〕28号）第六十二条规定："债务人不履行到期债务，债权人因同一法律关系留置合法占有的第三人的动产，并主张就该留置财产优先受偿的，人民法院应予支持。第三人以该留置财产并非债务人的财产为由请求返还的，人民法院不予支持。企业之间留置的动产与债权并非同一法律关系，债务人以该债权不属于企业持续经营中发生的债权为由请求债权人返还留置财产的，人民法院应予支持。企业之间留置的动产与债权并非同一法律关系，债权人留置第三人的财产，第三人请求债权人返还留置财产的，人民法院应予支持。"根据本条规定：（1）债权人因同一法律关系合法占有的第三人动产，可以适用留置权。譬如，张三借用李四的汽车使用，发生碰撞事故，张三将汽车交由王五修理，王五因张三未支付修理费而留置该汽车，则张三或者李四均不能以该汽车并非张三所有为由主张留置权不成立。（2）在企业间发生留置的情形下，如果留置财产与债权并非基于同一法律关系，则债权人只能留置属于债务人所有的财产，不能留置属于第三人所有的财产。（3）在企业间发生留置的情形下，虽然留置财产与债权可以不是同一法律关系，但该债权必须是企业持续经营中发生的债权，如果该债权的发生与企业的持续经营无关，则留置权不能成立。"企业持续经营中发生的债权"，是指企业之间因经常性的商事交易而发生的债权，从而排除当事人非因经常性商事交易而取得的其他债权，例如，通过债权转让取得债权或者非基于法律行为取得的债权。举例说明，甲运输公司与乙贸易公司经常有业务往来。因乙公司欠了甲公司一笔运费，后丙公司支付运费后委托甲公司将一批货物运给乙公司，甲公司为了实现催要运费的目的，遂将该批货扣留，要求乙公司支付此前所欠运费方肯交货。在此种情况下，虽然甲公司所承运的货物与此前乙公司所欠运费并不属于同一法律关系，但因是"企业持续经营中发生的债权"，甲公司仍有权行使留置权。又如，甲公司的汽车在乙公司进行修理，乙公司留置了甲公司的汽车，但导致乙公司留置该汽车的债权并非因修理汽车产生的修理费，而是乙公司自丙公司处通过债权转让而受让的债权。因该债权为"非因经常性商事交易而取得的其他债权"，所以乙公司留置权不成立。

四十九、债务人或者第三人可将担保物所有权转移至债权人，债务清偿后，担保物返还债务人或者第三人；债务人不能清偿债务时，债权人以该担保物优先受偿

这种在形式上转移所有权的担保，称之为"让与担保"。其基本特征为：一是在设定这一担保时，担保人需将标的物所有权暂时转让给债权人，债权人成为形式上的所有人；二是为使担保人保持对担保标的物的使用效益，债权人往往与担保人签订标的物的借用或租赁合同，由担保人使用担保标的物；三是债务人履行债务后，债权人应返回标的物所有权；四是在债务人未偿还债务时，债权人并不是当然地取得担保标的物所有权，而是进行清算。

《最高人民法院关于适用〈中华人民共和国民法典〉有关担保制度的解释》（法释〔2020〕28号）第六十八条第一款规定："债务人

或者第三人与债权人约定将财产形式上转移至债权人名下，债务人不履行到期债务，债权人有权对财产折价或者以拍卖、变卖该财产所得价款偿还债务的，人民法院应当认定该约定有效。当事人已经完成财产权利变动的公示，债务人不履行到期债务，债权人请求参照民法典关于担保物权的有关规定就该财产优先受偿的，人民法院应予支持。"第二款规定："债务人或者第三人与债权人约定将财产形式上转移至债权人名下，债务人不履行到期债务，财产归债权人所有的，人民法院应当认定该约定无效，但是不影响当事人有关提供担保的意思表示的效力。当事人已经完成财产权利变动的公示，债务人不履行到期债务，债权人请求对该财产享有所有权的，人民法院不予支持；债权人请求参照民法典关于担保物权的规定对财产折价或者以拍卖、变卖该财产所得的价款优先受偿的，人民法院应予支持；债务人履行债务后请求返还财产，或者请求对财产折价或者以拍卖、变卖所得的价款清偿债务的，人民法院应予支持。"第三款规定："债务人与债权人约定将财产转移至债权人名下，在一定期间后再由债务人或者其指定的第三人以交易本金加上溢价款回购，债务人到期不履行回购义务，财产归债权人所有的，人民法院应当参照第二款规定处理。回购对象自始不存在的，人民法院应当依照《民法典》第一百四十六条第二款的规定，按照其实际构成的法律关系处理。"本条明确：（1）当事人签订合同将约定财产转移至债权人名下，债权人有权就该财产折价或者拍卖、变卖所得价款偿还债务的，此类约定合法有效，当事人已经完成财产权利变动公示的，债权人就该财产享有优先受偿权。（2）当事人约定债务人到期不履行债务财产归债权人所有的，该约定无效，但不影响当事人提供担保意思表示的效力。（3）债权人参照《民法典》关于担保物权的规定对财产折价或者以拍卖、变卖该财产所得的价款优先受偿。(4) 溢价回购具备让与担保的构成要件，债权人有权对财产折价或者以拍卖、变卖该财产所得的价款优先受偿；回购对象自始不存在的，依照"以虚假的意思表示隐藏的民事法律行为的效力，依照有关法律规定处理"的规定，按照不同的规则予以处理。

需要注意的是，在让与担保中，所有权转让的目的系为主债务提供担保，转让过程财产无需支付对价。当事人完成让与担保财产权利变动的公示，形式上将担保财产权利转移至债权人名下，则该担保具有物权效力；否则，让与担保合同虽然生效，但债务人不履行债务时，债权人只能要求就担保财产变价款受偿，不能对抗合法取得该财产的权利人，亦无优先受偿效力。以不动产设立让与担保，仅完成预告登记不足以形成优先权，让与担保成立的要件是须完成担保物所有权的转移（过户）。

需要强调的是，在股权让与担保时债权人只是名义上受让股权，并不具有真正的股东身份，不负有出资和清算义务，对于公司的债务不承担法律责任。对此，《最高人民法院关于适用〈中华人民共和国民法典〉有关担保制度的解释》（法释〔2020〕28号）第六十九条规定："股东以将其股权转移至债权人名下的方式为债务履行提供担保，公司或者公司的债权人以股东未履行或者未全面履行出资义务、抽逃出资等为由，请求作为名义股东的债权人与股东承担连带责任的，人民法院不予支持。"但是，对于让与担保的股东而言，具有受让人将股权转让他人，该他人可根据善意取得制度取得股权的法律风险。

五十、买卖合同中，在买受人未付清货款情况下，出卖人可以保留货物所有权，以此担保债权实现

《民法典》第六百四十一条第一款规定："当事人可以在买卖合

同中约定买受人未履行支付价款或者其他义务的，标的物的所有权属于出卖人。"所谓所有权保留，即买卖合同双方当事人在合同中约定，在买受人未履行完毕合同价款的支付义务或者其他特定条件未达成之前，合同标的物的所有权仍归出卖人所有，买受人仅享有占有、使用标的物等权利。以例说明就是：A公司与B公司签订买卖合同，B公司向A公司购买设备，双方约定在B公司付清设备款之前，设备的所有权仍归A公司所有，但B公司可正常使用该设备。所有权保留制度的主要功能在于担保，对当事人双方均有好处：买受人不履行义务时，出卖人可以取回标的物；买受人则在不必立即支付全部价款的情况下获得对标的物的使用。

（一）所有权保留中出卖人可以行使取回权的情形

根据《民法典》六百四十二条的规定，当事人约定出卖人保留合同标的物的所有权，在标的物所有权转移前，买受人有下列情形之一，造成出卖人损害的，除当事人另有约定外，出卖人有权取回标的物：（1）未按照约定支付价款，经催告后在合理期限内仍未支付；（2）未按照约定完成特定条件；（3）将标的物出卖、出质或者作出其他不当处分。根据最高人民法院《关于审理买卖合同纠纷案件适用法律问题的解释》（法释〔2020〕17号修正）第二十六条的规定，买受人已经支付标的物总价款的百分之七十五以上，出卖人不得主张取回标的物。分期付款的买受人未支付到期价款的数额达到全部价款的五分之一，经催告后在合理期限内仍未支付到期价款的，出卖人可以请求买受人支付全部价款或者解除合同。出卖人解除合同的，可以向买受人请求支付该标的物的使用费。

（二）所有权保留中买受人具有回赎权

出卖人取回标的物后，买受人在双方约定或者出卖人指定的合理回赎期限内，消除出卖人取回标的物的事由的，可以请求回赎标的物。买受人在回赎期限内没有回赎标的物，出卖人可以以合理价格将标的物出卖给第三人，出卖所得价款扣除买受人未支付的价款以及必要费用后仍有剩余的，应当返还买受人；不足部分由买受人清偿。

需要强调的是，如果买受人有证据证明出卖人再次出卖的价格明显低于市场价格的，在出卖所得价款扣除买受人未支付的价款以及取回和保管费用、再交易费用、利息等必要费用后仍有剩余的情况下，买受人可以请求出卖人返还相应损失；在出卖人所得价款不足以覆盖买受人未支付的价款以及必要费用的情况下，买受人可以在向出卖人清偿时扣除该部分价格损失。

（三）所有权保留的相关规则

1. 买方未按照约定支付价款，出卖方不能立即行使出卖物的取回权，必须经催告后买方在合理期限内仍未支付价款，方能行使出卖物的取回权。例如，B公司以保留所有权形式向A公司购买设备，B公司取得并使用了设备权，但B公司未能按照约定付款，A公司不能据此立即收回设备，而应根据《民法典》第六百四十二条第一款第一项"未按照约定支付价款，经催告后在合理期限内仍未支付的，除当事人另有约定外，出卖人有权取回标的物"的规定，对买受人B公司进行催告，并给予其合理的准备时间，若经过催告B公司仍未在合理期限内支付货款，A公司方可行使取回权。

2. 出卖人收回保留所有权的标的物与买受人协商不成时，可参照适用担保物权的实现程序。根据《民法典》第六百四十二条第二款"出卖人可以与买受人协商取回标的物；协商不成的，可以参照适用担保物权的实现程序"的规定，出卖方无需向法院提起普通民事诉讼，可直接向法院申请执行；买受人对执行行为有异议的，可以向法院提出或者直接提起普通民事诉讼。

3. 出卖人对标的物保留的所有权，未经登记，不得对抗善意第三人。例如，A 公司（卖方）在向法院请求执行取回设备时，C 公司以该设备已由 B 公司（买受人）出卖给 C 公司，C 公司向 B 公司支付了合理对价，并且设备也已交付给 C 公司，C 公司已经取得了设备的所有权提出执行异议。此时，如果 A 公司没有对设备的所有权保留进行登记，则不能对抗 C 公司，A 公司不能从 C 公司处取回设备。买受人转让该标的物给善意第三人，第三人可以依法取得所有权。当然从反面理解亦可推出，未登记的所有权保留可以对抗恶意的买受人，后者不得主张不受所有权保留的约束。

4. 浮动抵押权人不能就已登记的所有权保留的标的物优先受偿。例如，在 A 公司与 B 公司签订设备买卖合同前，B 公司按照《民法典》第三百九十六条规定，以其现有及将有的生产设备、原材料、半成品、产品抵押给 C 公司设定浮动抵押，现在与 C 公司约定的债务履行期限已到期，C 公司依法行使抵押权人利益。买受人 B 公司目前没有足额资金支付全部的设备款，此时设备的所有权仍保留归 A 公司所有。因此，所有权保留中的出卖人可以按照《民法典》第四百一十六条规定适用购买价金担保权超优先顺位的规则，只要 A 公司在交付设备后 10 日内办理所有权保留登记，其可享有超优先顺位，C 公司不能就所有权保留在 A 公司的设备优先受偿，即使其设立在前并且已经登记。

5. 同一动产上除了所有权保留还设立抵押权及质权的，按照登记的先后顺序、交付时间的先后确立清偿顺序。所有权保留的规定不适用于不动产。

五十一、资金不足，但有良好成长性和市场前景的生产、加工型中小企业，需要购买设备扩大生产规模时，可选择集融资与融物、贸易与技术更新于一体的融资租赁

融资租赁，是指出租人根据承租人对出卖人、租赁物的选择，向出卖人购买租赁物，提供给承租人使用，承租人则向出租人支付租金的一种融资形式。

（一）融资租赁的基本特征

融资租赁是一种全额信贷，其基本特征为：（1）租赁物由承租人决定，出租人出资购买并租赁给承租人使用，并且在租赁期间内只能租给一个企业使用。（2）承租人负责检查验收制造商所提供的租赁物，对该租赁物的质量与技术条件，出租人不向承租人做出担保。（3）出租人保留租赁物的所有权，保证承租人占有和使用租赁物。承租人在租赁期间支付租金而享有使用权，负责租赁期间租赁物的管理、维修和保养。（4）承租人占有租赁物期间，租赁物造成第三人人身损害或者财产损失的，出租人不承担责任。（5）承租人占有租赁物期间，租赁物毁损、灭失的，除非法律另有规定或者当事人另有约定，承租人仍需继续向出租人支付租金。（6）租赁合同一经签订，在租赁期间任何一方均无权单方面撤销合同。只有租赁物毁坏或被证明为已丧失使用价值的情况下方能中止执行合同，无故毁约则要支付相当重的罚金。（7）租赁期满，承租人对租赁物可选择留购、续租或返还，若要留购，购买价格可由租赁双方协商确定。

（二）融资租赁方式

1. 直接融资租赁，由出租人筹集资金，直接购入承租人选定的

租赁物件，并将租赁物件出租给承租人使用。这种融资租赁方式，由租赁当事人直接见面，对三方要求和条件都很具体、清楚。它以出租人保留租赁物所有权和收取租金为条件，使承租人在租赁期内取得对租赁物占有、使用和收益的权利。这是一种最典型的融资租赁方式。

2. 回租融资租赁，是指设备的所有者先将设备按市场价格卖给出租人，然后又以租赁的方式租回原来设备的一种租赁方式。这一融资租赁关系与一般融资租赁关系中存在出租人、出卖人、承租人三方不同，出卖人与承租人是同一人。对此，《最高人民法院关于审理融资租赁合同纠纷案件适用法律问题的解释》（法释〔2020〕17号）第二条规定：" 承租人将其自有物出卖给出租人，再通过融资租赁合同将租赁物从出租人处租回的，人民法院不应仅以承租人和出卖人系同一人为由认定不构成融资租赁法律关系。" 回租租赁的优点在于：一是承租人既拥有原来设备的使用权，又能获得出售设备的资金，把资金用活；二是由于所有权不归承租人，租赁期满后根据需要决定续租还是停租，从而可提高承租人对市场的应变能力；三是回租租赁后，使用权没有改变，承租人的设备操作人员、维修人员和技术管理人员对设备很熟悉，可以节省时间和培训费用。

3. 杠杆融资租赁，是出租人以承租人指定的设备作抵押，向银行等金融机构贷款，然后购买设备出租给承租人的租赁方式。其特点是出租人一般只提供购买机器设备所需资金的20%～40%，其余资金通过将出租物设定抵押担保而向银行贷款来获得，出租人收取的租金里包括了应当支付的银行贷款利息。实践中，中小企业通常采用直接融资租赁和回租融资租赁两种融资租赁形式。

（三）签订融资租赁合同需注意的几个要点

《民法典》第七百三十五条规定，融资租赁合同是出租人根据承租人对出卖人、租赁物的选择，向出卖人购买租赁物，提供给承租人使用，承租人支付租金的合同。融资租赁合同的内容一般包括租赁物的名称、数量、规格、技术性能、检验方法，租赁期限，租金构成及其支付期限和方式、币种，租赁期限届满租赁物的归属等条款。融资租赁合同应当采用书面形式。出租人根据承租人对出卖人、租赁物的选择订立的买卖合同，未经承租人同意，出租人不得变更与承租人有关的合同内容。《最高人民法院关于审理融资租赁合同纠纷案件适用法律问题的解释》（法释〔2020〕17号修正）第一条明确："人民法院应当根据民法典第七百三十五条的规定，结合标的物的性质、价值、租金的构成以及当事人的合同权利和义务，对是否构成融资租赁法律关系作出认定。对名为融资租赁合同，但实际不构成融资租赁法律关系的，人民法院应按照其实际构成的法律关系处理。"签订融资租赁合同需要注意：

1. 融资租赁合同，应与买卖合同具有关联性、对应性。融资租赁除出租人、承租人以外，往往还涉及租赁物的出卖方，即除融资租赁合同以外还有买卖合同，二份合同虽各自独立，却又相互关联。因此，签订融资租赁合同，首先应注意是否存在与其对应的买卖合同，其次应注意买卖合同和融资租赁合同的关联问题，注意同一租赁物在不同合同中的描述是否相同、特定，是否可以直接关联对应。如缺少买卖合同或难以证明买卖行为的发生，则即使有融资租赁合同，在司法实践中也可能会被认为不符合融资租赁的法律特征，从而被认定为借贷合同或其他合同。融资租赁的真正目的是融资，租赁物是实现融资目的的载体。租赁物及出卖人一般由承租人独立选择和指定，出租人不得干预，该租赁物是特定的，不具有通用性，只对承租人具有最大价值，而实际上对出租人而言毫无意义。因此，根据《民法典》第七百四十七条的规定,租赁物不符合约定或者不符合使用目的的,出租人不承担责任。但依赖出租人的技能确定租赁物或者出租人干预选择租赁物的除外。因此,在合同中应明确租赁物的选择是否依赖于出租人技能或干预。

2. 融资租赁合同的出租方应当符合相关资质要求。我国依据商务部《融资租赁企业监督管理办法》,银保监会《金融租赁公司管理办法》《融资租赁公司监督管理暂行办法》对融资租赁企业进行管理,对融资租赁企业的资产规模、资金实力和风险管控能力、高管人员资质、经营规则等都有明确要求。目前融资租赁出租主体资质,主要有两类。一类是按照《金融租赁公司管理办法》设立的以经营融资租赁业务为主的非银行金融机构(金融租赁公司);另一类是按照《融资租赁公司监督管理暂行办法》设立的从事融资租赁业务的有限责任公司或者股份有限公司。在合同签订过程中,应注意区分两类出租方主体,确认其是否具备相应经营资质,并关注是否存在曾受到相应监管机构的约束或处罚等经营风险。虽然融资租赁出租人不具有融资租赁资质并不必然导致融资租赁合同无效,但会对后续的合同履行带来不确定性。

3. 融资租赁合同的标的物应当符合法律规定。根据《融资租赁公司监督管理暂行办法》(银保监发〔2020〕22号)第七条"适用于融资租赁交易的租赁物为固定资产,另有规定的除外。融资租赁公司开展融资租赁业务应当以权属清晰、真实存在且能够产生收益的租赁物为载体。融资租赁公司不得接受已设置抵押、权属存在争议、已被司法机关查封扣押的财产或所有权存在瑕疵的财产作为租赁物"的规定,融资合同的标的物应当权属清晰。根据商务部《融资租赁企业监督管理办法》(商流通发〔2013〕337号)第二十条"融资租赁企业不应接受承租人无处分权的、已经设立抵押的、已经被司法机关查封扣押的或所有权存在其他瑕疵的财产作为售后回租业务的标的物。融资租赁企业在签订售后回租协议前,应当审查租赁物发票、采购合同、登记权证、付款凭证、产权转移凭证等证明材料,以确认标的物权属关系"的规定,回租融资租赁业务的标的物必须权属明确、承租人有处分权,在签订售后回租协议时,应提供租赁物发票、采购合同、登记权证、付款凭证、产权转移凭证等证明材料。需要强调的是,租赁物的实质是使用物,因此权利(如企业拥有的专利权、商标权等知识产权)不能作为融资租赁的标的。

4. 出租人和承租人可以在融资租赁合同中约定租赁期限届满租赁物的归属;对租赁物的归属没有约定或者约定不明确,当事人补充协议不成或者按照合同相关条款或交易习惯仍不能确定的,租赁物的所有权归出租人;当事人约定租赁期限届满,承租人仅需向出租人支付象征性价款的,视为约定的租金义务履行完毕后租赁物的所有权归承租人。融资租赁合同无效,当事人就该情形下租赁物的归属有约定的,按照其约定;没有约定或者约定不明确的,租赁物应当返还出租人。但是,因承租人原因致使合同无效,出租人不请求返还或者返还后会显著降低租赁物效用的,租赁物的所有权归承租人,由承租人给予出租人合理补偿。

(四)融资租赁合同在理论上具有"不可解约性",但当法律规定的事由出现时,合同当事人仍可依法解除合同

1. 承租人经催告在合理期限内仍不支付租金的,出租人可以选择解除合同并收回租赁物。《民法典》第七百五十二条规定:"承租人应当按照约定支付租金。承租人经催告后在合理期限内仍不支付租金的,出租人可以选择解除合同,收回租赁物。"根据本条规定,承租人经催告在合理期限内仍不支付租金的,出租人可以要求承租人支付全部租金;或者解除合同,收回租赁物。《最高人民法院关于审理融资租赁合同纠纷案件适用法律问题的解释》(法释〔2020〕17号修正)第五条第一项、第二项规定:承租人未按照合同约定的期限和数额支付租金,符合合同约定的解除条件,经出租人催告后在合理期限内仍不支付的;合同对于欠付租金解除合同的情形没有明确约定,但承租人欠付租金达到两期以上,或者数额达到全部租金百分之十五以上,经出租人催告后在合理期限内仍不支付的,出租人有权解除融资租赁合同。《最高人民法院关于适用〈中华人民共和国民法典〉有关担保制度的解释》(法释〔2020〕28号)第六十五条规定:"在融资租赁合同中,承租人未按照约定支付租金,经催告后在合理期限内仍不支付,出租人请求承租人支付全部剩余租金,并以拍卖、变卖租赁物所得的价款受偿的,人民法院应予支持;当事人请求参照民事诉讼法'实现担保物权案件'的有关规定,以拍卖、变卖租赁物所得价款支付租金的,人民法院应予准许。出租人请求解除融资租赁合同并收回租赁物,承租人以抗辩或者反诉的方式主张返还租赁物价值超过欠付租金以及其他费用的,人民法院应当一并处理。当事人对租赁物的价值有争议的,应当按照下列规则确定租赁物的价值:(一)融资租赁合同有约定的,按照其约定;(二)融资租赁合同未约定或者约定不明的,根据约定的租赁物折旧以及合同到期后租赁物的残值来确定;(三)根据前两项规定的方法仍然难以确定,或者当事人认为根据前两项规定的方法确定的价值严重偏离租赁物实际价值的,根据当事人的申请委托有资质的机构评估。"

2. 承租人未经出租人同意,将租赁物转让、抵押、质押、投资入股或者以其他方式处分的,出租人可以解除合同。

3. 承租人违反合同约定,致使合同目的不能实现的,出租人可以请求解除合同。

4. 因出租人的原因致使承租人无法占有、使用租赁物,承租人可以请求解除合同。

5. 出租人与出卖人订立的买卖合同解除、被确认无效或者被撤销,且未能重新订立买卖合同的;租赁物因不可归责当事人原因毁损、灭失,且不能修复或者确定替代物的;因出卖人的原因致使融资租赁合同目的不能实现的,出租人或承租人可以解除合同。

(五)融资租赁合同解除的法律后果

《民法典》第五百六十六条规定,合同解除后,尚未履行的,终止履行;已经履行的,根据履行情况和合同性质,当事人可以请求恢复原状或者采取其他补救措施,并有权请求赔偿损失。合同因违约解除的,解除权人可以请求违约方承担违约责任,但是当事人另有约定的除外。主合同解除后,担保人对债务人应当承担的民事责任仍应当承担担保责任,但是担保合同另有约定的除外。《全国法院民商事审判工作会议纪要》(法〔2019〕254号)49.明确,合同解除时,一方依据合同中有关违约金、约定损害赔偿的计算方法、定金责任等违约责任条款的约定,请求另一方承担违约责任的,人民法院依法予以支持。

1. 因承租人违约解除融资租赁合同的,损失赔偿范围为承租人全部未付租金及其他费用与收回租赁物价值的差额。合同约定租赁期间届满后租赁物归出租人所有的,损失赔偿范围还应包括融资租赁合同到期后租赁物的残值。《最高人民法院关于审理融资租赁合同纠纷案件适用法律问题的解释》(法释〔2020〕17号修正)第十一条规定:"出租人依照本解释第五条的规定请求解除融资租赁合同,同时请求收回租赁物并赔偿损失的，人民法院应予支持。前款规定的损失赔偿范围为承租人全部未付租金及其他费用与收回租赁物价值的差额。合同约定租赁期间届满后租赁物归出租人所有的，损失赔偿范围还应包括融资租赁合同到期后租赁物的残值。"第十二条规定："诉讼期间承租人与出租人对租赁物的价值有争议的，人民法院可以按照融资租赁合同的约定确定租赁物价值；融资租赁合同未约定或者约定不明的，可以参照融资租赁合同约定的租赁物折旧以及合同到期后租赁物的残值确定租赁物价值。承租人或者出租人认为依前款确定的价值严重偏离租赁物实际价值的，可以请求人民法院委托有资质的机构评估或者拍卖确定。"最高人民法院《对十三届全国人大四次会议第9022号建议的答复》第三条载明："在当事人无法就合同解除和租赁物收回达成一致意见时，出租人可起诉到人民法院，请求解除合同、收回租赁物并在执行程序中通过拍卖、变卖等方式确定租赁物价值。"

2. 融资租赁合同因租赁物交付承租人后意外毁损、灭失等不可归责于当事人的原因解除的，出租人可以请求承租人按照租赁物折旧情况给予补偿。

3. 融资租赁合同因买卖合同解除、被确认无效或者被撤销而解除的，区别情况确定赔偿责任。根据《民法典》第七百五十五条"融资租赁合同因买卖合同解除、被确认无效或者被撤销而解除，出卖人、租赁物系由承租人选择的，出租人有权请求承租人赔偿相应损失；但是，因出租人原因致使买卖合同解除、被确认无效或者被撤销的除外。出租人的损失已经在买卖合同解除、被确认无效或者被撤销时获得赔偿的，承租人不再承担相应的赔偿责任"的规定，承租人虽在融资租赁合同关系中无违约行为，但由于买卖合同的出卖人、租赁物通常系由承租人选择，承租人需对其选择的后果负责，因此承租人应对出租人的损失承担赔偿责任。需要注意的是，如果承租人是依赖出租人的技能来确定租赁物或者出租人干预选择租赁物的，或者买卖合同是因为出租人的原因而解除、被确认无效或者被撤销的，承租人此时对融资租赁合同因买卖合同解除、被确认无效或者被撤销而解除使得出租人遭受的损失，不再承担赔偿责任，出租人应自行承担相应的后果。由于融资租赁交易中买卖合同与融资租赁合同联系紧密，融资租赁合同解除对出租人造成的损失与买卖合同解除、被确认无效或者被撤销对买受人（出租人）造成的损失往往存在交叉重合，为了避免出租人（买卖合同的买受人）在不同法律关系中重复受偿，本条规定如果出租人在买卖合同关系中已经获得赔偿，承租人不再承担相应的赔偿责任，即需在融资租赁合同的索赔中扣减出租人在买卖合同关系中已经获得赔偿的部分。

处理融资租赁纠纷需注意以下几点：一是因融资租赁合同租金欠付争议向人民法院请求保护其权利的诉讼时效期间为三年，自租赁期限届满之日起计算；二是以不动产及其附属设施为租赁标的物的融资租赁合同纠纷不适用不动产专属管辖的规定；三是融资租赁中，租赁物为消耗品的，所签"融资租赁合同"不构成融资租赁法律关系，人民法院会按照其实际构成的法律关系处理；四是在承租人占有租赁物期间，如因不可归责于当事人的原因致使租赁物毁损、灭失，在当事人没有约定或者法律没有另行规定时，由承租人承担相应风险，在承租人未行使合同解除权时，承租人不得以此拒付租金；五是融资租赁合同中的出租人对租赁标的物未经登记的，不得对抗"善意第三人"；六是出租人和承租人对租赁期限届满租赁物归属没有约定或约定不明，且事后未达成协议的，租赁物的所有权归出租人。

第五编
企业法律责任

五十二、生产经营单位是安全生产的责任主体，主要负责人是本单位安全生产第一责任人；单位和主要负责人未履行安全生产职责的，给予行政处罚或行政处分；因生产安全事故造成人员、财产损失的，责任单位、责任人员承担民事赔偿责任；违反安全生产法规造成严重后果的，直接负责的主管人员和其他直接责任人承担刑事责任

（一）生产经营单位的安全生产法律义务

《安全生产法》（2021年6月10日第十三届全国人民代表大会常务委员会第二十九次会议第三次修正，自2021年9月1日起施行）规定，生产经营单位必须遵守本法和其他有关安全生产的法律、法规，加强安全生产管理，建立健全全员安全生产责任制和安全生产规章制度，加大对安全生产资金、物资、技术、人员的投入保障力度，改善安全生产条件，加强安全生产标准化、信息化建设，构建安全风险分级管控和隐患排查治理双重预防机制，健全风险防范化解机制，提高安全生产水平，确保安全生产。平台经济等新兴行业、领域的生

产经营单位应当根据本行业、领域的特点，建立健全并落实全员安全生产责任制，加强从业人员安全生产教育和培训，履行本法和其他法律、法规规定的有关安全生产义务。生产经营单位必须执行依法制定的保障安全生产的国家标准或者行业标准，具备安全生产法和有关法律、行政法规及国家标准或者行业标准规定的安全生产条件。

具体而言生产经营单位在安全生产方面负有以下法律义务：

1. 物质保障责任。包括具备安全生产条件；依法履行建设项目安全设施"三同时"的规定；依法为从业人员提供劳动防护用品，并监督、教育其正确佩戴和使用。

2. 资金投入责任。包括按规定提取和使用安全生产费用，确保资金投入满足安全生产条件需要；按规定存储安全生产风险抵押金；依法为从业人员缴纳工伤保险费；保证安全生产教育培训的资金。

3. 机构设置和人员配备责任。包括按照规定设置安全生产管理机构或者配备安全生产管理人员、注册安全工程师。

4. 规章制度制定责任。建立健全全员安全生产责任制和各项规章制度、操作规程，并通过监督考核保证全员安全生产责任制的落实。

5. 教育培训责任。包括依法组织从业人员参加安全生产教育培训，取得相关上岗资格证书。

6. 安全管理责任。包括依法加强安全生产管理；定期组织开展安全检查；依法取得安全生产许可；依法对重大危险源实施监控；及时消除事故隐患；开展安全生产宣传教育；统一协调管理承包、承租单位的安全生产工作。

7. 事故报告和应急救援的责任。包括按规定报告生产安全事故；及时开展事故抢险救援；妥善处理事故善后工作。

8. 法律、法规、规章规定的其他安全生产责任。

（二）依照《安全生产法》和有关法律、行政法规的规定，违反安全生产法律、法规的单位和个人根据不同情节承担行政、民事、刑事等不同责任

1. 生产经营单位及单位主要负责人的安全生产行政责任。对于因违反安全生产法律、法规的行政责任，《安全生产违法行为行政处罚办法》（根据 2015 年 4 月 2 日国家安全监管总局令第 77 号修正）第五条规定了警告，罚款，没收违法所得，没收非法开采的煤炭产品、采掘设备，责令停产停业整顿、责令停产停业、责令停止建设、责令停止施工，暂扣或者吊销有关许可证，暂停或者撤销有关执业资格、岗位证书，关闭，拘留，安全生产法律、行政法规规定的其他行政处罚，等等处罚种类。对生产经营单位主要负责人给予行政处分。

《安全生产法》分别对生产经营单位、单位主要负责人设定了具体的处罚规定。

（1）就生产经营单位而言，《安全生产法》规定，有未按照规定设置安全生产管理机构或者配备安全生产管理人员、注册安全工程师的；危险物品的生产、经营、储存、装卸单位以及矿山、金属冶炼、建筑施工、运输单位的主要负责人和安全生产管理人员未按照规定经考核合格的；未按照规定对从业人员、被派遣劳动者、实习学生进行安全生产教育和培训，或者未按照规定如实告知有关的安全生产事项的；未如实记录安全生产教育和培训情况的；未将事故隐患排查治理情况如实记录或者未向从业人员通报的；未按照规定制定生产安全事故应急救援预案或者未定期组织演练的；特种作业人员未按照规定经专门的安全作业培训并取得相应资格上岗作业的，等等行为之一的，责令限期改正，处 10 万元以下的罚款；逾期未改正的，责令停产停业整顿，并处10万元以上20万元以下的罚款，对其直接负责的主管人员和其他直接责任人员处2万元以上5万元以下的罚款。生产经营单位存在重大事故隐患，180日内3次或者1年内4次受到本法规定的行政处罚的；经停产停业整顿，仍不具备法律、行政法规和国家标准或者行业标准规定的安全生产条件的；不具备法律、行政法规和国家标准或者行业标准规定的安全生产条件，导致发生重大、特别重大生产安全事故的；拒不执行负有安全生产监督管理职责的部门作出的停产停业整顿决定的，等等情形之一的，负有安全生产监督管理职责的部门应当提请地方人民政府予以关闭，有关部门应当依法吊销其有关证照。对生产经营单位未采取措施消除事故隐患的，责令立即消除或者限期消除，处5万元以下的罚款；生产经营单位拒不执行的，责令停产停业整顿，对其直接负责的主管人员和其他直接责任人员处5万元以上10万元以下的罚款；构成犯罪的，依照刑法有关规定追究刑事责任。生产经营单位将生产经营项目、场所、设备发包或者出租给不具备安全生产条件或者相应资质的单位或者个人的，责令限期改正，没收违法所得；违法所得10万元以上的，并处违法所得2倍以上5倍以下的罚款；没有违法所得或者违法所得不足10万元的，单处或者并处10万元以上20万元以下的罚款；对其直接负责的主管人员和其他直接责任人员处1万元以上2万元以下的罚款；导致发生生产安全事故给他人造成损害的，与承包方、承租方承担连带赔偿责任。此外，《安全生产法》还规定了生产经营单位建设项目违法，违法经营危险物品及危险物品违法，生产经营场所和员工宿舍不符合有关安全要求等的行政法律责任。

（2）就生产经营单位主要负责人而言，《安全生产法》规定，生产经营单位的主要负责人未履行安全生产法规定的安全生产管理职责的，责令限期改正，处2万元以上5万元以下的罚款；逾期未改正的，处5万元以上10万元以下的罚款，责令生产经营单位停产停业整顿；因未履行本法规定的安全生产管理职责，导致发生生产安全事故的，给予撤职处分，构成犯罪的，依照刑法有关规定追究刑事责任；因未履行安全生产法规定的安全生产管理职责，导致发生生产安全事故的，由应急管理部门根据事故等级对生产经营单位的主要负责人处上一年年收入40%至100%的罚款，对重大、特别重大生产安全事故负有责任的，终身不得担任本行业生产经营单位的主要负责人；在本单位发生生产安全事故时，不立即组织抢救或者在事故调查处理期间擅离职守或者逃匿的，或对生产安全事故隐瞒不报、谎报或者迟报的，给予生产经营单位的主要负责人降级、撤职的处分，并由应急管理部门对其处上一年年收入60%至100%的罚款，对逃匿的处15日以下拘留，构成犯罪的，依照刑法有关规定追究刑事责任。

2. 生产经营单位安全生产民事赔偿责任。《安全生产法》规定，生产经营单位发生生产安全事故造成人员伤亡、他人财产损失的，应当依法承担赔偿责任；拒不承担或者其负责人逃匿的，由人民法院依法强制执行。生产经营单位将生产经营项目、场所、设备发包或者出租给不具备安全生产条件或者相应资质的单位或者个人的，导致发生生产安全事故给他人造成损害的，与承包方、承租方承担连带赔偿责任。

依照《民法典》的有关规定，因生产安全事故造成人员、他人财产损失的，生产事故责任单位和责任人员应当承担赔偿责任。赔偿责任主要包括造成人身和财产损害两方面的责任。侵害他人造成人身损害的，应当赔偿医疗费、护理费、交通费等为治疗和康复支出的合理费用，以及因误工减少的收入。造成残疾的，还应当赔偿残疾生活辅助具费和残疾赔偿金。造成死亡的，还应当赔偿丧葬费和死亡赔偿金。侵害他人财产的，财产损失按照损失发生时的市场价格或者其他方式计算。

3. 生产经营单位直接负责的主管人员和其他直接责任人员的安全生产刑事责任。根据《安全生产法》和《刑法》的规定，在安全生产领域的刑事责任有：(1)在生产、作业中违反有关安全管理的规定，发生重大伤亡事故或者造成其他严重后果的，构成重大责任事故罪。(2)强令他人违章冒险作业，或者明知存在重大事故隐患而不排除，仍冒险组织作业，因而发生重大伤亡事故或者造成其他严重后果的，构成强令、组织他人违章冒险作业罪。(3)在生产、作业中违反有关安全管理的规定，关闭、破坏直接关系生产安全的监控、报警、防护、救生设备、设施，或者篡改、隐瞒、销毁其相关数据、信息；因存在重大事故隐患被依法责令停产停业，停止施工，停止使用有关设备、设施、场所或者立即采取排除危险的整改措施，而拒不执行；涉及安全生产的事项未经依法批准或者许可，擅自从事矿山开采、金属冶炼、建筑施工，以及危险物品生产、经营、储存等高度危险的生产作业活动，具有发生重大伤亡事故或者其他严重后果的现实危险的，构成危险作业罪。(4)安全生产设施或者安全生产条件不符合国家规定，发生重大伤亡事故或者造成其他严重后果的，直接负责的主管人员和其他直接责任人员构成重大劳动安全事故罪等。(5)在安全事故发生后，负有报告职责的人员不报或者谎报事故情况，贻误事故抢救，情节严重的，构成不报或者谎报事故罪。(6)违反消防管理法规，经消防监督机构通知采取改正措施而拒绝执行，造成严重后果的，构成消防责任事故罪。(7)建设单位、设计单位、施工单位、工程监理单位违反国家规定，降低工程质量标准，造成死亡1人以上，或者重伤 3 人以上；或者造成直接经济损失 50 万元以上；或者其他造成严重后果的情形的，构成工程重大安全事故罪。(8) 过失损坏燃气或者其他易燃易爆设备，危害公共安全，造成严重后果的，构成过失损坏易燃易爆设备罪。(9) 违反爆炸性、易燃性、放射性、毒害性、腐蚀性物品的管理规定，在生产、储存、运输、使用中发生重大事故，造成严重后果的，构成危险物品肇事罪。(10) 举办大型群众性活动违反安全管理规定，因而发生重大伤亡事故或者造成其他严重后果的，构成大型群众性活动重大安全事故罪。根据《最高人民法院研究室关于被告人阮某重大劳动安全事故案有关法律适用问题的答复》（法研〔2009〕228 号）：用人单位违反职业病防治法的规定，职业病危害预防设施不符合国家规定，因而发生重大伤亡事故或者造成其他严重后果的，对直接负责的主管人员和其他直接责任人员，可以依照《刑法》第一百三十五条的规定，以重大劳动安全事故罪定罪处罚。危害生产安全案件的犯罪主体，包括对生产、作业负有组织、指挥或者管理职责的负责人、管理人员、实际控制人、投资人等人员，以及直接从事生产作业的人员。构成上述犯罪的，根据情节可判处拘役或 10 年以下有期徒刑，并处罚金。

生产经营活动中发生安全事故的原因是多种多样的，但大多数情况都是因为违反安全生产的法律、法规、标准和有关技术规程、规范等人为因素造成的。例如：生产经营活动的作业场所不符合保证安全生产的规定；设施、设备、工具、器材不符合安全标准，存在缺陷；未按规定配备安全防护用品；未对职工进行安全教育培训，职工缺乏安全生产知识；劳动组织不合理；管理人员违章指挥；职工违章冒险作业；等等。

需要强调的，一是国家实行生产安全事故责任追究制度，依照安全生产法和有关法律、法规的规定,追究生产安全事故责任单位和责任人员的法律责任;二是生产经营单位与从业人员订立的免除或者减轻其对从业人员因生产安全事故伤亡依法应承担的责任的协议无效;三是对被责令改正且受到罚款处罚、拒不改正的生产经营单位,负有安全生产监督管理职责的部门可以对其作出惩罚性处罚,即自责令改正之日的次日起,按照原处罚数额按日连续处罚。

五十三、企业单位和其他生产经营者应当防止、减少环境污染和生态破坏,因污染环境、破坏生态造成他人损害的,即使没有过错,也需承担侵权责任;违反环境保护法规定,构成犯罪的,承担刑事责任

(一)企业和其他生产经营者在环境保护中的主要义务

根据《环境保护法》的规定,企业事业单位和其他生产经营者应当防止、减少环境污染和生态破坏,对所造成的损害依法承担责任。企业和其他生产经营者在环境保护中有以下主要义务:应当优先使用清洁能源,采用资源利用率高、污染物排放量少的工艺、设备以及废弃物综合利用技术和污染物无害化处理技术,减少污染物的产生;建设项目中防治污染的设施,应当与主体工程同时设计、同时施工、同时投产使用,防治污染的设施应当符合经批准的环境影响评价文件的要求,不得擅自拆除或者闲置;排放污染物的企业事业单位和其他生产经营者,应当采取措施,防治在生产建设或者其他活动中产生的废气、废水、废渣、医疗废物、粉尘、恶臭气体、放射性物质以及噪声、振动、光辐射、电磁辐射等对环境的污染和危害;排放污染物的企业事业单位，应当建立环境保护责任制度，明确单位负责人和相关人员的责任；重点排污单位应当按照国家有关规定和监测规范安装使用监测设备，保证监测设备正常运行，保存原始监测记录；在实施重点污染物排放总量控制的区域，在执行污染物排放的国家标准和地方标准的同时，必须遵守分解落实到本单位的重点污染物排放总量控制指标；重点排污单位应当如实向社会公开其主要污染物的名称、排放方式、排放浓度和总量、超标排放情况，以及防治污染设施的建设和运行情况，接受社会监督；不得生产、销售或者转移、使用严重污染环境的工艺、设备和产品，禁止引进不符合我国环境保护规定的技术、设备、材料和产品；应当依照《中华人民共和国突发事件应对法》的规定，制定突发环境事件应急预案，做好突发环境事件的风险控制、应急准备、应急处置和事后恢复等工作，在发生或者可能发生突发环境事件时，应当立即采取措施处理，及时通报可能受到危害的单位和居民，并向环境保护主管部门和有关部门报告。生产、使用、贮存、运输、回收、处置、排放有毒有害物质的单位和个人，应当采取有效措施，防止有毒有害物质渗漏、流失、扬散，避免土壤受到污染。

（二）企业和其他生产经营者在环境保护中的法律责任

1. 企业和其他生产经营者环境违法的行政责任。根据《环境行政处罚办法》的规定，企业和其他生产经营者违反环境管理行政法规的行政处罚的种类有：（1）警告；（2）罚款；（3）责令停产整顿；（4）责令停产、停业、关闭；（5）暂扣、吊销许可证或者其他具有许可性质的证件；（6）没收违法所得、没收非法财物；（7）行政拘留；（8）法律、行政法规设定的其他行政处罚种类。

《环境保护法》规定，企业事业单位和其他生产经营者违反法律法规规定排放污染物，造成或者可能造成严重污染的，县级以上人民政府环境保护主管部门和其他负有环境保护监督管理职责的部门，可以查封、扣押造成污染物排放的设施、设备；企业事业单位和其他生产经营者超过污染物排放标准或者超过重点污染物排放总量控制指标排放污染物的，县级以上人民政府环境保护主管部门可以责令其采取限制生产、停产整治等措施，情节严重的，报经有批准权的人民政府批准，责令停业、关闭；建设单位未依法提交建设项目环境影响评价文件或者环境影响评价文件未经批准，擅自开工建设的，由负有环境保护监督管理职责的部门责令停止建设，处以罚款，并可以责令恢复原状；重点排污单位不公开或者不如实公开环境信息的，由县级以上地方人民政府环境保护主管部门责令公开，处以罚款，并予以公告；企业事业单位和其他生产经营者有"被责令改正，拒不改正""逃避监管违法排放污染物"等行为尚不构成犯罪的，除依照有关法律法规规定予以处罚外，由公安机关对其直接负责的主管人员和其他直接责任人员，处15日以下拘留。

《土壤污染防治法》规定，企业事业单位和其他生产经营者违反法律法规规定排放有毒有害物质，造成或者可能造成严重土壤污染的，或者有关证据可能灭失或者被隐匿的，生态环境主管部门和其他负有土壤污染防治监督管理职责的部门，可以查封、扣押有关设施、设备、物品。企业事业单位和其他生产经营者违反本法规定的，由地方人民政府生态环境主管部门或者其他负有土壤污染防治监督管理职责的部门责令改正，处以罚款；拒不改正的，责令停产整治；情节严重的，由公安机关对直接负责的主管人员和其他直接责任人员处5日以上15日以下的拘留；有违法所得的，没收违法所得。

《水污染防治法》第八十三条规定：（1）未依法取得排污许可证

排放水污染物；（2）超过水污染物排放标准或者超过重点水污染物排放总量控制指标排放水污染物；（3）利用渗井、渗坑、裂隙、溶洞，私设暗管，篡改、伪造监测数据，或者不正常运行水污染防治设施等逃避监管的方式排放水污染物；（4）未按照规定进行预处理，向污水集中处理设施排放不符合处理工艺要求的工业废水，等等行为之一的，由县级以上人民政府环境保护主管部门责令改正或者责令限制生产、停产整治，并处10万元以上100万元以下的罚款；情节严重的，报经有批准权的人民政府批准，责令停业、关闭。

《大气污染防治法》第九十九条规定：（1）未依法取得排污许可证排放大气污染物；（2）超过大气污染物排放标准或者超过重点大气污染物排放总量控制指标排放大气污染物；（3）通过逃避监管的方式排放大气污染物，等等行为之一的，由县级以上人民政府生态环境主管部门责令改正或者限制生产、停产整治，并处10万元以上100万元以下的罚款；情节严重的，报经有批准权的人民政府批准，责令停业、关闭。

根据《环境保护法》第五十九条第一款"企业事业单位和其他生产经营者违法排放污染物，受到罚款处罚，被责令改正，拒不改正的，依法作出处罚决定的行政机关可以自责令改正之日的次日起，按照原处罚数额按日连续处罚"的规定，对拒不改正违法排放污染物的，可实施惩罚性行政处罚。

2. 企业和其他生产经营者环境违法的刑事责任。《环境保护法》第六十九条规定："违反本法规定，构成犯罪的，依法追究刑事责任。"根据《刑法》第三百三十八条的规定，违反国家规定，向土地、水体、大气排放、倾倒或者处置有放射性的废物、含传染病病原体的废物、有毒物质或者其他有害物质，严重污染环境的，构成污环境罪。也就是说违反国家规定,向土地、水体、大气排放、倾倒或者处置有放射性的废物、含传染病病原体的废物、有毒物质或其他有害物质,严重污染环境的行为是犯罪行为。根据《最高人民法院最高人民检察院关于办理环境污染刑事案件适用法律若干问题的解释》(法释〔2016〕29号)的规定,企业违反国家规定排放、倾倒、处置有放射性的废物、含传染病病原体的废物、有毒物质或者其他有害物质同时构成污染环境罪、非法处置进口的固体废物罪、投放危险物质罪等犯罪的,依照处罚较重的规定定罪处罚;无危险废物经营许可证从事收集、贮存、利用、处置危险废物经营活动,严重污染环境的,按照污染环境罪定罪处罚,同时构成非法经营罪的,依照处罚较重的规定定罪处罚;明知他人无危险废物经营许可证,向其提供或者委托其收集、贮存、利用、处置危险废物,严重污染环境的,以共同犯罪论处;单位实施环境污染相关犯罪的,适用与个人犯罪相同的定罪量刑标准,对于构成污染环境罪的单位判处罚金,对直接负责的主管人员和其他直接责任人员判处7年以下有期徒刑或者拘役,并处或单处罚金。

需要注意的是,只有严重污染环境的行为,才构成犯罪;单位实际经营人明知他人无危险废物经营许可证,为了单位利益,将本单位的危险废物委托其处置,严重污染环境的,应当以污染环境罪追究被告单位及单位直接负责主管人员和其他直接责任人员的刑事责任。

3. 企业和其他生产经营者污染环境造成他人人身权利损害、生态环境损害的民事责任。《民法典》第一千二百二十九条规定,因污染环境、破坏生态造成他人损害的,侵权人应当承担侵权责任。《最高人民法院关于审理环境侵权责任纠纷案件适用法律若干问题的解释》(法释〔2020〕17号修正)第十三条规定,人民法院应当根据被侵权人的诉讼请求以及具体案情，合理判定侵权人承担停止侵害、排除妨碍、消除危险、修复生态环境、赔礼道歉、赔偿损失等民事责任。

环境侵权民事责任采用无过错责任原则。《最高人民法院关于审理环境侵权责任纠纷案件适用法律若干问题的解释》（法释〔2020〕17号修正）第一条规定，因污染环境、破坏生态造成他人损害，不论侵权人有无过错，侵权人应当承担侵权责任。侵权人不得以排污符合国家或者地方污染物排放标准为由主张不承担责任。根据本条规定，依无过错责任原则，在受害人有损害、污染者的行为与损害有因果关系的情况下，不论污染者有无过错，都应对其污染造成的损害承担侵权责任。污染环境致人损害案件中的受害人无需对加害人的主观过错进行证明；加害人不得以自己没有过错作为抗辩。例如，甲、乙、丙三家公司生产三种不同的化工产品，生产场地的排污口相邻。某年，当地大旱导致河中水位大幅下降，三家公司排放的污水混合发生化学反应，产生有害物质致使河流下游某养殖场的鱼类大量死亡。养殖场向三家公司索赔。经查实，三家公司排放的污水均分别经过处理且符合国家排放标准。但法院还是根据《民法典》第一千二百三十一条"两个以上侵权人污染者污染环境、破坏生态的，承担责任的大小，根据污染物的种类、浓度、排放量，破坏生态的方式、范围、程度，以及行为对损害后果所起的作用等因素确定"，以及第一千一百七十二条"二人以上分别实施侵权行为造成同一损害，能够确定责任大小的，各自承担相应的责任；难以确定责任大小的，平均承担赔偿责任"的规定，判决甲、乙、丙三家公司按照污染物的种类、排放量等因素分别承担赔偿责任。达标排放不能作为免除环境污染侵权的事由。这个案子是典型的无过错责任原则。

造成生态环境损害的应当承担修复责任。《民法典》第一千二百三十四条、第一千二百三十五条规定，违反国家规定造成生态环境损害，生态环境能够修复的，国家规定的机关或者法律规定的组织有权请求侵权人在合理期限内承担修复责任；侵权人在期限内未修复的，国家规定的机关或者法律规定的组织可以自行或者委托他人进行修复，所需费用由侵权人负担。违反国家规定造成生态环境损害的，国家规定的机关或者法律规定的组织有权请求侵权人赔偿下列损失和费用：（1）生态环境受到损害至修复完成期间服务功能丧失导致的损失；（2）生态环境功能永久性损害造成的损失；（3）生态环境损害调查、鉴定评估等费用；（4）清除污染、修复生态环境费用；（5）防止损害的发生和扩大所支出的合理费用。

环境侵权民事责任可适用惩罚性赔偿。《民法典》第一千二百三十二条规定，侵权人违反法律规定故意污染环境、破坏生态造成严重后果的，被侵权人有权请求相应的惩罚性赔偿。根据《最高人民法院关于审理生态环境侵权纠纷案件适用惩罚性赔偿的解释》（法释〔2022〕1号，自2022年1月20日起施行）第七条的规定，具有下列情形之一的，即具有污染环境、破坏生态的故意，应当适用惩罚性赔偿：（1）因同一污染环境、破坏生态行为，已被人民法院认定构成破坏环境资源保护犯罪的；（2）建设项目未依法进行环境影响评价，或者提供虚假材料导致环境影响评价文件严重失实，被行政主管部门责令停止建设后拒不执行的；（3）未取得排污许可证排放污染物，被行政主管部门责令停止排污后拒不执行，或者超过污染物排放标准或者重点污染物排放总量控制指标排放污染物，经行政主管机关责令限制生产、停产整治或者给予其他行政处罚后仍不改正的；（4）生产、使用国家明令禁止生产、使用的农药，被行政主管部门责令改正后拒不改正的；(5) 无危险废物经营许可证而从事收集、贮存、利用、处置危险废物经营活动，或者知道或者应当知道他人无许可证而将危险废物提供或者委托给其从事收集、贮存、利用、处置等活动的；(6) 将未经处理的废水、废气、废渣直接排放或者倾倒的；(7) 通过暗管、渗井、渗坑、灌注、篡改、伪造监测数据，或者以不正常运行防治污染设施等逃避监管的方式，违法排放污染物的；(8) 在相关自然保护区域、禁猎（渔）区、禁猎（渔）期使用禁止使用的猎捕工具、方法猎捕、杀害国家重点保护野生动物、破坏野生动物栖息地的；(9) 未取得勘查许可证、采矿许可证，或者采取破坏性方法勘查开采矿产资源的；(10) 其他故意情形。惩罚性赔偿金数额，以环境污染、生态破坏造成的人身损害赔偿金、财产损失数额作为计算基数，但一般不超过人身损害赔偿金、财产损失数额的2倍；同一污染环境、破坏生态行为已经被行政机关给予罚款或者被人民法院判处罚金的，并不免除侵权人惩罚性赔偿责任；侵权人因同一污染环境、破坏生态行为，应当承担包括惩罚性赔偿在内的民事责任、行政责任和刑事责任，其财产不足以支付的，优先用于承担民事责任；其财产不足以支付包括惩罚性赔偿在内的民事责任的，应当优先用于承担惩罚性赔偿以外的其他责任。

国家规定的机关或者法律规定的组织作为被侵权人代表，请求判令侵权人承担惩罚性赔偿责任的，人民法院可以参照前述规定予以处理。但惩罚性赔偿金数额的确定，应当以生态环境受到损害至修复完成期间服务功能丧失导致的损失、生态环境功能永久性损害造成的损失数额作为计算基数。

环境污染赔偿诉讼应在三年时效内提起。《环境保护法》第六十六条规定："提起环境损害赔偿诉讼的时效期间为三年，从当事人知道或者应当知道其受到损害时起计算。"《民法典》第一百八十八条规定："向人民法院请求保护民事权利的诉讼时效期间为三年。法律另有规定的，依照其规定。诉讼时效期间自权利人知道或者应当知道权利受到损害以及义务人之日起计算。法律另有规定的，依照其规定。但是，自权利受到损害之日起超过二十年的，人民法院不予保护，有特殊情况的，人民法院可以根据权利人的申请决定延长。"根据上述规定，当事人提起环境污染赔偿诉讼时效一般为3年。法律另有规定的，依照其规定。诉讼时效期间自权利人知道或者应当知道权利受到损害以及义务人之日起计算。但是，自权利受到损害之日起超过20年的，人民法院不予保护。

五十四、生产者对所生产产品造成他人权益损害的，无论有无过错都应承担赔偿责任；销售者在不能证明自己不存在过错情况下，需对销售产品承担质量责任；明知产品存在缺陷，仍生产、销售给他人造成损害的，需承担惩罚性赔偿责任；生产、销售伪劣产品构成犯罪的，需承担刑事责任

《产品质量法》（2018年12月29日第十三届全国人民代表大会常务委员会第七次会议第三次修正）规定，生产者、销售者依法承担产品质量责任。产品质量应当符合不存在危及人身、财产安全的不合理的危险，有保障人体健康和人身、财产安全的国家标准、行业标准的，应当符合该标准；具备产品应当具备的使用性能；符合在产品或者其包装上注明采用的产品标准，符合以产品说明、实物样品等方式表明的质量状况，等等要求。

（一）生产者、销售者的产品质量法定义务

1. 生产者的产品质量义务：保证产品质量，产品应当检验合格，不得以不合格产品冒充合格产品；保证产品或者其包装上的标识真实并符合《产品质量法》的规定要求；不得生产国家明令淘汰的产品；不得伪造产地，不得伪造或者冒用他人的厂名、厂址；不得伪造或者冒用认证标志等质量标志；不得掺杂、掺假，不得以假充真、以次充好，不得以不合格产品冒充合格产品。

2. 销售者的产品质量义务：应当建立并执行进货检查验收制度，验明产品合格证和其他标识；应当采取措施，保持销售产品的质量；不得销售国家明令淘汰并停止销售的产品和失效、变质的产品；销售产品除裸装的食品和其他根据产品的特点难以附加标识的裸装产品可以不附加产品标识外，销售产品的标识应当符合法律规定的要求（即：有产品质量检验合格证明；有中文标明的产品名称、生产厂厂名和厂址；根据产品的特点和使用要求，需要标明产品规格、等级、所含主要成分的名称和含量的，用中文相应予以标明；需要事先让消费者知晓的，应当在外包装上标明，或者预先向消费者提供有关资料；限期使用的产品，应当在显著位置清晰地标明生产日期和安全使用期或者失效日期；使用不当，容易造成产品本身损坏或者可能危及人身、财产安全的产品，应当有警示标志或者中文警示说明）；不得伪造产地，不得伪造或者冒用他人的厂名、厂址；不得伪造或者冒用认证标志等质量标志；不得掺杂、掺假，不得以假充真、以次充好，不得以不合格产品冒充合格产品。

（二）生产者、销售者的产品质量责任

产品质量责任是一种综合性法律责任，包括民事、行政和刑事

责任。

1. 产品质量的行政责任。《产品质量法》规定的行政处罚形式有：警告；责令改正；责令停业整顿；责令停止生产、销售；没收违法生产、销售的产品；没收用于违法生产的原辅材料和生产工具；罚款；没收违法所得；取消资格；吊销营业执照；等等。《产品质量法》第十七条规定，监督抽查的产品质量不合格的，由实施监督抽查的市场监督管理部门责令其生产者、销售者限期改正。逾期不改正的，由省级以上人民政府市场监督管理部门予以公告；公告后经复查仍不合格的，责令停业，限期整顿；整顿期满后经复查产品质量仍不合格的，吊销营业执照。监督抽查的产品有严重质量问题的，依照本法第五章的有关规定处罚。如：生产、销售不符合保障人体健康和人身、财产安全的国家标准、行业标准的产品的，责令停止生产、销售，没收违法生产、销售的产品，并处违法生产、销售产品（包括已售出和未售出的产品）货值金额等值以上3倍以下的罚款；有违法所得的，并处没收违法所得；情节严重的，吊销营业执照；构成犯罪的，依法追究刑事责任。在产品中掺杂、掺假，以假充真，以次充好，或者以不合格产品冒充合格产品的，责令停止生产、销售，没收违法生产、销售的产品，并处违法生产、销售产品货值金额50%以上3倍以下的罚款；有违法所得的，并处没收违法所得；情节严重的，吊销营业执照；构成犯罪的，依法追究刑事责任。生产国家明令淘汰的产品的，销售国家明令淘汰并停止销售的产品的，责令停止生产、销售，没收违法生产、销售的产品，并处违法生产、销售产品货值金额等值以下的罚款，有违法所得的并处没收违法所得，情节严重的吊销营业执照；销售失效、变质的产品的，责令停止销售，没收违法销售的产品，并处违法销售产品货值金额2倍以下的罚款，有违法所得的并处没收违法所得，情节严重的吊销营业执照，构成犯罪的，依法追究刑事责任。对生产者专门用于生产不符合保障人体健康和人身、财产安全的国家标准、行业标准的产品，国家明令淘汰的产品或者以假充真的产品的原辅材料、包装物、生产工具予以没收。

2. 产品质量的民事责任。（1）产品质量民事责任的主要形式是损害赔偿，且责任人财产优先支付民事赔偿责任。根据《产品质量法》的规定，销售者售出的产品不具备产品应当具备的使用性能而事先未作说明的，不符合在产品或者其包装上注明采用的产品标准的，不符合以产品说明、实物样品等方式表明的质量状况的，销售者应当负责修理、更换、退货，给购买产品的消费者造成损失的，销售者应当赔偿损失。由于销售者的过错使产品存在缺陷，造成人身、他人财产损害的，销售者应当承担赔偿责任。因产品存在缺陷造成人身、缺陷产品以外的其他财产损害的，生产者应当承担赔偿责任。产品缺陷，是指产品存在危及人身、他人财产安全的不合理的危险；产品有保障人体健康和人身、财产安全的国家标准、行业标准的，是指不符合该标准。因违反《产品质量法》规定，应当承担民事赔偿责任和缴纳罚款、罚金，其财产不足以同时支付时，先承担民事赔偿责任。产品质量认证机构对不符合认证标准而使用认证标志的产品，未依法要求其改正或者取消其使用认证标志资格的，对因产品不符合认证标准给消费者造成的损失，与产品的生产者、销售者承担连带责任。社会团体、社会中介机构对产品质量作出承诺、保证，而该产品又不符合其承诺、保证的质量要求，给消费者造成损失的，与产品的生产者、销售者承担连带责任。关系消费者生命健康的商品或者服务的虚假广告，造成消费者损害的，其广告经营者、广告发布者、广告代言人与广告主承担连带责任。

(2) 生产者的产品责任是无过错责任，销售者的产品责任是过错推定责任。产品责任中，生产者是无过错责任，即产品存在缺陷给他人造成损害的，除了法定的免责原因外，不论产品生产者是否有过错，生产者都要承担赔偿责任。产品责任中，销售者是过错推定责任。过错推定是指在法律有明确规定的情形下，如果发生侵权，首先推定加害人有过错，如果加害人不能举证证明自己无过错则就应当承担侵权责任。由于销售者的过错使产品存在缺陷造成人身、其他财产损害的，销售者应当承担赔偿责任；销售者不能指明缺陷产品的生产者，也不能指明缺陷产品的供货者的，销售者应当承担赔偿责任。

(3) 产品缺陷受害人具有在生产者、销售者间选择赔偿的权利。《产品质量法》规定，因产品存在缺陷造成人身、其他财产损害的，受害人可以向产品的生产者要求赔偿，也可以向产品的销售者要求赔偿；属于产品的生产者责任，产品销售者赔偿的，产品销售者有权向产品的生产者追偿；属于产品的销售者的责任，产品的生产者赔偿的，产品的生产者有权向产品的销售者追偿。《食品安全法》（2021年4月29日第十三届全国人民代表大会常务委员会第二十八次会议第二次修正）第一百四十八条第一款也规定，消费者因不符合食品安全标准的食品受到损害的，可以向经营者要求赔偿损失，也可以向生产者要求赔偿损失。接到消费者赔偿要求的生产经营者，应当实行首负责任制，先行赔付，不得推诿；属于生产者责任的，经营者赔偿后有权向生产者追偿；属于经营者责任的，生产者赔偿后有权向经营者追偿。《消费者权益保护法》（2013年10月25日第十二届全国人民代表大会常务委员会第五次会议第二次修正）第四十条规定，消费者在购买、使用商品时，其合法权益受到损害的，可以向销售者要求赔偿。销售者赔偿后，属于生产者的责任或者属于向销售者提供商品的其他销售者的责任的,销售者有权向生产者或者其他销售者追偿。消费者或者其他受害人因商品缺陷造成人身、财产损害的,可以向销售者要求赔偿,也可以向生产者要求赔偿。属于生产者责任的,销售者赔偿后,有权向生产者追偿。属于销售者责任的,生产者赔偿后,有权向销售者追偿。消费者在接受服务时,其合法权益受到损害的,可以向服务者要求赔偿。

(4)产品缺陷人身损害的赔偿范围。因产品存在缺陷造成受害人人身伤害的,侵害人应当赔偿医疗费、治疗期间的护理费、因误工减少的收入等费用;造成残疾的,还应当支付残疾者生活自助具费、生活补助费、残疾赔偿金以及由其扶养的人所必需的生活费等费用;造成受害人死亡的,并应当支付丧葬费、死亡赔偿金以及由死者生前扶养的人所必需的生活费等费用。因产品存在缺陷造成受害人财产损失的,侵害人应当恢复原状或者折价赔偿。受害人因此遭受其他重大损失的,侵害人应当赔偿损失。

(5)产品质量赔偿,适用惩罚性赔偿责任。根据《民法典》第一千二百零七条"明知产品存在缺陷仍然生产、销售,或者没有依据前条规定采取有效补救措施,造成他人死亡或者健康严重损害的,被侵权人有权请求相应的惩罚性赔偿"的规定,产品责任可适用惩罚性赔偿。根据《消费者权益保护法》第五十五条关于"经营者提供商品或者服务有欺诈行为的,应当按照消费者的要求增加赔偿其受到的损失,增加赔偿的金额为消费者购买商品的价款或者接受服务的费用的三倍;增加赔偿的金额不足五百元的,为五百元。法律另有规定的,依照其规定。经营者明知商品或者服务存在缺陷,仍然向消费者提供,造成消费者或者其他受害人死亡或者健康严重损害的,受害人有权要求经营者依照本法第四十九条、第五十一条等法律规定赔偿损失,并有权要求所受损失二倍以下的惩罚性赔偿"的规定,经营者提供商品或者服务有欺诈行为的,需承担惩罚性赔偿责任,并承担人身损害和精神损害的赔偿责任。《食品安全法》第一百四十八条第二款规定:"生产不符合食品安全标准的食品或者经营明知是不符合食品安全标准的食品,消费者除要求赔偿损失外,还可以向生产者或者经营者要求支付价款十倍或者损失三倍的赔偿金;增加赔偿的金额不足一千元的,为一千元。但是,食品的标签、说明书存在不影响食品安全且不会对消费者造成误导的瑕疵的除外。"《最高人民法院关于审理食品安全民事纠纷案件适用法律若干问题的解释(一)》(法释〔2020〕14号)第七条规定:"消费者认为生产经营者生产经营不符合食品安全标准的同时构成欺诈的,有权选择依据食品安全法第一百四十八条第二款或者消费者权益保护法第五十五条第一款规定主张食品生产者或者经营者承担惩罚性赔偿责任。"

需要明确的是,惩罚性产品责任在产品存在缺陷和因缺陷造成损害基础上,还需要生产、销售者"明知"产品存在缺陷而仍然生产、销售这一更为严格的要件。

(6)产品缺陷损害赔偿的诉讼时效。因产品存在缺陷造成损害要求赔偿的诉讼时效期间为3年,自当事人知道或应当知道其权益受到损害时起计算。因产品存在缺陷造成损害要求赔偿的请求权,在造成损害的缺陷产品交付最初消费者满10年丧失;但是,尚未超过明示的安全使用期的除外。

3. 产品质量刑事责任。产品质量刑事责任是指产品质量违法行为构成犯罪而承担的法律后果。《产品质量法》规定了以下三类产品质量行为构成犯罪的,依法追究刑事责任:(1)生产、销售各种伪劣产品的行为,《产品质量法》第四十九条、第五十条、第五十二条、

第六十一条分别规定了"生产、销售不符合保障人体健康和人身、财产安全的国家标准、行业标准的产品""在产品中掺杂、掺假，以假充真，以次充好，或者以不合格产品冒充合格产品""销售失效、变质的产品""知道或者应当知道属于法律禁止生产、销售的产品而为其提供运输、保管、仓储等便利条件的，或者为以假充真的产品提供制假生产技术的"等，构成犯罪的，依法追究刑事责任；（2）国家公务人员利用职务之便包庇各种产品质量犯罪的行为，《产品质量法》第六十五条、第六十八条分别规定：政府工作人员和其他国家机关工作人员包庇、放纵产品生产、销售中违反本法规定行为的，向从事违反本法规定的生产、销售活动的当事人通风报信，帮助其逃避查处的，阻挠、干预市场监督管理部门依法对产品生产、销售中违反本法规定的行为进行查处，造成严重后果的，市场监督管理部门的工作人员滥用职权、玩忽职守、徇私舞弊，构成犯罪的，依法追究刑事责任；（3）产品质量管理人员滥用职权、玩忽职守、徇私舞弊的行为，如《产品质量法》第五十七条规定"产品质量检验机构、认证机构伪造检验结果或者出具虚假证明"构成犯罪的，依法追究刑事责任。

刑法是规定犯罪、刑事责任和刑事处罚的法律规范的总和。我国刑法对生产经营者生产、销售各种伪劣产品的犯罪做出了明确的规定，规定了生产、销售伪劣产品，生产、销售假药，生产、销售劣药，生产、销售不符合安全标准的食品，生产、销售有毒、有害食品，生产、销售不符合标准的医用器材，生产、销售不符合安全标准的产品，生产、销售伪劣农药、兽药、化肥、种子，生产、销售不符合卫生标准的化妆品等9种产品质量违法行为为犯罪行为，并对各种犯罪行为规定了拘役、有期徒刑、无期徒刑、死刑等4种主刑以及罚金、没收财产2种附加刑。如根据《刑法》第一百四十条规定，犯生产、销售伪劣产品罪的，只要其生产、销售伪劣产品的金额达到 5 万元以上，即可判处 2 年以下有期徒刑或者拘役，并处或者单处销售金额 50% 以上 2 倍以下罚金；如果其生产、销售伪劣产品的金额达到 200 万元以上，就可判处 15 年有期徒刑或者无期徒刑，并处销售金额 50% 以上 2 倍以下罚金或者没收财产。应该说，《刑法》对产品质量犯罪行为的惩处是非常严厉的。

五十五、商业秘密的所有人和经商业秘密所有人许可的使用人，对商业秘密享有专有的权利；泄露或不正当使用他人商业秘密，造成他人损害的，需承担侵权责任；侵犯他人商业秘密，构成犯罪的，单位和责任人需承担刑事责任

商业秘密是企业的高度机密，只能归属于商业秘密的权利人。商业秘密是知识产权的保护客体之一，《民法典》第一百二十三条规定权利人依法对商业秘密享有"专有的权利"。侵犯商业秘密损害商业秘密权利人合法权益的，应当承担相应的法律责任。

（一）商业秘密的具体含义

《反不正当竞争法》（2019 年 4 月 23 日第十三届全国人民代表大会常务委员会第十次会议修正）第九条第四款将商业秘密定义为"商业秘密是指不为公众所知悉、具有商业价值并经权利人采取相应保密措施的技术信息、经营信息等商业信息"。根据此定义，"不为公众所知悉""具有商业价值""经权利人采取相应保密措施"是商业秘密的三大法定构成要件。商业秘密的所有人和经商业秘密所有人许可的商业秘密使用人是商业秘密的权利人。需要强调的是，只有采取相应保密措施的商业秘密，才是法律上认可并予以保护的商业秘密，否则就不存在侵犯商业秘密。

《最高人民法院关于审理侵犯商业秘密民事案件适用法律若干问题的规定》（法释〔2020〕7号）对商业秘密的具体含义进行了明确规定：（1）"技术信息、经营信息"，分别指与技术有关的结构、原料、组分、配方、材料、样品、样式、植物新品种繁殖材料、工艺、方法或其步骤、算法、数据、计算机程序及其有关文档等信息；与经营活动有关的创意、管理、销售、财务、计划、样本、招投标材料、客户信息、数据等信息。（2）"不为公众所知悉"，是指权利人请求保护的信息在被诉侵权行为发生时是不为所属领域的相关人员普遍知悉和容易获得的。如果，该信息在所属领域属于一般常识或者行业惯例；或者信息仅涉及产品的尺寸、结构、材料、部件的简单组合等内容，所属领域的相关人员通过观察上市产品即可直接获得；或者信息已经在公开出版物或者其他媒体上公开披露；或者信息已通过公开的报告会、展览等方式公开；或者所属领域的相关人员从其他公开渠道可以获得该信息，那么这个信息就已是为公众所知悉的信息。（3）"相应保密措施"，是指权利人为防止商业秘密泄露，在被诉侵权行为发生以前所采取的合理保密措施。权利人采取了签订保密协议或者在合同中约定保密义务；通过章程、培训、规章制度、书面告知等方式，对能够接触、获取商业秘密的员工、前员工、供应商、客户、来访者等提出保密要求；对涉密的厂房、车间等生产经营场所限制来访者或者进行区分管理；以标记、分类、隔离、加密、封存、限制能够接触或者获取的人员范围等方式，对商业秘密及其载体进行区分和管理；对能够接触、获取商业秘密的计算机设备、电子设备、网络设备、存储设备、软件等,采取禁止或者限制使用、访问、存储、复制等措施;要求离职员工登记、返还、清除、销毁其接触或者获取的商业秘密及其载体,继续承担保密义务的;采取其他合理保密措施等足以防止商业秘密泄露的保密措施的,即可认定权利人采取了相应的保密措施。(4)"具有商业价值",是指权利人请求保护的信息因不为公众所知悉而具有现实的或者潜在的商业价值。

(二)侵犯商业秘密的具体表现

根据《反不正当竞争法》第九条的规定,经营者侵犯商业秘密的行为主要有:(1)以盗窃、贿赂、欺诈、胁迫、电子侵入或者其他不正当手段获取权利人的商业秘密;(2)披露、使用或者允许他人使用以前项手段获取的权利人的商业秘密;(3)违反保密义务或者违反权利人有关保守商业秘密的要求,披露、使用或者允许他人使用其所掌握的商业秘密;(4)教唆、引诱、帮助他人违反保密义务或者违反权利人有关保守商业秘密的要求,获取、披露、使用或者允许他人使用权利人的商业秘密。需要明确的是,经营者以外的其他自然人、法人和非法人组织实施上述行为的,也被视为侵犯商业秘密。第三人明知或者应知商业秘密权利人的员工、前员工或者其他单位、个人实施上述行为,仍获取、披露、使用或者允许他人使用该商业秘密的,同样被视为侵犯商业秘密。以违反法律规定或者公认的商业道德的方式获取权利人的商业秘密的,在生产经营活动中直接使用商业秘密,或者对商业秘密进行修改、改进后使用,或者根据商业秘密调整、优化、改进有关生产经营活动的,同样是侵犯商业秘密的行为。

(三)侵犯商业秘密的法律责任

1. 民事责任。经营者侵犯商业秘密,给他人造成损害的,应当依法承担民事责任。《民法典》第五百零一条规定："当事人在订立合同过程中知悉的商业秘密或者其他应当保密的信息，无论合同是否成立，不得泄露或者不正当地使用；泄露、不正当地使用该商业秘密或者信息，造成对方损失的，应当承担赔偿责任。"《最高人民法院关于审理侵犯商业秘密民事案件适用法律若干问题的规定》（法释〔2020〕7号）第十条规定："当事人根据法律规定或者合同约定所承担的保密义务，人民法院应当认定属于反不正当竞争法第九条第一款所称的保密义务。当事人未在合同中约定保密义务，但根据诚信原则以及合同的性质、目的、缔约过程、交易习惯等，被诉侵权人知道或者应当知道其获取的信息属于权利人的商业秘密的，人民法院应当认定被诉侵权人对其获取的商业秘密承担保密义务。"《反不正当竞争法》规定，侵犯商业秘密民事责任主要通过停止侵害、赔偿损失承担。人民法院对于侵犯商业秘密行为判决停止侵害的民事责任时，停止侵害的时间一般应当持续到该商业秘密已为公众所知悉时为止。因侵犯商业秘密行为受到损害的经营者的赔偿数额，按照其因被侵权所受到的实际损失确定；实际损失难以计算的，按照侵权人因侵权所获得的利益确定。经营者恶意实施侵犯商业秘密行为，情节严重的，可以在按照上述方法确定数额的1倍以上5倍以下确定赔偿数额。这里的赔偿数额还应当包括经营者为制止侵权行为所支付的合理开支。经营者侵犯商业秘密，权利人因被侵权所受到的实际损失、侵权人因侵权所获得的利益难以确定的，人民法院可以根据侵权行为的情节判决给予权利人500万元以下的赔偿。

需要强调的是，根据《民法典》第一千一百八十五条"故意侵害他人知识产权，情节严重的，被侵权人有权请求相应的惩罚性赔偿"的规定，对于恶意侵犯商业秘密的应当适用惩罚性赔偿。经营者因侵犯商业秘密，应当承担民事责任、行政责任和刑事责任，其财产不足以支付的，优先用于承担民事责任。

2. 行政责任。《反不正当竞争法》规定，经营者以及其他自然人、法人和非法人组织侵犯商业秘密的，由监督检查部门责令停止违法行为，没收违法所得，处10万元以上100万元以下的罚款；情节严重的，处50万元以上500万元以下的罚款。经营者侵犯商业秘密的行政责任，包括停止侵权行为、罚款以及没收违法所得。对于故意侵犯商业秘密，受到市场监督管理部门较重行政处罚的，市场监督管理部门将其列入严重违法失信名单，通过国家企业信用信息公示系统公示，并实施相应管理措施。

3. 刑事责任。根据《刑法》第二百一十九条和《刑法修正案（十一）》（二十二）的规定，有以盗窃、贿赂、欺诈、胁迫、电子侵入或者其他不正当手段获取权利人的商业秘密；披露、使用或者允许他人使用以前项手段获取的权利人的商业秘密；违反保密义务或者违反权利人有关保守商业秘密的要求，披露、使用或者允许他人使用其所掌握的商业秘密等行为，给商业秘密的权利人造成重大损失的，构成侵犯商业秘密罪。明知上述行为，获取、披露、使用或者允许他人使用该商业秘密的，以侵犯商业秘密论。根据《最高人民法院、最高人民检察院关于办理侵犯知识产权刑事案件具体应用法律若干问题的解释（三）》（法释〔2020〕10号，自2020年9月14日起施行）第四条的规定，实施《刑法》第二百一十九条规定的行为，具有下列情形之一的，应当认定为"给商业秘密的权利人造成重大损失"：（1）给商业秘密的权利人造成损失数额或者因侵犯商业秘密违法所得数额在30万元以上的；（2）直接导致商业秘密的权利人因重大经营困难而破产、倒闭的；（3）造成商业秘密的权利人其他重大损失的。给商业秘密的权利人造成损失数额或者因侵犯商业秘密违法所得数额在250万元以上的,应当认定为《刑法》第二百一十九条规定的"造成特别严重后果"。

《最高人民检察院、公安部关于修改侵犯商业秘密刑事案件立案追诉标准的决定》(2020年9月17日发布)明确:侵犯商业秘密,涉嫌下列情形之一的,应予立案追诉:(1)给商业秘密权利人造成损失数额在30万元以上的;(2)因侵犯商业秘密违法所得数额在30万元以上的;(3)直接导致商业秘密的权利人因重大经营困难而破产、倒闭的;(4)其他给商业秘密权利人造成重大损失的情形。前款规定的造成损失数额或者违法所得数额,可以按照下列方式认定:(1)以不正当手段获取权利人的商业秘密,尚未披露、使用或者允许他人使用的,损失数额可以根据该项商业秘密的合理许可使用费确定;(2)以不正当手段获取权利人的商业秘密后,披露、使用或者允许他人使用的,损失数额可以根据权利人因被侵权造成销售利润的损失确定,但该损失数额低于商业秘密合理许可使用费的,根据合理许可使用费确定;(3)违反约定、权利人有关保守商业秘密的要求,披露、使用或者允许他人使用其所掌握的商业秘密的,损失数额可以根据权利人因被侵权造成销售利润的损失确定;(4)明知商业秘密是不正当手段获取或者是违反约定、权利人有关保守商业秘密的要求披露、使用、允许使用,仍获取、使用或者披露的,损失数额可以根据权利人因被侵权造成销售利润的损失确定;(5)因侵犯商业秘密行为导致商业秘密已为公众所知悉或者灭失的,损失数额可以根据该项商业秘密的商业价值确定,商业秘密的商业价值,可以根据该项商业秘密的研究开发成本、实施该项商业秘密的收益综合确定;(6)因披露或者允许他人使用商业秘密而获得的财物或者其他财产性利益,应当认定为违法所得。权利人因被侵权造成销售利润的损失，可以根据权利人因被侵权造成销售量减少的总数乘以权利人每件产品的合理利润确定；销售量减少的总数无法确定的，可以根据侵权产品销售量乘以权利人每件产品的合理利润确定；权利人因被侵权造成销售量减少的总数和每件产品的合理利润均无法确定的，可以根据侵权产品销售量乘以每件侵权产品的合理利润确定。商业秘密系用于服务等其他经营活动的，损失数额可以根据权利人因被侵权而减少的合理利润确定。商业秘密的权利人为减轻商业运营、商业计划的损失或者重新恢复计算机信息系统安全、其他系统安全而支出的补救费用，应当计入给商业秘密的权利人造成的损失。

根据《刑法》第二百一十九条的规定，侵犯商业秘密情节严重的，处3年以下有期徒刑，并处或单处罚金；情节特别严重的，处3年以上10年以下有期徒刑，并处罚金。根据《刑法》第二百二十条的规定，单位犯侵犯商业秘密罪的，对单位判处罚金，并对直接负责的主管人员和其他直接责任人员依照《刑法》第二百一十九条的规定处罚。

例如，王某、谢某犯侵犯商业秘密罪案。被告人王某、谢某系A公司员工，与公司签有保密协议，掌握公司某农药产品的生产技术。在B公司许下高薪后，二人先后"跳槽"至B公司，担任B公司生产技术顾问，指导某农药产品生产设备购买、改造，并共同将某农药产品的生产技术提供给B公司用于批量生产。经鉴定，A公司的某农药产品生产方法系不为公众所知悉的技术信息，B公司某农药产品的生产方法与A公司的生产方法实质相同。至案发，B公司共向A公司客户销售某农药产品共计259.52吨，销售总价1 900余万元，严重挤占了A公司的市场份额，对其净利润的影响额为234万余元。被告人王某、谢某分别获取违法所得30余万元。

法院审理认为，A公司某农药产品合成工艺属于不为公众所知悉的技术信息，具有直接、现实的商业价值，A公司与王某、谢某订立了保密协议，对商业秘密采取了应有的保密措施。被告人王某、谢某为谋取私利，将利用工作便利掌握的技术秘密提供给B公司使用，B公司使用涉案技术秘密生产某农药产品直接销售给A公司固定客户，获取巨大利润，严重挤占了A公司的市场份额，给A公司造成重大损失，王某、谢某的行为已构成侵犯商业秘密罪。被告人王某、谢某系共同犯罪。被告人谢某具有坦白情节，认罪态度较好，退回全部违法所得，并取得被害单位谅解，可依法从轻处罚。故法院判处王某有期徒刑二年九个月，并处罚金60万元；对谢某判处有期徒刑一年，缓刑二年，并处罚金36万元；对违法所得予以追缴。

五十六、侵犯商标专用权的，侵权人需承担民事赔偿责任；行政机关可对侵权人采取行政处罚，并将其列入失信惩戒名单、实施重点监管等措施；构成犯罪的单位和个人依法承担刑事责任

商标是民事主体依法享有的知识产权，《民法典》第一百二十三条规定，商标权利人依法对商标享有专有的权利。《商标法》（2019年4月23日第十三届全国人民代表大会常务委员会第十次会议第四次修正）规定，自然人、法人或者其他组织在生产经营活动中，对其商品或者服务需要取得商标专用权的，应当向商标局申请商标注册。

（一）商标侵权的判断标准及商标侵权的主要表现

判断是否构成商标侵权，一般需要判断涉嫌侵权行为是否构成商

标法意义上的商标的使用。商标的使用，是指将商标用于商品、商品包装、容器、服务场所以及交易文书上，或者将商标用于广告宣传、展览以及其他商业活动中，用以识别商品或者服务来源的行为。《商标法》第五十七条规定，有下列行为之一的，均属侵犯注册商标专用权：（1）未经商标注册人的许可，在同一种商品上使用与其注册商标相同的商标的；（2）未经商标注册人的许可，在同一种商品上使用与其注册商标近似的商标，或者在类似商品上使用与其注册商标相同或者近似的商标，容易导致混淆的；（3）销售侵犯注册商标专用权的商品的；（4）伪造、擅自制造他人注册商标标识或者销售伪造、擅自制造的注册商标标识的；（5）未经商标注册人同意，更换其注册商标并将该更换商标的商品又投入市场的；（6）故意为侵犯他人商标专用权行为提供便利条件，帮助他人实施侵犯商标专用权行为的；（7）给他人的注册商标专用权造成其他损害的。《最高人民法院关于审理商标民事纠纷案件适用法律若干问题的解释》（法释〔2020〕19号修正）第一条规定，下列行为属于商标法第五十七条"给他人注册商标专用权造成其他损害的"行为：（1）将与他人注册商标相同或者相近似的文字作为企业的字号在相同或者类似商品上突出使用，容易使相关公众产生误认的；（2）复制、摹仿、翻译他人注册的驰名商标或其主要部分在不相同或者不相类似商品上作为商标使用，误导公众，致使该驰名商标注册人的利益可能受到损害的；（3）将与他人注册商标相同或者相近似的文字注册为域名，并且通过该域名进行相关商品交易的电子商务，容易使相关公众产生误认的。

国家知识产权局印发的《商标侵权判断标准》（国知发保字〔2020〕23号）对认定与注册商标相同、与注册商标近似以及容易导致商标混淆的标准作了明确规定：（1）与注册商标相同的情形。

① 文字商标有下列情形之一的：文字构成、排列顺序均相同的；改变注册商标的字体、字母大小写以及文字横竖排列，与注册商标之间基本无差别的；改变注册商标的文字、字母、数字等之间的间距，与注册商标之间基本无差别的；改变注册商标颜色，不影响体现注册商标显著特征的；在注册商标上仅增加商品通用名称、图形、型号等缺乏显著特征内容，不影响体现注册商标显著特征的。② 图形商标在构图要素、表现形式等视觉上基本无差别的。③ 文字图形组合商标的文字构成、图形外观及其排列组合方式相同，商标在整体视觉上基本无差别的。④ 立体商标中的显著三维标志和显著平面要素相同，或者基本无差别的。⑤ 颜色组合商标中组合的颜色和排列的方式相同，或者基本无差别的。⑥ 声音商标的听觉感知和整体音乐形象相同，或者基本无差别的。⑦ 其他与注册商标在视觉效果或者听觉感知上基本无差别的。（2）与注册商标近似的商标是指涉嫌侵权的商标与他人注册商标相比较，文字商标的字形、读音、含义近似，或者图形商标的构图、着色、外形近似，或者文字图形组合商标的整体排列组合方式和外形近似，或者立体商标的三维标志的形状和外形近似，或者颜色组合商标的颜色或者组合近似，或者声音商标的听觉感知或者整体音乐形象近似等。（3）商标混淆的情形包括：① 足以使相关公众认为涉案商品或者服务是由注册商标权利人生产或者提供的；② 足以使相关公众认为涉案商品或者服务的提供者与注册商标权利人存在投资、许可、加盟或者合作等关系。

（二）商标侵权需承担民事、行政、刑事责任

1. 商标侵权行为成立的，行政机关给予侵权人行政处罚。《商标法》第六十条规定，工商行政管理部门认定商标侵权行为成立的，责令立即停止侵权行为，没收、销毁侵权商品和主要用于制造侵权商

品、伪造注册商标标识的工具，违法经营额5万元以上的，可以处违法经营额5倍以下的罚款，没有违法经营额或者违法经营额不足5万元的，可以处25万元以下的罚款。对5年内实施两次以上商标侵权行为或者有其他严重情节的，应当从重处罚。销售不知道是侵犯注册商标专用权的商品，能证明该商品是自己合法取得并说明提供者的，由工商行政管理部门责令停止销售。例如，2022年3月1日，某市市场监督管理局执法人员在某润滑油销售中心执法检查时，发现该店销售的标称由中国石化润滑油有限公司生产的长城牌润滑油92桶，经鉴定上述油品为侵犯注册商标专用权商品。经查，上述油品是南昌某经销商通过物流送货上门至当事人处，该批润滑油违法经营额24 450元，由于未销售，违法所得0元。当事人销售侵犯注册商标专用权的润滑油，违反了《商标法》第五十七条（三）项的规定，某市市场监督管理局依照《商标法》第六十条第二款的规定对当事人作出没收侵权润滑油92桶（1.934吨）、罚款9万元的行政处罚。

根据《市场监督管理严重违法失信名单管理办法》（国家市场监督管理总局令第44号，自2021年9月1日起施行）的规定，对于违反法律、行政法规，性质恶劣、情节严重、社会危害较大，受到较重行政处罚的，故意侵犯商标专用权的单位、个人由市场监督管理部门将其列入严重违法失信名单，通过国家企业信用信息公示系统公示，并实施相应管理措施，依照法律、行政法规和党中央、国务院文件实施联合惩戒。列入严重违法失信名单后，有关部门在审查行政许可、资质、资格、委托承担政府采购项目、工程招投标时应将严重违法失信作为重要考量因素；行政执法机构将其列为重点监管对象，提高检查频次，依法严格监管；对其不适用告知承诺制；不得对其授予荣誉称号获得表彰奖励等。

2. 商标侵权的，侵权人需承担侵权的民事赔偿责任。侵犯商标专用权的赔偿数额，按照权利人因被侵权所受到的实际损失确定；实际损失难以确定的，可以按照侵权人因侵权所获得的利益确定；权利人的损失或者侵权人获得的利益难以确定的，参照该商标许可使用费的倍数合理确定。对恶意侵犯商标专用权，情节严重的，可以在按照上述方法确定数额的1倍以上5倍以下确定赔偿数额。赔偿数额应当包括权利人为制止侵权行为所支付的合理开支。人民法院为确定赔偿数额，在权利人已经尽力举证，而与侵权行为相关的账簿、资料主要由侵权人掌握的情况下，可以责令侵权人提供与侵权行为相关的账簿、资料；侵权人不提供或者提供虚假的账簿、资料的，人民法院可以参考权利人的主张和提供的证据判定赔偿数额。权利人因被侵权所受到的实际损失、侵权人因侵权所获得的利益、注册商标许可使用费难以确定的，由人民法院根据侵权行为的情节判决给予500万元以下的赔偿。人民法院审理商标纠纷案件，可以根据权利人请求，对属于假冒注册商标的商品，除特殊情况外，责令销毁；对主要用于制造假冒注册商标的商品的材料、工具，责令销毁，且不予补偿；或者在特殊情况下，责令禁止前述材料、工具进入商业渠道，且不予补偿。假冒注册商标的商品不得在仅去除假冒注册商标后进入商业渠道。

《民法典》第一千一百八十五条"故意侵害他人知识产权，情节严重的，被侵权人有权请求相应的惩罚性赔偿"的规定，明确了侵害知识产权的惩罚性赔偿原则。根据《最高人民法院关于审理侵害知识产权民事案件适用惩罚性赔偿的解释》（法释〔2021〕4号）：故意侵害知识产权且情节严重的，人民法院可以判令被告承担惩罚性赔偿责任。实践中，通常将下列情形认定为故意侵害知识产权：（1）被告经原告或者利害关系人通知、警告后，仍继续实施侵权行为的；（2）被告或其法定代表人、管理人是原告或者利害关系人的法定代表人、管理人、实际控制人的；（3）被告与原告或者利害关系人之间存在劳动、劳务、合作、许可、经销、代理、代表等关系，且接触过被侵害的知识产权的；（4）被告与原告或者利害关系人之间有业务往来或者为达成合同等进行过磋商，且接触过被侵害的知识产权的；（5）被告实施盗版、假冒注册商标行为的；（6）其他可以认定为故意的情形。下列情形可认定为情节严重：（1）因侵权被行政处罚或者法院裁判承担责任后，再次实施相同或者类似侵权行为；（2）以侵害知识产权为业；（3）伪造、毁坏或者隐匿侵权证据；（4）拒不履行保全裁定；（5）侵权获利或者权利人受损巨大；（6）侵权行为可能危害国家安全、公共利益或者人身健康；（7）其他可以认定为情节严重的情形。

需要强调的是：（1）根据《商标法》第六十四条第二款"销售不知道是侵犯注册商标专用权的商品，能证明该商品是自己合法取得并说明提供者的，不承担赔偿责任"的规定，销售者可以行使合法来源抗辩。该抗辩的核心，一是不知道所销售的商品侵权，二是能够证明商品来源合法清楚。这提示销售者在购销经营中，要与生产者或者分销者签订购销合同，留存购销发票以及相关货运单据，并要求对方提供生产销售该产品的资质材料，合理审查销售方或分销商是否有商标注册证，或者商标授权许可使用证书，用来保证产品来源的合法性与安全性，尽到自己的审查义务，防止在商标侵权纠纷案中不能提供相应证据，使自己处于不利的诉讼地位。（2）商标侵权责任是一般过错责任，在追究侵权人侵权责任时，需要被侵权人举证证明，如果不能证明，则侵权人不承担责任。如甲企业指控乙企业违法使用其注册商品，对其构成侵权，甲企业需对乙企业违法使用其注册商标的行为进行举证，如果提供不出这方面证据，则乙企业便不承担侵权责任。

(3) 根据《最高人民法院关于审理商标民事纠纷案件适用法律若干问题的解释》（法释〔2020〕19号修正）第十八条的规定，侵犯注册商标专用权的诉讼时效为3年，自商标注册人或者利害权利人知道或者应当知道权利受到损害以及义务人之日起计算。商标注册人或者利害关系人超过3年起诉的，如果侵权行为在起诉时仍在持续，在该注册商标专用权有效期限内，人民法院应当判决被告停止侵权行为，侵权损害赔偿数额应当自权利人向人民法院起诉之日起向前推算3年计算。

3. 商标侵权人在承担侵权责任的同时，构成犯罪的还需承担刑事责任。《商标法》第六十七条规定，未经商标注册人许可，在同一种商品上使用与其注册商标相同的商标，构成犯罪的，除赔偿被侵权人的损失外，依法追究刑事责任。伪造、擅自制造他人注册商标标识或者销售伪造、擅自制造的注册商标标识，构成犯罪的，除赔偿被侵权人的损失外，依法追究刑事责任。销售明知是假冒注册商标的商品，构成犯罪的，除赔偿被侵权人的损失外，依法追究刑事责任。《刑法》相对应地规定：（1）未经商标注册人许可，在同一种商品上使用与其注册商标相同的商标，情节严重的，构成假冒注册商标罪；（2）销售明知是假冒注册商标的商品，销售金额较大的，构成销售假冒注册商标的商品罪；（3）伪造、擅自制造他人注册商标标识或者销售伪造、擅自制造的注册商标标识，情节严重的，构成非法制造、销售非法制造的注册商标标识罪。根据《刑法》第二百二十条的规定，构成上述犯罪的对单位犯罪判处罚金，对直接负责的主管人员和其他直接责任人员依照《刑法》第二百一十三条、第二百一十四条、第二百一十五条之规定，情节严重的，处3年以下有期徒刑，并处或单处罚金；情节特别严重的，处3年以上10年以下有期徒刑并处罚金。

五十七、未经专利权人许可，他人不得实施；侵犯他人专利权的，需承担侵权责任；行政机关可对其进行行政处罚、失信惩戒；假冒专利构成犯罪的，单位和个人需承担刑事责任

专利权，是国家根据法定程序授予的一种排他性权利。《专利法》（2020 年 10 月 17 日第十三届全国人民代表大会常务委员会第二十二次会议第四次修正）第十一条、第六十五条、第六十八条规定，发明和实用新型专利权被授予后，除本法另有规定的以外，任何单位或者个人未经专利权人许可，都不得实施其专利，即不得为生产经营目的制造、使用、许诺销售、销售、进口其专利产品，或者使用其专利方法以及使用、许诺销售、销售、进口依照该专利方法直接获得的产品。外观设计专利权被授予后，任何单位或者个人未经专利权人许可，都不得实施其专利，即不得为生产经营目的制造、许诺销售、销售、进口其外观设计专利产品。未经专利权人许可，实施其专利，即侵犯其专利权。假冒专利的，除依法承担民事责任外，由负责专利执法的部门责令改正并予以公告，没收违法所得，可以处违法所得 5 倍以下的罚款；没有违法所得或者违法所得在 5 万元以下的，可以处 25 万元以下的罚款；构成犯罪的，依法追究刑事责任。

（一）侵犯他人专利权的，需承担的民事责任是赔偿

1. 专利侵权赔偿数额的确定原则。侵犯专利权的赔偿数额按照权利人因被侵权所受到的实际损失或者侵权人因侵权所获得的利益确定；权利人的损失或者侵权人获得的利益难以确定的，参照该专利许可使用费的倍数合理确定。对故意侵犯专利权，情节严重的，可以在按照上述方法确定数额的 1 倍以上 5 倍以下确定赔偿数额。权利人的损失、侵权人获得的利益和专利许可使用费均难以确定的，人民法院可以根据专利权的类型、侵权行为的性质和情节等因素，确定给予 3 万元以上 500 万元以下的赔偿。赔偿数额还应当包括权利人为制止侵权行为所支付的合理开支。人民法院为确定赔偿数额，在权利人已经尽力举证，而与侵权行为相关的账簿、资料主要由侵权人掌握的情况下，可以责令侵权人提供与侵权行为相关的账簿、资料；侵权人不提供或者提供虚假的账簿、资料的，人民法院可以参考权利人的主张和提供的证据判定赔偿数额。

2. 被侵权人有权要求惩罚性赔偿。根据《民法典》第一千一百八十五条"故意侵害他人知识产权，情节严重的，被侵权人有权请求相应的惩罚性赔偿"的规定，可对侵犯专利权的行为主张惩罚性赔偿。

3. 侵权人可行使合法来源抗辩。根据《专利法》第七十七条"为生产经营目的使用、许诺销售或者销售不知道是未经专利权人许可而制造并售出的专利侵权产品，能证明该产品合法来源的，不承担赔偿责任"的规定，专利侵权人可行使合法来源抗辩。只要能证明其对未经专利权人许可而制造并售出专利侵权产品的情况不知情，能够证明产品来源合法，便不承担专利侵权责任。

4. 专利侵权赔偿，由当事人协商解决；不愿协商或者协商不成的，专利权人或者利害关系人可以向人民法院起诉，也可以请求管理专利工作的部门处理。

5.《最高人民法院关于审理专利纠纷案件适用法律问题的若干规定》（法释〔2020〕19 号第三次修正，自 2021 年 1 月 1 日起施行）第十七条规定："侵犯专利权的诉讼时效为三年，自专利权人或者利害关系人知道或者应当知道权利受到损害以及义务人之日起计算。权利人超过三年起诉的，如果侵权行为在起诉时仍在继续，在该项专利权有效期内，人民法院应当判决被告停止侵权行为，侵权损害赔偿数额应当自权利人向人民法院起诉之日起向前推算三年计算。"

（二）侵犯他人专利权的行政责任

侵犯他人专利权的行政责任，是责令停止侵权、责令改正、罚款、没收违法所得。同时，根据《市场监督管理严重违法失信名单管理办法》（国家市场监督管理总局令第44号，自2021年9月1日起施行）的规定，对于违反法律、行政法规，性质恶劣、情节严重、社会危害较大，受到较重行政处罚的，故意侵犯专利专用权的单位、个人由市场监督管理部门将其列入严重违法失信名单，通过国家企业信用信息公示系统公示，并实施相应管理措施。

（三）假冒专利构成犯罪的，需承担刑事责任

《刑法》第二百一十六条规定，假冒他人专利，情节严重的，构成假冒专利罪。根据《最高人民法院最高人民检察院关于办理侵犯知识产权刑事案件具体应用法律若干问题的解释》（法释〔2004〕19号）第四条规定，假冒他人专利，具有下列情形之一的，属于《刑法》第二百一十六条规定的"情节严重"，应当以假冒专利罪判处有关人员3年以下有期徒刑或者拘役，并处或者单处罚金：（1）非法经营数额在20万元以上或者违法所得数额在10万元以上的；（2）给专利权人造成直接经济损失50万元以上的；（3）假冒两项以上他人专利，非法经营数额在10万元以上或者违法所得数额在5万元以上的；（4）其他情节严重的情形。第十条规定以下四种行为属于《刑法》第二百一十六条规定的"假冒他人专利"的行为：（1）未经许可，

在其制造或者销售的产品、产品的包装上标注他人专利号的；（2）未经许可，在广告或者其他宣传材料中使用他人的专利号，使人将所涉及的技术误认为是他人专利技术的；（3）未经许可，在合同中使用他人的专利号，使人将合同涉及的技术误认为是他人专利技术的；（4）伪造或者变造他人的专利证书、专利文件或者专利申请文件的。单位犯假冒专利罪的，对单位判处罚金，对直接负责的主管人员和其他直接责任人员依照《刑法》第二百一十六条之规定判处3年以下有期徒刑或者拘役，并处或单处罚金。

五十八、经营者在生产经营活动中的不正当竞争行为，损害其他经营者或者消费者合法权益的，应当依法承担民事责任；构成行政违法的，依法给予行政处罚；构成犯罪的，依法追究刑事责任

不正当竞争行为，是指从事商品生产、经营或者提供服务的自然人、法人和非法人组织在生产经营活动中，违反不正当竞争法规范，扰乱市场竞争秩序，损害其他经营者或者消费者的合法权益的行为。

（一）《反不正当竞争法》规定的不正当竞争行为及其表现形式

根据《反不正当竞争法》的规定，不正当竞争行为分别是混淆行为、商业贿赂、虚假宣传、侵犯商业秘密行为、不正当有奖销售行为、商业诋毁、网络领域不正当竞争行为。

1. 混淆行为，是引人误认为是他人商品或者与他人存在特定联系的行为。反不正当竞争法列举了以下四类混淆行为：擅自使用与他人有一定影响的商品名称、包装、装潢等相同或者近似的标识；擅自

使用他人有一定影响的企业名称（包括简称、字号等）、社会组织名称（包括简称等）、姓名（包括笔名、艺名、译名等）；擅自使用他人有一定影响的域名主体部分、网站名称、网页等；其他足以引人误认为是他人商品或者与他人存在特定联系的混淆行为。

2. 商业贿赂，是经营者采用财物或者其他手段贿赂交易相对方的工作人员，或者受交易相对方委托办理相关事务的单位或者个人；或者利用职权或者影响力影响交易的单位或者个人以谋取交易机会或者竞争优势的行为。经营者以明示方式向交易相对方支付折扣，或者向中间人支付佣金，并如实入账的；接受折扣、佣金的经营者也如实入账的，不构成商业贿赂。经营者的工作人员进行贿赂的，认定为经营者的行为；但是，经营者有证据证明该工作人员的行为与为经营者谋取交易机会或者竞争优势无关的除外。

3. 虚假宣传，是经营者对其商品的性能、功能、质量、销售状况、用户评价、曾获荣誉等做虚假或者引人误解的商业宣传，欺骗、误导消费者行为；或者通过组织虚假交易等方式，帮助其他经营者进行虚假或者引人误解的商业宣传行为。

4. 侵犯商业秘密行为，包括以盗窃、贿赂、欺诈、胁迫、电子侵入或者其他不正当手段获取权利人的商业秘密；披露、使用或者允许他人使用以前项手段获取的权利人的商业秘密；违反保密义务或者违反权利人有关保守商业秘密的要求，披露、使用或者允许他人使用其所掌握的商业秘密；教唆、引诱、帮助他人违反保密义务或者违反权利人有关保守商业秘密的要求，获取、披露、使用或者允许他人使用权利人的商业秘密。

5. 不正当有奖销售行为，包括经营者有奖销售存在所设奖的种类、兑奖条件、奖金金额或者奖品等有奖销售信息不明确，影响兑奖；采用谎称有奖或者故意让内定人员中奖的欺骗方式进行有奖销售；抽奖式的有奖销售，最高奖的金额超过5万元等情形。

6. 商业诋毁，经营者编造、传播虚假信息或者误导性信息，损害竞争对手的商业信誉、商品声誉的行为。

7. 网络领域不正当竞争行为，经营者利用技术手段，通过影响用户选择或者其他方式，妨碍、破坏其他经营者合法提供的网络产品或者服务正常运行的行为。表现为：未经其他经营者同意，在其合法提供的网络产品或者服务中，插入链接、强制进行目标跳转；误导、欺骗、强迫用户修改、关闭、卸载其他经营者合法提供的网络产品或者服务；恶意对其他经营者合法提供的网络产品或者服务实施不兼容；其他妨碍、破坏其他经营者合法提供的网络产品或者服务正常运行的行为。

（二）经营者有不正当竞争行为的，需承担民事、行政、刑事责任

1. 经营者违反《反不正当竞争法》规定，给他人造成损害的，应当依法承担民事责任。不正当竞争行为的民事责任，有停止违法行为、消除影响，但主要的还是赔偿责任。因不正当竞争行为受到损害的经营者的赔偿数额，按照其因被侵权所受到的实际损失确定；实际损失难以计算的，按照侵权人因侵权所获得的利益确定。经营者恶意实施侵犯商业秘密行为，情节严重的，可以在按照上述方法确定数额的1倍以上5倍以下确定赔偿数额。赔偿数额还应当包括经营者为制止侵权行为所支付的合理开支。经营者违反《反不正当竞争法》第六条、第九条规定，权利人因被侵权所受到的实际损失、侵权人因侵权所获得的利益难以确定的，由人民法院根据侵权行为的情节判决给予权利人500万元以下的赔偿。在经营者应当承担民事责任、行政责任和刑事责任，其财产不足以支付时，优先用于承担民事责任。

根据《最高人民法院关于适用〈中华人民共和国反不正当竞争法〉若干问题的解释》（法释〔2022〕9号，自2022年3月20日起施行）第十四条的规定，经营者销售带有违反《反不正当竞争法》第六条规定的标识的商品，引人误认为是他人商品或者与他人存在特定联系，当事人主张构成《反不正当竞争法》第六条规定的情形的，人民法院应予支持。销售不知道是前款规定的侵权商品，能证明该商品是自己合法取得并说明提供者，经营者主张不承担赔偿责任的，人民法院应予支持。

例如，某餐饮管理有限公司虚假宣传不正当竞争案。某餐饮管理有限公司在全国开设三百多家加盟店，其官网及实体店使用"一份吃得起的米其林牛腩""小品牌坚持大理想、立志做米其林牛腩"等宣传标语，并通过卫视及网络媒体宣传介绍。米其林公司认为某餐饮管理有限公司擅自使用"米其林"文字以及相关宣传内容构成引人误解的虚假宣传等不正当竞争，诉至法院，请求判令某餐饮管理有限公司停止侵权、赔偿损失。

法院审理认为，《米其林指南》并未推荐某餐饮管理有限公司及其加盟店。某餐饮管理有限公司明知《米其林指南》及米其林美食评级代表的权威性及美誉度，仍不当借用该声誉，在其官网及实体店铺招牌、店内装潢、菜单等显著位置使用"一份吃得起的米其林牛腩""小品牌坚持大理想、立志做米其林牛腩"等宣传标语，易使公众对其提供的牛腩商品产生不准确、不全面的错误认识，误解该商品具有"米其林"评定的星级品质或其他特点，误认为某餐饮管理有限公司及其加盟店获得"米其林"认证或者与米其林公司存在特定联系。该行为损害了其他经营者合法权益，影响公众消费决策以及"米其林美食星级"的评价标准，使其面临被贬低的危险，为某餐饮管理有限公司带来不法利益或竞争优势，扰乱了公平竞争秩序，属于仿冒及引人误解的虚假宣传的不正当竞争行为。鉴于某餐饮管理有限公司及其加盟店已停止使用相关宣传用语，综合考虑该公司加盟店数量、加盟费数额、实际经营时间、行为的性质及对其经营的影响等因素，依法判令某餐饮管理有限公司赔偿米其林公司损失及合理费用100万元。

这个案例提示经营者宣传时，应当遵循诚实信用原则，并符合公认的商业道德，不得攀附利用他人的公众美誉度和影响力，攫取其商誉，以虚假或者引人误解的宣传不当牟取竞争优势等不法利益，损害其他经营者与消费者的合法权益，扰乱市场竞争秩序。

2. 经营者违反《反不正当竞争法》规定有不正当竞争行为的，由监督检查部门依法行政处罚。《反不正当竞争法》规定对经营者的不正当竞争行为，行政机关可给予：责令停止违法行为、没收违法商品、没收违法所得、500万元以下的罚款、吊销营业执照等行政处罚。（1）经营者实施混淆行为的，由监督检查部门责令停止违法行为，没收违法商品；违法经营额5万元以上的，可以并处违法经营额5倍以下的罚款；没有违法经营额或者违法经营额不足5万元的，可以并处25万元以下的罚款；情节严重的，吊销营业执照。（2）经营者贿赂他人的，由监督检查部门没收违法所得，处10万元以上300万元以下的罚款；情节严重的，吊销营业执照。（3）经营者对其商品作虚假或者引人误解的商业宣传，或者通过组织虚假交易等方式帮助其他经营者进行虚假或者引人误解的商业宣传的，由监督检查部门责令停止违法行为，处20万元以上100万元以下的罚款；情节严重的，处100万元以上200万元以下的罚款，可以吊销营业执照。（4）侵犯商业秘密的，由监督检查部门责令停止违法行为，没收违法所得，处10万元以上100万元以下的罚款；情节严重的，处50万元以上500万元以下的罚款。（5）经营者违法进行有奖销售的，由监督检查部门责令停止违法行为,处5万元以上50万元以下的罚款。(6)经营者损害竞争对手商业信誉、商品声誉的,由监督检查部门责令停止违法行为、消除影响,处10万元以上50万元以下的罚款;情节严重的,处50万元以上300万元以下的罚款。(7)经营者妨碍、破坏其他经营者合法提供的网络产品或者服务正常运行的,由监督检查部门责令停止违法行为,处10万元以上50万元以下的罚款;情节严重的,处50万元以上300万元以下的罚款。此外,违反《反不正当竞争法》受到行政处罚的,由监督检查部门记入信用记录,并依照有关法律、行政法规的规定予以公示。

3. 违反《反不正当竞争法》规定,构成犯罪的,依法追究刑事责任。《刑法》对违反《反不正当竞争法》扰乱市场秩序的行为,规定了损害他人商业信誉、商品声誉罪,虚假广告罪,串通投标罪,侵犯商业秘密罪等。

(1)捏造并散布虚伪事实,损害他人的商业信誉、商品声誉,给他人造成重大损失或者有其他严重情节的,构成损害商业信誉、商品声誉罪。最高人民检察院、公安部2022年4月29日联合发布的修订后的《关于公安机关管辖的刑事案件立案追诉标准的规定(二)》(自2022年5月15日起施行)第六十六条规定:"捏造并散布虚伪事实,损害他人的商业信誉、商品声誉,涉嫌下列情形之一的,应予立案追诉:(一)给他人造成直接经济损失数额在五十万元以上的;(二)虽未达到上述数额标准,但造成公司、企业等单位停业、停产六个月以上,或者破产的;(三)其他给他人造成重大损失或者有其他严重情节的情形。"根据《刑法》第二百二十一条、第二百三十一条的规定,构成损害商业信誉、商品声誉罪的,对单位判处罚金,对其直接负责的主管人员和其他直接责任人员处2年以下有期徒刑或者拘役，并处或单处罚金。

（2）广告主、广告经营者、广告发布者违反国家规定，利用广告对商品或者服务作虚假宣传，情节严重的，构成虚假广告罪。最高人民检察院、公安部2022年4月29日联合发布的修订后的《关于公安机关管辖的刑事案件立案追诉标准的规定（二）》（自2022年5月15日起施行）第六十七条规定："广告主、广告经营者、广告发布者违反国家规定，利用广告对商品或者服务作虚假宣传，涉嫌下列情形之一的，应予立案追诉：（一）违法所得数额在十万元以上的；（二）假借预防、控制突发事件、传染病防治的名义，利用广告作虚假宣传，致使多人上当受骗，违法所得数额在三万元以上的；（三）利用广告对食品、药品作虚假宣传，违法所得数额在三万元以上的；（四）虽未达到上述数额标准，但二年内因利用广告作虚假宣传受过二次以上行政处罚，又利用广告作虚假宣传的；（五）造成严重危害后果或者恶劣社会影响的；（六）其他情节严重的情形。"根据《刑法》第二百二十二条、第二百三十一条的规定，犯虚假广告罪，对单位判处罚金；对其直接负责的主管人员和其他直接责任人员处2年以下有期徒刑或者拘役，并处或者单处罚金。

根据《广告法》（2021年4月29日第十三届全国人民代表大会常务委员会第二十八次会议第二次修正）第二十八条的规定，虚假广告为：① 商品或者服务不存在的；② 商品的性能、功能、产地、用途、质量、规格、成分、价格、生产者、有效期限、销售状况、曾获荣誉等信息，或者服务的内容、提供者、形式、质量、价格、销售状况、曾获荣誉等信息，以及与商品或者服务有关的允诺等信息与实际情况不符，对购买行为有实质性影响的；③ 使用虚构、伪造或者无法验证的科研成果、统计资料、调查结果、文摘、引用语等信息作证明材料的；④ 虚构使用商品或者接受服务的效果的；⑤ 以虚假或者引人误解的内容欺骗、误导消费者的其他情形。

（3）投标人相互串通投标报价，损害招标人或者其他投标人利益，情节严重的，构成串通投标罪。最高人民检察院、公安部2022年4月29日联合发布的修订后的《关于公安机关管辖的刑事案件立案追诉标准的规定（二）》（自2022年5月15日起施行）第六十八条规定："投标人相互串通投标报价，或者投标人与招标人串通投标，涉嫌下列情形之一的，应予立案追诉：（一）损害招标人、投标人或者国家、集体、公民的合法利益，造成直接经济损失数额在五十万元以上的；（二）违法所得数额在二十万元以上的；（三）中标项目金额在四百万元以上的；（四）采取威胁、欺骗或者贿赂等非法手段的；（五）虽未达到上述数额标准，但二年内因串通投标受过二次以上行政处罚，又串通投标的；（六）其他情节严重的情形。"根据《刑法》第二百二十三条、第二百三十一条的规定，犯串通投标罪，对单位判处罚金；对其直接负责的主管人员和其他直接责任人员处3年以下有期徒刑或者拘役，并处或者单处罚金。投标人与招标人串通投标，损害国家、集体、公民的合法利益的，依照前款的规定处罚。

（4）侵犯商业秘密罪，在侵犯商业秘密法律责任部分已有详述，不再重复。

第六编
企业终止

企业终止，是指企业因法律上、经济上的正常或不正常的原因导致企业作为法律主体资格的消灭。企业终止的主要原因有：解散、被依法宣告破产以及法律规定的其他原因等。企业终止应当依法完成清算、注销登记程序。

五十九、因法定或约定原因合伙企业解散的，未经清算不得注销；合伙企业解散后，债权人仍可向普通合伙人追偿合伙企业存续期间的债务

（一）合伙企业应当解散的情形

根据《民法典》第一百零二条、第一百零六条的规定，合伙企业不属于法人企业，不具有法人资格。合伙企业解散的情形包括章程规定的存续期间届满或者章程规定的其他解散事由出现、出资人或者设立人决定解散、法律规定的其他情形等。《合伙企业法》第八十五条规定："合伙企业有下列情形之一的，应当解散：（一）合伙期限届满，合伙人决定不再经营；（二）合伙协议约定的解散事由出现；（三）全体合伙人决定解散；（四）合伙人已不具备法定人数满三十天；（五）合伙协议约定的合伙目的已经实现或者无法实现；（六）依法被吊销营业执照、责令关闭或者被撤销；（七）法律、行政法规规定的其他原因。"

（二）合伙企业解散及清算的具体流程

1. 组织清算组织对合伙企业进行清算。合伙企业解散时也必须进行清算。（1）成立清算组织。根据《合伙企业法》第八十六条的规定，合伙企业解散，应当由清算人进行清算。清算人由全体合伙人担任；未能由全体合伙人担任清算人的，经全体合伙人过半数同意，可以自合伙企业解散事由出现后 15 日内指定一名或者数名合伙人，或者委托第三人，担任清算人。自合伙企业解散事由出现之日起 15 日内未确定清算人的，合伙人或者其他利害关系人可以申请人民法院指定清算人。（2）清算组织的职权。根据《合伙企业法》第八十七条的规定，清算人在清算期间执行下列事务：一是清理合伙企业财产，分别编制资产负债表和财产清单；二是处理与清算有关的合伙企业未了结的事务；三是清缴所欠税款；四是清理债权、债务；五是处理合伙企业清偿债务后的剩余财产；六是代表合伙企业参与诉讼或者仲裁活动。根据《合伙企业法》第二十条、第二十一条的规定，合伙人的出资、以合伙企业名义取得的收益和依法取得的其他财产，均为合伙企业的财产。合伙人在合伙企业清算前，不得请求分割合伙企业的财产；但是，本法另有规定的除外。合伙人在合伙企业清算前私自转移或者处分合伙企业财产的，合伙企业不得以此对抗善意第三人。（3）清算人的责任。根据《合伙企业法》的规定，清算人未依照合伙企业法规定向企业登记机关报送清算报告，或者报送清算报告隐瞒重要事实，或者有重大遗漏的，由企业登记机关责令改正；由此产生的费用和损失，由清算人承担和赔偿。清算人执行清算事务，牟取非法收入或者侵占合伙企业财产的，应当将该收入和侵占的财产退还合伙企业；给合伙企业或者其他合伙人造成损失的，依法承担赔偿责任。清算人违反合伙企业法规定，隐匿、转移合伙企业财产，对资产负债表或者财产清单作虚假记载，或者在未清偿债务前分配财产，损害债权人利益的，依法承担赔偿责任。《合伙企业法》第一百零五条规定："违反本法规定，构成犯罪的，依法追究刑事责任。"最高人民检察院、公安部2022年4月29日联合发布的修订后的《关于公安机关管辖的刑事案件立案追诉标准的规定（二）》第七条规定："公司、企业进行清算时，隐匿财产，对资产负债表或者财产清单作虚伪记载或者在未清偿债务前分配公司、企业财产，涉嫌下列情形之一的，应予立案追诉：（一）隐匿财产价值在五十万元以上的；（二）对资产负债表或者财产清单作虚伪记载涉及金额在五十万元以上的；（三）在未清偿债务前分配公司、企业财产价值在五十万元以上的；（四）造成债权人或者其他人直接经济损失数额累计在十万元以上的；（五）虽未达到上述数额标准，但应清偿的职工的工资、社会保险费用和法定补偿金得不到及时清偿，造成恶劣社会影响的；（六）其他严重损害债权人或者其他人利益的情形。"根据该规定，在对合伙企业进行清算时，合伙企业清算人隐匿财产，对资产负债表或者财产清单作虚伪记载或者在未清偿债务前分配合伙企业财产具有上述情节的依照《刑法》第一百六十二条以妨害清算罪追究刑事责任，对其直接负责的主管人员和其他直接责任人员，处5年以下有期徒刑或者拘役，并处或者单处2万元以上20万元以下罚金。

2. 发布债权申报通知或公告，全面核查合伙企业的债务。根据《合伙企业法》第八十八条第一款、第二款的规定，清算人自被确定之日起10日内将合伙企业解散事项通知债权人，并于60日内在报纸上公告。债权人应当自接到通知书之日起 30 日内，未接到通知书的自公告之日起 45 日内，向清算人申报债权。债权人逾期申报债权的视为放弃债权。债权人申报债权，应当说明债权的有关事项，并提供证明材料。清算人应当对债权进行登记。

3. 偿还合伙企业的债务，剩余财产在合伙人间分配。合伙企业财产在支付清算费用后，按下列顺序清偿：一是合伙企业职工工资、社会保险费用和解除劳动关系补偿金；二是合伙企业所欠税款；三是合伙企业的债务。剩余财产依照《合伙企业法》第三十三条第一款合伙企业利润和亏损分担的规定进行分配，即：合伙企业的利润和亏损由合伙人依照合伙协议约定的比例分配、分担；合伙协议未约定或者约定不明确的，由合伙人协商决定；协商不成的，由合伙人按实缴出资比例分配、分担；无法确定出资比例的，由各合伙人平均分配、分担。

4. 办理注销登记。清算结束后，清算人应当编制清算报告，经全体合伙人签名、盖章后，在 15 日内向企业登记机关报送清算报告，申请办理合伙企业注销登记。

需要注意的是：根据规定，清算期间，合伙企业存续，但不得开展与清算无关的经营活动。合伙人在合伙企业清算前私自转移或者处分的合伙企业财产，合伙企业不得以此对抗善意第三人，这部分财产应当列入合伙企业财产范围进行清算分配。合伙企业注销后，原普通合伙人对合伙企业存续期间的债务仍承担无限连带责任，债权人仍可向普通合伙人进行追偿。但根据《民法典》第一百八十八条的规定，一般情况下债权人超过 3 年未向债务人提出偿债请求的，该责任消灭。

六十、合伙企业破产，并不豁免普通合伙人对合伙企业债务承担的无限连带责任

合伙企业破产是指合伙企业在其财产不能清偿其债务时，依照破产法律制度的规定进行债务清偿，将其财产依法分配给债权人的法律制度。

（一）合伙人或者合伙企业自身不能提出破产申请，对合伙企业的破产清算申请只能由债权人提出

根据《合伙企业法》第九十二条"合伙企业不能清偿到期债务的，债权人可以依法向人民法院提出破产清算申请，也可以要求普通合伙人清偿。合伙企业依法被宣告破产的，普通合伙人对合伙企业债务仍应承担无限连带责任"的规定，合伙企业的债权人可以申请对合伙企业的破产清算，合伙人不能申请合伙企业破产；债权人在申请对合伙企业的破产清算与直接向普通合伙人追债之间有选择权；合伙企业依法被宣告破产的，普通合伙人对合伙企业债务仍应承担无限连带责任。

（二）合伙企业破产参照《企业破产法》规定的程序

《企业破产法》虽没有明确规定合伙企业可以适用破产程序，但该法第一百三十五条规定："其他法律规定企业法人以外的组织的清算，属于破产清算的，参照适用本法规定的程序。"该条规定如果其他法律允许企业法人以外的组织可以破产，则可以参照破产法适用破产程序，而《合伙企业法》明确规定了合伙企业可以进行破产，因此合伙企业的破产参照适用《企业破产法》规定的程序。但法律只是规定了合伙企业可以进行破产清算，并没有规定合伙企业可以进行破

产和解和破产重整。人民法院裁定受理债权人破产清算申请的，会同时指定管理人接管破产企业，管理人在对破产企业的财产进行管理、清理基础上清偿到期债务。

（三）合伙企业破产，普通合伙人对债务承担无限连带责任，有限合伙人对债务承担有限责任

《合伙企业法》第三十八条规定："合伙企业对其债务，应先以其全部财产清偿。"合伙企业的全部财产包括：合伙人的出资、以合伙企业名义取得的收益和依法取得的其他财产，均应先用于清偿债务。《民法典》第一百零四条规定："非法人组织的财产不足以清偿债务的，其出资人或者设立人承担无限责任。法律另有规定的，依照其规定。"第一百零二条第二款规定："非法人组织包括个人独资企业、合伙企业、不具有法人资格的专业服务机构等。"根据上述规定，合伙企业财产不足以清偿债务时，合伙人需承担无限责任。对此，《合伙企业法》第三十九条规定："合伙企业不能清偿到期债务的，合伙人承担无限连带责任。"即合伙企业的破产不仅"破企业的产"，甚至还要"破个人的产"。但根据《合伙企业法》第二条的规定，普通合伙人对合伙企业债务承担无限连带责任，在企业财产不足以清偿到期债务时，普通合伙人须以个人财产清偿；有限合伙人以其认缴的出资额为限对合伙企业债务承担责任，在企业财产不足以清偿到期债务时，有限合伙人仍以其认缴的出资额为限对合伙企业债务承担责任。但根据《最高人民法院关于民事执行中变更、追加当事人若干问题的规定》（法释〔2020〕21号修正，自2021年1月1日实施）第十四条"作为被执行人的合伙企业，不能清偿生效法律文书确定的债务，申请执行人申请变更、追加普通合伙人为被执行人的，人民法院应予支持。作为被执行人的有限合伙企业，财产不足以清偿生效法律文书确定的债务,申请执行人申请变更、追加未按期足额缴纳出资的有限合伙人为被执行人,在未足额缴纳出资的范围内承担责任的,人民法院应予支持"的规定,如果有限合伙人未按期足额缴纳出资,在合伙企业财产不足以清偿生效法律文书确定的债务时,债权人可将其变更、追加为被执行人。

需要强调的是,合伙企业依法被宣告破产的,普通合伙人对合伙企业债务仍应承担无限连带责任,债权人仍然可以要求普通合伙人承担清偿责任。例如,汪、钱、谢、刘四人共同投资设立有限合伙某甲公司,其中汪某、钱某为普通合伙人,谢某、刘某为有限合伙人。从2018年到2020年,某甲公司欠供货商吴某100万元的货款。吴某屡次来到某甲公司要求其还钱,都遭受拒绝。某甲公司拒绝吴某的理由是公司的资产已经不足以清偿其债务。于是吴某依照法律的规定,以该合伙企业不能清偿到期债务为由,向人民法院提出破产清算申请。随后,法院依法宣告某甲公司破产。四位合伙人自以为债务会自然撤销,但吴某却找上门来,要求汪某和钱某对债务进行清偿。吴某声称,汪某和钱某是某甲公司的普通合伙人,按照法律规定,二人应对合伙企业的债务承担无限连带责任。

人民法院审理认为,按照《合伙企业法》第九十二条的规定:"合伙企业不能清偿到期债务的,债权人可以依法向人民法院提出破产清算申请,也可以要求普通合伙人清偿。合伙企业依法被宣告破产的,普通合伙人对合伙企业债务仍应承担无限连带责任。"本案中,汪某、钱某为普通合伙人,对合伙企业的债务承担无限连带责任,谢某、刘某为有限合伙人,以其认缴的出资额为限对合伙企业债务承担责任。按照法律规定,合伙企业依法被宣告破产的,普通合伙人对合伙企业债务仍应承担无限连带责任。因此,企业已经被依法宣布破产后，债权人吴某依然能要求汪某、钱某清偿全部债务。法院依法支持了债权人吴某的诉求，判令汪某、钱某清偿吴某全部债务。

需要注意的是，合伙企业破产的，可以对合伙企业宣告破产前一年内无偿转让的财产、以明显不合理的价格进行交易的财产、对没有财产担保的债务提供担保的财产、对未到期的债务提前清偿的财产、放弃的债权以及人民法院受理破产申请前6个月内，在合伙企业出现"不能清偿到期债务"情况下，对个别债权人进行清偿的财产等行为予以撤销，追回所转移的财产，用于清算偿还债务。

六十一、公司除因合并、分立而解散外，只有经过清算程序，其法人资格才能消灭

公司解散是指已经成立的公司，因公司章程或者法定事由出现而停止公司的对外经营活动，并开始公司的清算，处理未了结事务从而使公司法人资格消灭的法律行为。

（一）公司可以解散的事由

《公司法》第一百八十条规定公司解散原因：公司章程规定的营业期限届满或者公司章程规定的其他解散事由出现；股东会或者股东大会决议解散；因公司合并或者分立需要解散；依法被吊销营业执照、责令关闭或者被撤销；人民法院依照本法第一百八十二条的规定予以解散。《公司法》第一百八十二条明确：公司经营管理发生严重困难，继续存续会使股东利益受到重大损失，通过其他途径不能解决的，持有公司全部股东表决权10%以上的股东，可以请求人民法院解散公司。根据上述规定，公司解散事由可分为：

1. 依公司章程规定或股东决议而解散。这种解散与公司的意志无关，而取决于公司股东的意志，股东可以选择解散或者不解散公司。具体表现为：(1) 公司章程规定的营业期限届满，股东会未形成延长营业期限的决议。公司章程规定的营业期限届满，可以通过修改公司章程而使公司继续存在，并不意味着公司必须解散。如果有限责任公司经持有 2/3 以上表决权的股东通过或者股份有限公司经出席股东大会会议的股东所持表决权的 2/3 以上通过修改公司章程的决议，公司可以继续存在。(2) 公司章程规定的其他解散事由出现。公司章程中特别指出的解散事由包括但不限于：公司在一定期间持续亏损，亏损累计达到预定的金额，且未来实现盈利的可能性不大；公司的主营业务无法继续开展，开展其他主营业务尚不具备条件；设立公司的目的无法实现或公司失去持续经营能力；公司设立时既定的营业任务或项目已经全部完成。(3) 股东（大）会决议解散。有限责任公司经持有 2/3 以上表决权的股东通过，或股份有限公司经出席股东大会的股东所持表决权的 2/3 通过，均有权随时做出解散公司的决议。因国有独资公司不设股东会，其解散的决定应由国家授权投资的机构或部门做出。(4) 因公司合并或者分立需要解散。当公司吸收合并时，吸收方存续，被吸收公司解散；当公司新设合并时，合并各方均解散；当公司分立时，如果原公司存续，则不存在解散问题，如果原公司分立后不再存在，则原公司应解散。

2. 根据公司的主管机关或行政执法机关的决定解散。(1) 国家授权投资的机构或者国家授权的国有资产管理部门作出解散国有独资公司的决定，该国有独资公司应即解散。(2) 公司因违反法律、行政法规规定，被行政主管机关依法责令关闭的，应当解散。(3) 因违反法律、行政法规规定，被行政主管机关依法吊销营业执照的，应当解散。

3. 根据股东的请求人民法院判决解散。公司经营管理发生严重困难，继续存在会使股东利益受到重大损失，通过其他途径不能解决的，持有公司全部股东表决权10%以上的股东可以请求人民法院解散公司。根据《最高人民法院关于适用〈中华人民共和国公司法〉若干问题的规定（二）》（法释〔2020〕18号）第一条规定，股东申请解散公司的理由如下：（1）公司持续2年以上无法召开股东会或者股东大会，公司经营管理发生严重困难的；（2）股东表决时无法达到法定或者公司章程规定的比例，持续2年以上不能做出有效的股东会或者股东大会决议，公司经营管理发生严重困难的；（3）公司董事长期冲突，且无法通过股东会或者股东大会解决，公司经营管理发生严重困难的；（4）经营管理发生其他严重困难，公司存续会使股东利益受到重大损失的情形。司法实践中，判断公司的经营管理是否出现严重困难，是从公司内部机构是否处于正常的运行状态来判断的，公司是否盈利并不是判断标准。公司经营管理发生严重困难，不应片面理解为公司资金缺乏、严重亏损等经营性困难。公司虽处于盈利状态，但其股东会机制长期失灵，内部管理有严重障碍，已陷入僵局状态，通过其他途径不能解决的，可以认定为公司经营管理发生严重困难。对于符合公司法及相关司法解释规定的其他条件的，人民法院可以依法判决公司解散。

（二）公司解散，公司的法人资格并没有马上消失，还要经过清算程序

除因合并、分立而解散外，在其他解散的情形下，公司均需进行清算。公司的清算就是被解散的公司结束一切业务经营活动后，对公司财产进行清理，催收债权，偿还债务，把公司剩余财产分给股东而

进行的程序。只有完成清算的程序，公司才正式消失。

1. 成立清算组织，对公司进行清算。根据《公司法》第一百八十三条的规定，除公司合并或分立需要解散的外，应当在公司解散事由出现之日起15日内成立清算组，开始清算。有限责任公司的清算组由股东组成，股份有限公司的清算组由董事或者股东大会确定的人员组成。根据《最高人民法院关于适用〈中华人民共和国公司法〉若干问题的规定（二）》（法释〔2020〕18号）第七条的规定，有下列情形之一，债权人、公司股东、董事或其他利害关系人申请人民法院指定清算组进行清算的，人民法院应予受理：(1) 公司解散逾期不成立清算组进行清算的；(2) 虽然成立清算组但故意拖延清算的；(3) 违法清算可能严重损害债权人或者股东利益的。人民法院受理公司清算案件，应当及时指定有关人员组成清算组。清算组成员可以从下列人员或者机构中产生：(1) 公司股东、董事、监事、高级管理人员；(2) 依法设立的律师事务所、会计师事务所、破产清算事务所等社会中介机构；(3) 依法设立的律师事务所、会计师事务所、破产清算事务所等社会中介机构中具备相关专业知识并取得执业资格的人员。

成立清算组织后，清算组对内将接管公司财产和公司管理事务，对外将代表公司行为。根据《公司法》第一百八十四条的规定，清算组在清算期间行使下列职权：(1) 清理公司财产，分别编制资产负债表和财产清单；(2) 通知、公告债权人；(3) 处理与清算有关的公司未了结的业务；(4) 清缴所欠税款以及清算过程中产生的税款；(5) 清理债权、债务；(6) 处理公司清偿债务后的剩余财产；(7) 代表公司参与民事诉讼活动。清算组在公司清算期间代表公司进行一系列民事活动，全权处理公司经济事务和民事诉讼活动。

根据公司法的规定，清算组成员应当忠于职守，依法履行清算义务。清算组成员不得利用职权收受贿赂或者其他非法收入，不得侵占公司财产。清算组成员因故意或者重大过失给公司或者债权人造成损失的，应当承担赔偿责任。清算组不依照公司法规定向公司登记机关报送清算报告，或者报送清算报告隐瞒重要事实或者有重大遗漏的，由公司登记机关责令改正。清算组成员利用职权徇私舞弊、谋取非法收入或者侵占公司财产的，由公司登记机关责令退还公司财产，没收违法所得，并可以处以违法所得1倍以上5倍以下的罚款。

2. 登记债权。清算组应当自成立之日起10日内通知债权人，并于60日内在报纸上公告。债权人应当自接到通知书之日起30日内，未接到通知书的自公告之日起45日内，向清算组申报其债权。债权人在规定的期限内未申报债权，在公司清算程序终结前补充申报的，清算组应予登记。债权人补充申报的债权，可以在公司尚未分配财产中依法清偿。公司尚未分配财产不能全额清偿，债权人有权主张股东以其在剩余财产分配中已经取得的财产予以清偿，但债权人因重大过错未在规定期限内申报债权的除外。公司清算程序终结，是指清算报告经股东会、股东大会或者人民法院确认完毕。清算组未按照前款规定履行通知和公告义务，导致债权人未及时申报债权而未获清偿，清算组成员对因此造成的损失承担赔偿责任。债权人申报债权，应当说明债权的有关事项，并提供证明材料。清算组应当对债权进行登记。在申报债权期间，清算组不得对债权人进行清偿。

3. 清理公司财产，制定清算方案，公司财产不足以清偿债务时清算组应向法院申请宣告破产。清算组应当对公司财产进行清理，编制资产负债表和财产清单，制定清算方案。清算方案应当报股东会、股东大会或者人民法院确认。未经确认的清算方案，清算组不得执行。清算组执行未经确认的清算方案给公司或者债权人造成损失，公司、股东、董事、公司其他利害关系人或者债权人有权要求清算组成员承担赔偿责任。

根据《最高人民法院关于适用〈中华人民共和国公司法〉若干问题的规定（二）》（法释〔2020〕18号第二次修正）第二十二条第一款"公司解散时，股东尚未缴纳的出资均应作为清算财产。股东尚未缴纳的出资，包括到期应缴未缴的出资，以及依照公司法第二十六条和第八十条的规定分期缴纳尚未届满缴纳期限的出资。公司财产不足以清偿债务时，债权人主张未缴出资股东，以及公司设立时的其他股东或者发起人在未缴出资范围内对公司债务承担连带清偿责任的，人民法院应依法予以支持"的规定，公司财产不足以清偿债务时，债权人有权要求未缴出资股东，以及公司设立时的其他股东或者发起人在未缴出资范围内对公司债务承担连带清偿责任。清算组在清理公司财产、编制资产负债表和财产清单后，发现公司资产不足以清偿债务的，应当依法向人民法院申请宣告破产。人民法院指定的清算组在清理公司财产、编制资产负债表和财务清单时，发现公司财产不足清偿债务的，可以与债权人协商制作有关债务清偿方案。债务清偿方案经全体债权人确认且不损害其他利害关系人利益的，人民法院可依清算组的申请裁定予以认可。债权人对债务清偿方案不予确认或者人民法院不予认可的，清算组应当依法向人民法院申请宣告破产。

4. 清偿债务和剩余财产分配。公司财产在分别支付清算费用、职工的工资、社会保险费用和法定补偿金，缴纳所欠税款，清偿公司债务后的剩余财产，有限责任公司按照股东的出资比例分配，股份有限公司按照股东持有的股份比例分配。公司财产未按上述规定清偿前，不得分配给股东。根据《公司法》第三十四条"股东按照实缴的出资比例分取红利"的规定,股东在清算阶段补缴出资,并未实际应用于公司的运作以及为公司产生利润等,其仍无权获得以认缴出资比例分配公司剩余财产的权利。

5. 公告公司终止。公司清算结束后,清算组应当制作清算报告,报股东会、股东大会或者人民法院确认,并报送公司登记机关,申请注销公司登记,公告公司终止。公司未经清算即办理注销登记,导致公司无法进行清算,债权人有权要求有限责任公司的股东、股份有限公司的董事和控股股东,以及公司的实际控制人对公司债务承担清偿责任。

需要强调的是,《公司法》第二百一十五条规定:"违反本法规定,构成犯罪的,依法追究刑事责任。"最高人民检察院、公安部2022年4月29日联合发布的修订后的《关于公安机关管辖的刑事案件立案追诉标准的规定(二)》第七条规定:"公司、企业进行清算时,隐匿财产,对资产负债表或者财产清单作虚伪记载或者在未清偿债务前分配公司、企业财产,涉嫌下列情形之一的,应予立案追诉:(一)隐匿财产价值在五十万元以上的;(二)对资产负债表或者财产清单作虚伪记载涉及金额在五十万元以上的;(三)在未清偿债务前分配公司、企业财产价值在五十万元以上的;(四)造成债权人或者其他人直接经济损失数额累计在十万元以上的;(五)虽未达到上述数额标准,但应清偿的职工的工资、社会保险费用和法定补偿金得不到及时清偿,造成恶劣社会影响的;(六)其他严重损害债权人或者其他人利益的情形。"根据该规定,在对公司进行清算时,隐匿财产,对资产负债表或者财产清单作虚伪记载或者在未清偿债务前分配公司财产达到上述规定程度的依照《刑法》第一百六十二条以妨害清算罪追究刑事责任,对其直接负责的主管人员和其他直接责任人员，处 5 年以下有期徒刑或者拘役，并处或者单处 2 万元以上 20 万元以下罚金。

(三) 股东、董事承担清算责任的情形

根据《最高人民法院关于适用〈中华人民共和国公司法〉若干问题的规定（二）》（法释〔2020〕18号）的规定：

1. 有限责任公司的股东、股份有限公司的董事和控股股东未在法定期限内成立清算组开始清算，导致公司财产贬值、流失、毁损或者灭失的，在造成损失范围内对公司债务承担赔偿责任。该规定的核心要件是股东怠于履行清算义务导致公司财产贬值、流失、毁损或者灭失。

2. 有限责任公司的股东、股份有限公司的董事和控股股东因怠于履行义务，导致公司主要财产、账册、重要文件等灭失，无法进行清算的，对公司债务承担连带清偿责任。例如，A 公司 2001 年成立，注册资本 5 000 万元，刘某是法定代表人，姜某作为股东认缴 4 000 万元，刘某作为股东认缴 1 000 万元。因为 A 公司没有按时办理年检等手续，2013 年被工商管理部门吊销了营业执照。2017 年，A 公司被某市人民法院判决支付 B 公司借款本金 72 万元以及利息 40 万元。2018 年 1 月 B 公司将对 A 公司的 112 万元债权转让给了某合伙企业，2018 年 6 月法院出具执行裁定书表示 A 公司名下无财产可供执行，终结本次执行。2020 年某合伙企业起诉 A 公司的股东刘某、姜某，要求两位代为偿还 112 万元的债务。法院经审理查明，A 公司早在 2013 年就被吊销执照，直到 2020 年某合伙企业起诉时也没有完成清算，且刘某、姜某当庭承认时间久远账目等已经遗失无法清算。遂依据《公司法》第一百八十三条"公司因本法第一百八十条第（一）项、第（二）项、第（四）项、第（五）项规定而解散的，应当在

解散事由出现之日起十五日内成立清算组,开始清算",以及《最高人民法院关于适用〈中华人民共和国公司法〉若干问题的规定(二)》第十八条第二款"有限责任公司的股东、股份有限公司的董事和控股股东因怠于履行义务,导致公司主要财产、账册、重要文件等灭失,无法进行清算,债权人主张其对公司债务承担连带清偿责任的,人民法院应依法予以支持"的规定,判决刘某、姜某向某合伙企业清偿112万元的债务。

需要注意的是,《最高人民法院关于适用〈中华人民共和国公司法〉若干问题的规定(二)》第十八条第二款从侵权责任角度规定有限责任公司的股东、股份有限公司的董事和控股股东怠于履行清算义务的责任,该侵权责任的构成要件为:(1)股东在法定清算事由出现后,在能够履行清算义务的情况下,故意拖延、拒绝履行清算义务,或者因过失导致无法进行清算的消极行为;(2)公司主要财产、账册、重要文件等灭失,无法进行清算;(3)"怠于履行义务"的消极不作为与"公司主要财产、账册、重要文件等灭失,无法进行清算"的结果之间具有因果关系。根据最高法院《全国法院民商事审判工作会议纪要》(〔2019〕254号)14.规定:"小股东举证证明其既不是公司董事会或者监事会成员,也没有选派人员担任该机关成员,且从未参与公司经营管理,以不构成'怠于履行义务'为由,主张其不应当对公司债务承担连带清偿责任的,人民法院依法予以支持。"也就是说,小股东未参与公司经营管理(一般也不会是公司董事会、监事会成员或派人担任该机关成员),不构成"怠于履行清算义务",不对公司债务承担连带清偿责任。

3. 公司解散应当清算未经清算即办理注销登记,导致公司无法进行清算的,有限责任公司的股东、股份有限公司的董事和控股股东，以及公司的实际控制人对公司债务承担清偿责任。例如，某公司未经依法清算即办理注销登记，股东承担清偿责任。2020年5月8日，原告甲公司（出租方）与被告乙公司（承租方）签订《挖机租赁合同》一份，对租赁费的计算方式、运费承担等进行了约定。挖机运至工地后，原告甲公司多次催促支付租金及运费未果。乙公司系于2019年10月22日登记成立的有限责任公司，注册资本1 000万元，法定代表人为被告马某，股东为被告马某、李某，实际控制人为孙某。2021年1月21日，乙公司在未经清算情况下登记注销。后甲公司诉至法院，请求判令被告马某、李某、孙某共同支付租金、运费及违约金合计1 998 502元。

法院审理认为，《最高人民法院关于适用〈中华人民共和国公司法〉若干问题的规定（二）》（法释〔2020〕18号）第二十条规定："公司解散应当在依法清算完毕后，申请办理注销登记。公司未经清算即办理注销登记，导致公司无法进行清算，债权人主张有限责任公司的股东、股份有限公司的董事和控股股东，以及公司的实际控制人对公司债务承担清偿责任的，人民法院应依法予以支持。公司未经依法清算即办理注销登记，股东或者第三人在公司登记机关办理注销登记时承诺对公司债务承担责任，债权人主张其对公司债务承担相应民事责任的，人民法院应依法予以支持。"本案中乙公司未经依法清算即办理注销登记，其股东马某、李某以及实际控制人孙某对外应当承担共同责任。诉讼中李某辩称即便其应承担责任，也仅应在其所持乙公司1%股份范围内，以10万元认缴额为限，对此法院认为，乙公司的股东李某、马某怠于履行清算义务，导致乙公司未经依法清算便被注销登记，乙公司的债权人主张各被告承担共同责任，并无不当。前述法律规定也隐含股东不管过错有无、过错大小，对外必须承担股东责任的法理，本案情形中法律并未明确规定股东以出资额为限对债权人承担责任。故本案判决：被告马某、李某、孙某共同向甲公司支付租金 1 691 000 元、运费 108 000 元。

需要说明的是，因《民法典》第一百七十八条明确规定"连带责任，由法律规定或者当事人约定"，因此，股东的"民事责任"应是承担共同责任。当然，此系对外责任的认定，对内，股东承担责任后可依照出资份额依法向其他股东主张权利。

4. 有限责任公司的股东、股份有限公司的董事和控股股东，以及公司的实际控制人在公司解散后，恶意处置公司财产或以虚假的清算报告骗取公司登记机关办理法人注销登记给债权人造成损失的，对公司债务承担相应的赔偿责任。

5. 公司未经依法清算即办理注销登记，股东或者第三人在公司登记机关办理注销登记时承诺对公司债务承担责任，债权人主张其对公司债务承担相应民事责任的，人民法院应依法予以支持。

根据《最高人民法院关于民事执行中变更、追加当事人若干问题的规定》（法释〔2020〕21号修正）第二十一条"作为被执行人的公司，未经清算即办理注销登记，导致公司无法进行清算，申请执行人申请变更、追加有限责任公司的股东、股份有限公司的董事和控股股东为被执行人，对公司债务承担连带责任的，人民法院应予支持"的规定，股东明知未清偿所有债务，仍执意登记注销公司的，股东对已注销公司的债务承担连带责任。例如，2019 年 11 月，李某入职北京某科技公司，却一直未与公司签订书面劳动合同。李某离职后，向某区劳动人事争议仲裁委员会申请仲裁，要求该公司支付李某双倍工资、加班费等共计 4 万余元。仲裁委员会认为，根据我国劳动合同法规定，用人单位自用工之日起超过一个月不满一年未与劳动者订立书面合同的，应当向劳动者每月支付双倍工资。据此，裁决该公司向李某支付在职期间未签订劳动合同双倍工资3万余元。裁决生效后，某科技公司未履行生效法律文书确定的义务，李某向法院申请强制执行。在执行过程中，北京某科技公司登记注销。李某向法院提出执行异议，申请追加该公司的股东蒋某为被执行人。

经法院审查，该公司确于裁决书生效后注销，股东蒋某在公司登记注销时签署承诺书，承诺："本企业申请注销登记前未发生债权债务/已将债权债务清算完结，不存在未结清清算费用。"法院认为，蒋某明知某科技公司有未清偿债务，仍违背诚实信用原则继续登记注销，应承担相应责任。根据《最高人民法院关于民事执行中变更、追加当事人若干问题的规定》（法释〔2020〕21号修正）第二十一条的规定，法院裁定追加股东蒋某为被执行人，对北京某科技公司的债务承担连带责任。

需要强调的是，根据《公司法》第一百八十九条第三款的规定，清算组成员因故意或者重大过失给公司或者债权人造成损失的，应当承担赔偿责任。公司法定代表人在组织公司清算过程中，明知公司职工构成工伤并正在进行工伤等级鉴定，却未考虑其工伤等级鉴定后的待遇给付问题，从而给工伤职工的利益造成重大损害的，该行为应认定构成重大过失，应当依法承担赔偿责任。作为清算组成员的其他股东在公司解散清算过程中，未尽到其应尽的查知责任，也应认定存在重大过失，承担连带赔偿责任。

需要注意的是，一是公司因合并或分立而发生解散的，尽管不需要履行清算程序，但仍需要履行公司解散的登记程序。二是公司宣告解散后，公司停止营业活动，公司的权利能力仅局限于清算范围内，除为实现清算目的，由清算组代表公司处理未了结业务外，公司不得开展新的经营活动。但是，股份有限公司的股份原则上仍可自由转让。三是清算组从事清算事务时，违反法律、行政法规或公司章程给公司或债权人造成损失的，公司和债权人可以主张其赔偿责任。四是根据《民法典》第七十二条的规定，清算期间法人存续，但不得从事与清算无关的活动。清算结束并完成法人注销登记时，法人终止；依法不需要办理法人登记的，清算结束时，法人终止。

六十二、公司不能清偿到期债务，且资产不足以清偿全部债务或者明显缺乏清偿能力的，依法进行破产清算；未经登记的代持股权归入名义股东的破产财产；债务人的保证人和其他连带债务人并不因债务人破产而免除其连带责任；违反破产法规构成犯罪的，需承担刑事责任

破产是一种概括的执行程序，目的在于剥夺不能清偿到期债务的债务人对其全部财产的管理处分权，让全体债权人取得公平受偿的机会。破产程序处于法院的严格控制下，非有法律之特别规定，其他任何人或者机构都不能处分或执行破产人的财产。

（一）企业法人破产的条件及申请破产的主体

1．"不能清偿到期债务，并且资产不足以清偿全部债务或者明显缺乏清偿能力"是企业法人破产的法定条件。《企业破产法》第二条第一款规定："企业法人不能清偿到期债务，并且资产不足以清偿全部债务或者明显缺乏清偿能力的，依照本法规定清理债务。"《最高人民法院关于适用〈中华人民共和国企业破产法〉若干问题的规定（一）》（法释〔2011〕22号）第一条规定："债务人不能清偿到期债务并且具有下列情形之一的，人民法院应当认定其具备破产原因：（一）资产不足以清偿全部债务；（二）明显缺乏清偿能力。"第二条规定："下列情形同时存在的，人民法院应当认定债务人不能清偿到期债务：（一）债权债务关系依法成立；（二）债务履行期限已经届满；（三）债务人未完全清偿债务。"第三条规定："债务人的资产负债表，或者审计报告、资产评估报告等显示其全部资产不足以偿付全部负债的，人民法院应当认定债务人资产不足以清偿全部债务，但有相反证据足以证明债务人资产能够偿付全部负债的除外。"第四条规定："债务人账面资产虽大于负债，但存在下列情形之一的，人民法院应当认定其明显缺乏清偿能力：（一）因资金严重不足或者财产不能变现等原因，无法清偿债务；（二）法定代表人下落不明且无其他人员负责管理财产，无法清偿债务；（三）经人民法院强制执行，无法清偿债务；（四）长期亏损且经营扭亏困难，无法清偿债务；（五）导致债务人丧失清偿能力的其他情形。"

2. 债务人、债权人以及企业解散中的清算责任人可以向人民法院申请企业破产。根据《企业破产法》第七条的规定：债务人具有本法第二条规定的情形的，可以向人民法院提出破产申请；债务人不能清偿到期债务，债权人可以向人民法院提出破产申请；企业法人已解散但未清算或者未清算完毕，资产不足以清偿债务的，依法负有清算责任的人应当向人民法院申请破产清算。可见，企业法人破产申请主体具有法定性，即只有债务人、债权人以及负有清算义务的人可以提出破产申请。在能够证明企业同时存在"不能清偿到期债务"和"资产不足以清偿债务"的情况时，企业法人有充分理由适用破产程序。此时，如果企业管理层既不申请破产，又不采取积极措施对企业实施拯救，造成企业财产流失，甚至实施导致企业责任财产减少的资产处分或个别清偿的行为,致使债权人权益受损,相关责任人员应当依照《企业破产法》第一百二十五条、一百二十八条的规定承担法律责任。

(二)人民法院受理破产申请的法律后果

1. 指定管理人,人民法院裁定受理破产申请的同时,指定管理人。依据《企业破产法》第二十五条的规定,管理人需要全面接管债务人财产、印章和账册、文书等资料;调查债务人财产状况、制作财务报告;决定债务人内部管理事务、开支以及其他必要开支;在第一次债权人会议召开前决定继续或停止债务人的营业;管理和处分债务人的财产;代表债务人参加诉讼、仲裁或者其他法律程序;提议召开债权人会议;人民法院认为管理人应当履行的其他职责。除此之外,管理人有权决定是否继续履行破产受理前成立而债务人和对方当事人均未履行完毕的合同,依据法律规定追回债务人的财产,追缴债务人的出资人尚未完全履行的出资义务,草拟财产变价方案,草拟财产分配方案等。

2. 通知、公告债权人,人民法院应当自裁定受理破产申请之日起25日内通知已知债权人,并予以公告。通知和公告应当载明下列事项:(1)申请人、被申请人的名称或者姓名;(2)人民法院受理破产申请的时间; (3)申报债权的期限、地点和注意事项;(4)管理人的名称或者姓名及其处理事务的地址;(5)债务人的债务人或者财产持有人应当向管理人清偿债务或者交付财产的要求;(6)第一次债权人会议召开的时间和地点;(7)人民法院认为应当通知和公告的其他事项。

3. 禁止个别清偿,《企业破产法》第十六条规定:"人民法院受理破产申请后,债务人对个别债权人的债务清偿无效。"根据本条规定，人民法院受理破产申请后，债务人不得对个别债权人清偿债务。

4. 禁止违法抵销，《企业破产法》第四十条规定："债权人在破产申请受理前对债务人负有债务的，可以向管理人主张抵销。但是，有下列情形之一的，不得抵销：（一）债务人的债务人在破产申请受理后取得他人对债务人的债权的；（二）债权人已知债务人有不能清偿到期债务或者破产申请的事实，对债务人负担债务的；但是，债权人因为法律规定或者有破产申请一年前所发生的原因而负担债务的除外；（三）债务人的债务人已知债务人有不能清偿到期债务或者破产申请的事实，对债务人取得债权的；但是，债务人的债务人因为法律规定或者有破产申请一年前所发生的原因而取得债权的除外。"根据上述法律规定，债权人和债务人仅能就债务人破产申请受理前互负的债权债务进行抵销，债权人在债务人破产受理后对债务人负担的债务不得抵销。因为，如果允许债权人在债务人破产受理后对债务人负担的债务与其债权进行抵销，其实质上构成对债权人的个别清偿，与破产法公平清偿债务的原则相违背。

5. 债务人的债务人不得向债务人清偿债务或交付财产，债务人的债务人或者财产持有人应当向管理人清偿债务或交付财产；债务人的债务人或财产持有人在法院受理破产申请后向债务人清偿债务或交付财产，使债权人受到损失的，不免除其清偿债务或交付财产的义务。

6. 已经开始而尚未终结的有关债务人的民事诉讼或者仲裁中止。

7. 有关债务人财产的保全措施解除，对债务人财产的执行程序中止。

8. 有关债务人的民事诉讼，只能向受理破产申请的人民法院提起。

（三）债务人在破产程序中的义务和权利

1. 债务人的配合义务，《企业破产法》第十五条规定："自人民法院受理破产申请的裁定送达债务人之日起至破产程序终结之日，债务人的有关人员承担下列义务：（一）妥善保管其占有和管理的财产、印章和账簿、文书等资料；（二）根据人民法院、管理人的要求进行工作，并如实回答询问；（三）列席债权人会议并如实回答债权人的询问；（四）未经人民法院许可，不得离开住所地；（五）不得新任其他企业的董事、监事、高级管理人员。前款所称有关人员，是指企业的法定代表人；经人民法院决定，可以包括企业的财务管理人员和其他经营管理人员。"第一百二十七条规定，如果债务人的法定代表人、高管人员或者其他人员不配合管理人工作，拒不移交相关资料时，法院可对其采取罚款措施。《最高人民法院关于推进破产案件依法高效审理的意见》（法发〔2020〕14号）第八条规定："管理人应当及时接管债务人的财产、印章和账簿、文书等资料。债务人拒不移交的，人民法院可以根据管理人的申请或者依职权对直接责任人员处以罚款，并可以就债务人应当移交的内容和期限作出裁定。债务人不履行裁定确定的义务的，人民法院可以依照民事诉讼法执行程序的有关规定采取搜查、强制交付等必要措施予以强制执行。"相关义务人拒不执行的，人民法院可按照《民事诉讼法》第一百一十一条、第一百一十四条关于妨碍司法程序的规定，视情节轻重，给予相应的罚款、拘留等处罚。构成拒不执行判决裁定罪等犯罪的，依法追究刑事责任。

2. 债务人在破产程序中具有维护自身权益的权利。一是对债权人的破产申请的异议权。根据《企业破产法》第十条的规定，债权人提出破产申请的，人民法院应当自收到申请之日起5日内通知债务人。债务人对申请有异议的，应当自收到人民法院的通知之日起 7 日内向人民法院提出。人民法院应当自异议期满之日起 10 日内裁定是否受理。二是提出债务人重整的申请。债务人可依《企业破产法》的规定，直接向人民法院申请对债务人进行重整，人民法院裁定债务人重整的，债务人在重整期间可以在管理人的监督下自行管理财产和营业事务。债务人自行管理财产和营业事务的，债务人应在人民法院裁定债务人重整之日起 6 个月内，同时向人民法院和会议提交重整计划草案。重整计划草案未获得通过、批准的，人民法院裁定终止重整程序，宣告债务人破产。债务人不能执行或者不执行经通过、批准的重整计划的，人民法院经管理人或者利害关系人请求裁定终止重整计划的执行，宣告债务人破产。重整期间，债务人的出资人不得请求投资收益分配。除人民法院同意的外，在重整期间，债务人的董事、监事、高级管理人员不得向第三人转让其持有的债务人的股权。当重整期间出现债务人的经营状况和财产状况继续恶化，缺乏挽救的可能性；债务人有欺诈、恶意减少债务人财产或者其他显著不利于债权人的行为；由于债务人的行为致使管理人无法执行职务，等等情形时，经管理人或者利害关系人请求，人民法院裁定终止重整程序，并宣告债务人破产。三是申请和解的权利。依据《企业破产法》的规定，债务人可以直接向人民法院申请和解；也可以在人民法院受理破产申请后、宣告债务人破产前，向人民法院申请和解。债务人申请和解，应当提出和解协议草案。和解协议经债权人会议通过、人民法院认可的，管理人向债务人移交财产和营业事务，债务人按照和解协议清偿债务。债务人不能执行或者不执行和解协议的，人民法院经和解债权人请求终止和解协议的执行，宣告债务人破产。四是对人民法院的裁定提起上诉或申请复议的权利。人民法院审理破产案件无论程序问题还是实体问题一律采用裁定的形式。人民法院对破产案件作出的裁定，除对人民法院驳回破产申请的裁定外，一律不得上诉，但可以向作出裁定的原审人民法院申请复议。

（四）债务人财产范围及破产财产的分配顺序

1. 债务人财产范围。《最高人民法院关于适用〈中华人民共和国企业破产法〉若干问题的规定（二）》（法释〔2020〕18号修正，自2021年1月1日起施行）第一条规定："除债务人所有的货币、实物外，债务人依法享有的可以用货币估价并可以依法转让的债权、股权、知识产权、用益物权等财产和财产权益，人民法院均应认定为债务人财产。"根据《企业破产法》的规定，债务人财产范围为：（1）破产申请受理时属于债务人的全部财产，以及破产申请受理后至破产程序终结前债务人取得的财产。（2）经管理人请求，人民法院依法撤销债务人行为后追回的下列财产：人民法院受理破产申请前一年内，债务人无偿转让的财产、以明显不合理的价格进行交易的财产、对没有财产担保的债务提供担保的财产、对未到期的债务提前清偿的财产、放弃的债权；人民法院受理破产申请前6个月内，在企业具有"不能清偿到期债务，并且资产不足以清偿全部债务"情形下，对个别债权人进行清偿的财产。（3）因债务人行为无效而追回的财产：债务人为逃避债务而隐匿、转移的财产；虚构债务或者承认不真实的债务。（4）管理人依法追回的债务人的董事、监事和高级管理人员利用职权从企业获取的非正常收入和侵占的企业财产。根据《最高人民法院关于适用〈中华人民共和国企业破产法〉若干问题的规定（二）》（法释〔2020〕18号修正，自2021年1月1日起施行）第二十四条的规定，债务人的董事、监事和高级管理人员利用职权从企业获取的非正常收入包括：绩效资金；普遍拖欠职工工资情况下获取的工资性收入；其他非正常收入。（5）债务人的出资人尚未完全履行的出资。根据《企业破产法》第三十五条"人民法院受理破产申请后，债务人的出资人尚未完全履行出资义务的，管理人应当要求该出资人缴纳所认缴的出资，而不受出资期限的限制"的规定，公司破产时，未实缴出资的股东出资应当到期，作为破产清算财产。例如，破产公司股东认缴出资1 000万元，破产公司破产财产为1 000万元。股东仅实缴了200万元，股东应补缴800万元出资，以补足1 000万元公司注册资本金用以清偿公司债务，股东不能以出资期限未到期为由，不补缴出资。

在追回债务人财产用于破产时，以下两点值得注意：一是《民法典》第五百三十八条规定："债务人以放弃其债权、放弃债权担保、无偿转让财产等方式无偿处分财产权益，或者恶意延长其到期债权的履行期限，影响债权人的债权实现的，债权人可以请求人民法院撤销债务人的行为。"本条规定将债务人的放弃债权、放弃债权担保、无偿转让财产等方式无偿处分财产及财产权益，或者恶意延长其到期债权履行期限（属于无偿放弃债权的期限利益，但以存在恶意为前提）的行为，均纳入可以撤销的行为范围内。破产管理人可以适用民法典上述规定对债务人上述各种无偿处分财产权益、损害债权人利益的行为，请求人民法院予以撤销。债权人在管理人不行使或不能行使此项撤销权（如超过法定破产撤销期间等）的情况下，也可以请求人民法院依据民法典的规定予以撤销，并将由此追回的财产权益纳入债务人财产，向全体债权人作统一分配。根据《民法典》第五百四十条的规定，债权人行使撤销权的必要费用，由债务人负担，在破产案件中表现为可以作为共益债务由债务人财产中优先支付。

二是未经登记的股权人不得对抗破产债权人，股权即使为名义股东代为持有，仍属名义股东的破产财产。《公司法》第三十二条第三款规定："公司应当将股东的姓名或者名称向公司登记机关登记；登记事项发生变更的，应当办理变更登记。未经登记或者变更登记的，不得对抗第三人。"工商登记表现的权利外观是认定股权权属的依据，股权代持协议仅在协议签订双方之间具有法律效力，对外不具有公示效力，不能对抗第三人，不能以代持股关系排除人民法院的强制执行行为。因此，代持股协议不能对抗破产债权人。破产案件中优先保护债务人的债权人作为善意第三人的信赖利益，当然股权的实际持有人仍可通过破产程序申报债权以实现其债权。例如，实际出资人王某与申利公司签订股权代持协议，王某借用申利公司名义向鹏程承包公司出资，申利公司作为鹏程承包公司的名义股东。在申利公司被宣告破产时，王某以其为代持股的实际权利人为由提起诉讼，要求确认申利公司持有的鹏程承包公司股权归其所有。人民法院一审、二审均依照《公司法》第三十二条、第九十六条，企业破产法第三十条之规定，判决驳回王某的诉讼请求。申利公司持有的鹏程承包公司股权为申利公司的破产财产，王某可通过破产程序申报债权以实现其债权。

2. 破产财产的分配顺序。《企业破产法》第一百一十三条规定："破产财产在优先清偿破产费用和共益债务后，依照下列顺序清偿：（一）破产人所欠职工的工资和医疗、伤残补助、抚恤费用，所欠的应当划入职工个人账户的基本养老保险、基本医疗保险费用，以及法律、行政法规规定应当支付给职工的补偿金；（二）破产人欠缴的除前项规定以外的社会保险费用和破产人所欠税款；（三）普通破产债权。破产财产不足以清偿同一顺序的清偿要求的，按照比例分配。破产企业的董事、监事和高级管理人员的工资按照该企业职工的平均工资计算。"需要说明的是，破产费用包括：破产案件的诉讼费用；管理、变价和分配债务人财产的费用；管理人执行职务的费用、报酬和聘用工作人员的费用。共益债务则是人民法院受理破产申请后，为了全体债权人的共同利益以及破产程序顺利进行而发生的债务。

根据《企业破产法》第一百二十条的规定，破产人无财产可供分配的，管理人应当请求人民法院裁定终结破产程序。管理人在最后分配完结后，应当及时向人民法院提交破产财产分配报告，并提请人民法院裁定终结破产程序。人民法院应当自收到管理人终结破产程序的请求之日起15日内作出是否终结破产程序的裁定。裁定终结的，应当予以公告。

需要明确的是，债务人不参与对破产财产的处置，因为破产原因是全部财产不足以抵偿债务，因此它只是满足债权人的利益，而不是股东的利益，股东无权参与破产财产的分配。破产财产分配方案由管理人拟订，经债权人会议通过、人民法院裁定认可后，由管理人执行。

（五）破产程序终结后，债权人不得再另行向清算义务人主张权利，但债务人的保证人和其他连带债务人并不因债务人破产而免除其连带责任

根据《最高人民法院关于适用〈中华人民共和国公司法〉若干问题的规定（二）》（法释〔2020〕18号第二次修正，自2021年1月1日起施行）第十八条第二款"有限责任公司的股东、股份有限公司的董事和控股股东因怠于履行清算义务，导致公司主要财产、账册、重要文件等灭失，无法清算，债权人主张其对公司债务承担连带清偿责任的，人民法院应依法予以支持"，以及《关于审理公司强制清算案件工作座谈会纪要》（法发〔2009〕52号）"第十四、关于无法清算案件的审理"第29条"债权人申请强制清算，人民法院以无法清算或者无法全面清算为由裁定终结强制清算程序的,应当在终结裁定中载明,债权人可以另行依据公司法司法解释二第十八条的规定,要求被申请人的股东、董事、实际控制人等清算义务人对其债务承担偿还责任"可知,债权人可依法向清算义务人另行主张权利的条件是债权人申请强制清算而法院以无法清算或者无法全面清算为由裁定终结强制清算程序。破产程序是概括清偿程序,功能在于彻底了结债权债务,破产程序终结后,债权债务已清理完毕。债权人不能再依据《最高人民法院关于适用〈中华人民共和国公司法〉若干问题的规定(二)》(法释〔2020〕18号第二次修正,自2021年1月1日起施行)第十八条第二款主张股东的连带清偿责任。但根据《企业破产法》第一百二十四条"破产人的保证人和其他连带债务人,在破产程序终结后,对债权人依照破产程序未受清偿的债权,依法继续承担清偿责任"的规定,债务人的保证人和其他连带债务人并不因债务人破产而免除其连带责任,在破产程序终结后,对债权人依照破产程序未受清偿的债权,债权人可以自己的名义另行诉讼。

需要强调的是,由于相关主体不配合清算导致的债务人财产灭失,该财产应属于债务人财产的范畴,应由管理人请求上述主体承担相应损害赔偿责任并将因此获得的赔偿归入债务人财产,或者在管理人未主张上述赔偿的情况下由个别债权人代表全体债权人提起上述诉讼,并将因此获得的赔偿归入债务人财产。而不应在法院裁定终结破产程序后,由债权人个别进行追偿并用于清偿其自身债权。

(六)企业破产中的刑事责任

《企业破产法》第一百三十一条规定,违反本法规定,构成犯罪的,依法追究刑事责任。

1. 根据《刑法》第一百六十二条的规定,公司、企业进行清算时，隐匿财产，对资产负债表或者财产清单作虚伪记载或者在未清偿债务前分配公司、企业财产，严重损害债权人或者其他人利益的，构成妨害清算罪，对其直接负责的主管人员和其他直接责任人员，处五年以下有期徒刑或者拘役，并处或者单处二万元以上二十万元以下罚金。根据最高人民检察院、公安部2022年4月29日联合发布的修订后的《关于公安机关管辖的刑事案件立案追诉标准的规定（二）》（自2022年5月15日施行）第七条的规定，公司、企业进行清算时，隐匿财产，对资产负债表或者财产清单作虚伪记载或者在未清偿债务前分配公司、企业财产，涉嫌下列情形之一的，应当依照《刑法》第一百六十二条之规定以妨害清算罪立案追诉：（1）隐匿财产价值在50万元以上的；（2）对资产负债表或者财产清单作虚伪记载涉及金额在50万元以上的；（3）在未清偿债务前分配公司、企业财产价值在50万元以上的；（4）造成债权人或者其他人直接经济损失数额累计在10万元以上的；（5）虽未达到上述数额标准，但应清偿的职工的工资、社会保险费用和法定补偿金得不到及时清偿，造成恶劣社会影响的；（6）其他严重损害债权人或者其他人利益的情形。

2. 隐匿、故意销毁会计凭证、会计账簿、财务会计报告罪。根据《刑法》第一百六十二条之一规定，隐匿或者故意销毁依法应当保存的会计凭证、会计账簿、财务会计报告，情节严重的，构成隐匿、故意销毁会计凭证、会计账簿、财务会计报告罪，处5年以下有期徒刑或者拘役，并处或者单处2万元以上20万元以下罚金。单位犯前款罪的，对单位判处罚金，并对其直接负责的主管人员和其他直接责任人员，依照前款的规定处罚。根据最高人民检察院、公安部2022年4月29日联合发布的修订后的《关于公安机关管辖的刑事案件立案追诉标准的规定（二）》（自2022年5月15日施行）第八条的规定，隐匿或者故意销毁依法应当保存的会计凭证、会计账簿、财务会计报告，涉嫌下列情形之一的，应当依照《刑法》第一百六十二条之一规定的"隐匿、故意销毁会计凭证、会计账簿、财务会计报告罪"立案追诉：（1）隐匿、故意销毁的会计凭证、会计账簿、财务会计报告涉及金额在50万元以上的；（2）依法应当向监察机关、司法机关、行政机关、有关主管部门等提供而隐匿、故意销毁或者拒不交出会计凭证、会计账簿、财务会计报告的；（3）其他情节严重的情形。

3. 虚假破产罪。《刑法》第一百六十二条之二规定："公司、企业通过隐匿财产、承担虚构的债务或者以其他方法转移、处分财产，实施虚假破产，严重损害债权人或者其他人利益的，对其直接负责的主管人员和其他直接责任人员，处五年以下有期徒刑或者拘役，并处或者单处二万元以上二十万元以下罚金。"根据最高人民检察院、公安部2022年4月29日联合发布的修订后的《关于公安机关管辖的刑事案件立案追诉标准的规定（二）》（自2022年5月15日施行）第九条的规定，公司、企业通过隐匿财产、承担虚构的债务或者以其他方法转移、处分财产，实施虚假破产，涉嫌下列情形之一的，应当依照《刑法》第一百六十二条之二虚假破产罪立案追诉：（1）隐匿财产价值在50万元以上的；（2）承担虚构的债务涉及金额在50万元以上的；（3）以其他方法转移、处分财产价值在50万元以上的；（4）造成债权人或者其他人直接经济损失数额累计在10万元以上的；（5）虽未达到上述数额标准，但应清偿的职工的工资、社会保险费用和法定补偿金得不到及时清偿，造成恶劣社会影响的；（6）其他严重损害债权人或者其他人利益的情形。

上述企业破产刑事责任提示：债务人在向人民法院申请破产时，要仔细核查资产、债权、债务，不得隐匿资产或虚构债务虚假破产；债务人在破产程序中应当切实履行配合义务，严格遵守法律规范妥善保管其占有和管理的财产、账簿、文书，不得损害债权人利益。